「香濠观涛」时评丛书

深圳大学港澳基本法研究中心

“一国两制”与澳门的良政善治

冷铁勋◎著

时事出版社
北京

图书在版编目（CIP）数据

“一国两制”与澳门的良政善治/冷铁勋著．—北京：时事出版社，2018.5

ISBN 978-7-5195-0210-2

Ⅰ.①一…　Ⅱ.①冷…　Ⅲ.①政治—研究—澳门　Ⅳ.①D676.59

中国版本图书馆 CIP 数据核字（2018）第 069471 号

出版发行：时事出版社
地　　址：北京市海淀区万寿寺甲 2 号
邮　　编：100081
发行热线：（010）88547590　88547591
读者服务部：（010）88547595
传　　真：（010）88547592
电子邮箱：shishichubanshe@sina.com
网　　址：www.shishishe.com
印　　刷：北京朝阳印刷厂有限责任公司

开本：787×1092　1/16　印张：17.5　字数：288 千字
2018 年 5 月第 1 版　2018 年 5 月第 1 次印刷
定价：108.00 元

总　序

邹平学*

岁月不居，时光飞逝，香港回归已经跨入第21个年头，澳门回归也18年了。在时事出版社的大力支持下，深圳大学港澳基本法研究中心决定编选出版一套关于港澳问题的时评丛书。经反复斟酌，决定丛书定名《香濠观涛》。

望文生义，“香”即香江，指的是香港，“濠”即濠江，指的是澳门。香濠观涛，意指临“江”而立，观涛听风，实指港澳时评，也即港澳新近发生的重大事件、新闻热点的评论。这里时评的“时”，是“时事”的“时”，是“时代”的“时”。时评的“评”，是“新闻评论”的“评”。港澳时评，因时而发，有感而生，对事对人，快速反应。她虽形似“豆腐块”，短小精悍，但河海之沛源自滴水之力，时评其小无内，其大无外，力量不可小觑。

编选和出版《香濠观涛》时评丛书，基于四点考量：

一是适应港澳治理面临的崭新形势和重大任务的需要。众所周知，港澳回归，乃中华民族一洗百年耻辱的世纪盛事。“一国两制”，更是和平统一与大国治理前所未有的制度创新。港澳回归，使“一国两制”伟大构想从理论变为现实，从制度走向实践。回归以来，港澳走上了同祖国内地优势互补、共同发展的宽广道路，“一国两制”实践取得举世公认的成功。但随着实践的深入，港澳社会经济发展中的一些深层次矛盾逐

---

* 邹平学：深圳大学港澳基本法研究中心主任，法学院教授，博士生导师。

渐显现，港澳进入“经济发展的关键期、社会矛盾的突发期、政治发展的高危期”，例如香港陆续发生的一系列影响重大的事件即是明证，如金融风波和经济急剧滑坡、禽流感频发和非典爆发、居港权系列案件、公务员的减薪与反减薪、基本法第23条立法风波、2003年“七一”事态、领汇事件、特首补选争论、2007/2008年双普选论争、五区总辞与公投事件、国民教育风波、政制发展争拗、冲击解放军军营、“占领中环”、旺角暴乱、“港独”蔓延等。澳门近些年来，经济社会发展过程中也出现了不少问题，博彩业一业独大一直是其经济结构的隐患，经济适度多元尚未有根本改观。一些消解政府管治权威、威胁社会和谐稳定的社运事件不时发生，其中某些游行事件规模渐增，诉求日益复杂化、政治化，有从单纯的民生议题向提出政治性议题的取向，特别是2014年5月发生的反离补大游行，是澳门回归以来最多澳门人参与的反政府示威游行活动，引起了较大的政治震荡。港澳正面临国家认同、政制发展、经济转型、民生改善、外部势力干预等重大问题，港澳与内地的和谐关系面临严峻考验。港澳回归的实践表明，贯彻落实“一国两制”基本方针政策是一项前所未有的探索伟业，严格实施基本法也不断面临攻坚克难的重大挑战和任务，其中如何全力维护中央对港澳的全面管治权及促进人心回归是最为突出的两大任务。2015年年底，国家主席习近平会见来京述职的香港行政长官梁振英时强调，近年来，香港“一国两制”实践出现了一些新情况，中央贯彻“一国两制”方针坚持两点：一是坚定不移，不会变、不动摇；二是全面准确，确保“一国两制”在香港的实践不走样、不变形，始终沿着正确方向前进。要实现两大任务，保证“一国两制”实践不会变、不走样、不变形，都离不开话语权建设，离不开通过舆论引导和媒体发声所建构的舆论环境。因此，推出《香濠观涛》时评丛书，正是恰逢其时，恰应其需。

二是应对港澳治理面临的舆论环境的严峻挑战，发挥港澳时评在港澳治理话语权建构中的重要作用。众所周知，在港澳治理面临的各种挑战中，香港传媒的政治生态环境不理想，以苹果报系为代表的一些不良媒体滥用言论自由，罔顾传媒的社会责任，践踏客观、公正、平衡的新闻准则，以恶意攻击中央政府和特区政府为能事，以破坏“一国两制”

落实和基本法实施为目标，逢中必反，逢共必反，肆意歪曲特别行政区制度，误导社会民意，挑拨两地人民关系，激化内港矛盾，使得香港多数主流媒体成为攻击国家主体制度、攻击特区政府的宣传纸，造成整个香港媒体生态的恶化，媒体生态的恶化又导致整个香港政治生态和社会环境的恶化。在此严峻情况下，中央政府虽然明白抓住话语权的重要性，但有时基于减少政治争拗和策略上的考虑，较长时期以来话语权行使不够果断、不够理直气壮，行使权力时缺乏有力的舆论护航造势。在一些重大举措、重大原则问题上，比如普选原则问题、23 条立法、国民教育、立法会功能界别制度存废等问题上，主动发声、发力不够，理论宣传、法理阐释不足，有时甚至不表态，以至于在 23 条立法、国民教育、功能界别等议题被特区反对派和不良媒体妖魔化时，不能及时拨乱反正。此外，在特区爱国爱港人士发表正确言论遭到反对派肆意攻击时，内地学者、媒体也很少出来声援撑腰。可以说，在港澳治理尤其是香港治理的舆论争夺战中，我们长期处于被动“挨骂”的不利境地，几近丧失话语权。2014 年《“一国两制”在香港特别行政区的实践》白皮书发表，话语权建构有了起色。今天，港澳治理进入深水区后，话语权建构已经刻不容缓，在涉及“一国两制”的大是大非原则问题、基本法实施的重大问题上，如果我们不敢于亮剑，媒体不积极迎战，学者不主动发声，基本法实施不可能有一个良好的舆论环境和社会基础，“一国两制”的前途与命运势必蒙上阴影。港澳时评在宣传全面正确的“一国两制”观念，解读基本法的准确内容和科学实质，营造良好的港澳治理舆论环境，为中央全面管治权和特区高度自治权保驾护航方面，有着独特的重要作用。她因其内容的思想性、理论的启迪性、观点的交锋性和鲜活的文风，业已成为主流媒体舆论引导的重要抓手。因此，推出《香濠观涛》时评丛书，对于国家港澳治理的话语权建构具有重要意义。

三是顺应港澳问题研究语态发展的新动向。过往较长时间的港澳研究，内地专家学者重视发表论著，且鸿篇大论居多，短平快见长的港澳时评却不多，甚至一些人认为这算不上港澳问题的学术研究而不屑为之。与此同时，人们发现，港澳地区特别是香港媒体发表的时评文论却很多，坊间也出版不少专栏作者的时评结集，风行书林。作者不乏学者教授、专栏作家、记者编辑、政商名流，这些集子风格各领风骚，立场分野鲜明，笔触旨意迥异，深度分析者有之，严肃冷静者有之，生动活泼、撒娇卖萌者亦有之，或冷峻尖刻，或言辞犀利，或肆意乖张，不时可窥平和的歧见、立场的迥异、激烈的争拗和意识形态的对立。这类集子似乎构成港澳"一国两制"实践和基本法实施舆论场域的突出特点之一。这些时评集因其快速反应和接地气的鲜活内容也引起内地港澳研究学者的高度关注，成为港澳研究必不可少的参考资讯。与此同时，在中央越来越重视对港澳舆论引导工作的大背景下，内地港澳智库及港澳研究专家也开始发现和注意到时评在构建舆论引导新格局中的独特功能，不少同志开始重视撰写时评，有的一发不可收，笔耕不辍，力作迭出。这些时评针对重大事件、重大问题，正面阐释"一国两制"和基本法的科学内涵，积极宣传中央政府治理港澳的基本立场和政策原则，坚定维护中央行使全面管治权，维护特区繁荣和稳定，发挥了积极作用，也丰富了港澳研究的理论成果。推出《香濠观涛》时评丛书，就是为了推动港澳问题研究语态新发展。

四是鼓励支持更多的港澳研究专家学者发表更多更好的时评。近些年，尽管不少专家学者重视撰写港澳时评文章，一定程度上改善了以往话语权掌握不够、行使不力、法理阐释不够的窘境。但毋庸讳言，现有作品在数量及社会显示度、影响力方面还远远不够，特别是一直存在即时性评论滞后、文风不够快准狠、议题设置能力弱、舆论大V不足、说理能力欠缺、对中间人士影响力小等不足，在港澳本地的舆论话语体系中缺乏主导力、核心竞争力。结集出版优秀的个人时评集，纳入《香濠观涛》时评丛书，就是为了向公众推介时评力作，培育造就更多优秀的舆论大V和时评家。

推出《香濠观涛》时评集，我们秉持的选稿辑书的理念是：指点江山，聚焦港澳热点；激扬文字，说好特区故事；权威解读，体现专业精神；敢于直言，不惧观点交锋；理性述评，表现敏锐视角；交流对话，引领塑造共识；激浊扬清，凸显理论高度；正本清源，展示思想深度。

港澳时评应聚焦基本法实施的法政焦点、民生热点和社会脉动。港澳时评虽聚焦港澳，视野则应高远，立足全国，放眼世界。港澳时评虽关注当下，旨意应着眼未来，做到如黄仁宇先生告诫我们的那样：“一国两制的精神需要彼此将眼光看远，在长久的历史中，找到合作的逻辑，而且今后也只有使两方更为接近，不致越来越远。”港澳时评应在众声喧哗中保持清醒，彰显学术和专业精神；在纷繁复杂中恪守格调，秉持大局观念；在眼花缭乱中坚守底线，坚持国家立场。港澳时评的文风，应言必有据，论从实出，客观公允，行文活泼不失平实，既接地气，又高屋建瓴。

本丛书作者既有享誉学界的老将，也有崭露头角的新兵；既有内地学者，也有港澳人士。他们的时评集，均是每个创作者精心辑录的他们对“一国两制”在港澳实践的所见所闻、所思所想、所议所论。

“百舸争流千帆竞，敢立潮头唱大风。”我们诚挚地期待有更多的港澳研究工作者对“一国两制”不忘初心、保持耐心、坚定信心，不负舆论引导的时评家使命，奉献更多更好的港澳时评，共襄构建“一国两制”话语权的伟业。

是为序。

目录

contents

一、"一国两制"实践与基本法权威维护

二、人大释法与基本法正确实施

三、科学立法与依法治澳

四、科学施政与制度化建设

一

“一国两制”实践与基本法权威维护

坚定走符合澳门实际的“一国两制”实践之路

澳门同胞期盼已久的国务院总理李克强首次视察澳门，一踏上澳门土地，便盛赞澳门是祖国的莲花宝土，更是“一国两制”成功实践的热土。接下来，李克强总理深入澳门小区，多走、多看、多听，亲身感受澳门回归以来所发生的历史性巨变。的确，回归16多年来，一个社会稳定、经济发展、民主进步的新澳门雄辩地向世人证明：“一国两制”不仅是解决历史遗留的澳门问题的最佳方案，更是澳门回归后保持长期繁荣稳定的最佳制度安排。

李克强总理离澳之际，澳门中联办主任王志民在总结李克强总理的三天视察本澳行程时提到，李克强总理在澳的所见所闻，见证和分享了澳门这一成功实践“一国两制”的热土上，一个个成功的澳门故事，而成功实践的精髓在于坚持“一国”之本，善用“两制”之利。王志民主任的这段话准确、形象并生动地道出了澳门回归以来成功实践“一国两制”的根本原因和关键所在。澳门回归祖国16年多的时间，在历史的长河中只是弹指一挥间，但对澳门来讲却是一段极不平凡的历程。站在岁月的门坎上，回望澳门回归祖国16年多以来所走过的不平凡道路，澳门在“一国两制”实践中探索积累的经验弥足宝贵，非常值得总结也发人深省，非常值得澳门同胞和全国各族人民珍惜和铭记。王志民主任认为澳门成功实践“一国两制”的精髓在于坚持“一国”之本，善用“两制”之利，实际上指的就是澳门始终坚守“一国两制”初心，坚持从实际出发，走自己的路，努力探索符合自身实际情况的“一国两制”实践之路。

坚守“一国两制”初心，将维护国家主权、安全和发展利益与保持澳门长期繁荣稳定有机结合起来

“一国两制”作为一个崭新事物，我们在实践中难免会遇到一些矛盾。要正确分析和妥善处理出现的矛盾，确保“一国两制”实践不走样、不变形，关键是要坚持全面准确地理解和贯彻“一国两制”方针。要全面准确理解和贯彻“一国两制”方针，关键又在于要把“一国两制”作为一个完整的概念。其中，“一国”是前提和基础，“两制”从属和派生于“一国”，并统一于“一国”之内。具体到澳门，要全面准确地理解和贯彻“一国两制”方针，就是把爱国和爱澳有机地统一起来，牢牢把握“一国两制”方针的根本宗旨，将维护国家主权、安全、发展利益与保持澳门长期繁荣稳定有机结合起来。维护国家主权、安全、发展利益，是“一国”原则的宗旨所在，保持澳门长期繁荣稳定则是“两制”安排的目的所在。这两方面是有机统一的，这也正是“一国两制”的初心所在。

就澳门问题的解决而言，“一国两制”方针正是中国政府在尊重澳门历史的基础上，充分考虑到澳门、作为国家主体部分的内地和国际方面的实际情况，为了维护国家的统一和领土完整，有利于澳门的社会稳定和经济发展，经过深思熟虑后制定的一项基本国策，其核心要求和基本目标就在于维护国家主权、安全、发展利益，保持澳门长期繁荣稳定。

澳门回归后，澳门同胞真正成为国家和澳门的主人，享有广泛的自由和民主权利。顺应国家对澳门恢复行使主权的重大历史转折，澳门同胞抒发出前所未有的“爱国爱澳”情怀，始终坚守“一国两制”初心，致力维护国家的主权、安全、发展利益的同时，全力建设好澳门，以崭新的面貌投身于“一国两制”的伟大实践。

他们打心眼里拥护中国政府对澳门恢复行使主权，坚持澳门是祖国不可分离的部分，高度认同澳门事务是中国的内政，自觉维护国家的核心利益，坚决反对和抵御外部势力干预。特别值得一提的是，澳门特别行政区认真履行《澳门基本法》第23条所赋予的宪制责任，完成了《维

护国家安全法》的立法工作，填补了特区法律体系中有关国家安全保障的空白，完善了特区法律体系，进一步增强了澳门全社会的国家观念，为捍卫国家主权和维护国家安全提供了法律保障，也为澳门的长治久安打下了坚实的政治基础。

他们坚信社会主义祖国是澳门的坚持后盾，积极参与祖国改革开放和现代化建设，衷心为祖国的发展成就感到骄傲和自豪。澳门同胞在回归后对祖国的认同感、归属感也日益增强。据澳门理工学院一国两制研究中心近几年连续所做的“一国两制”综合指标民意调查，在被问及澳门社会的核心价值观时，“一国两制”“爱国爱澳”一直处于前三位；在被问及自己作为中国公民是否自豪时，回答有自豪感的居民一直稳居八成以上的高比例。“一国两制”与“爱国爱澳”同为澳门社会的核心价值观，正好说明二者是一脉相承的密切关系。以中国公民为自豪感的高比例，说明澳门不仅实现了法理上的回归，更实现了人心的回归。

他们大力支持内地抗灾救灾和社会公益事业。每当内地遭受重大自然灾害时，澳门同胞慷慨相助，与内地民众共克时艰。尤其值得一提的是，2008 年 5 月 12 日，四川汶川发生大地震，时任行政长官何厚铧即刻代表特区政府向受灾同胞致以深切慰问，并表示澳门将全力支持这次救灾工作。澳门特区政府随即决定在 13 日拨款 1 亿元人民币、澳门基金会拨款 1000 万元人民币给中央抗灾救灾总指挥部，全力支持内地救灾工作。特区政府还呼吁澳门市民和团体，进一步积极支持和参与赈灾工作。所有这些都充分体现了澳门同胞心系祖国、血浓于水的同胞亲情。

他们坚持以爱国者为主体的“澳人治澳”，坚持在爱国爱澳旗帜下的最广泛团结，以强烈的使命感和责任感参与管理澳门各项事务，努力建设自己的美好家园。澳门回归以来，社会各界始终从维护澳门繁荣稳定的大局出发，无论是处理政制发展还是规范行政、立法和司法行为等，都能自觉以《澳门基本法》为依据，坚持求同存异，积极开展协商，讲求社会和谐，不把矛盾和问题简单政治化，以建设性态度提出改进工作的意见和建议，形成相互理解、和衷共济的良好社会氛围，各方面都把力量真正凝聚到建设澳门、发展澳门、繁荣澳门的共同事业上来。

正是由于澳门回归以来坚守“一国两制”初心，充分发挥“一国”

之本的优势，善用"两制"安排之利，将国家的主权、安全、发展利益，与澳门的长期繁荣稳定有机地结合起来，实现了澳门与国家的共同发展。

坚决维护宪法和《澳门基本法》的权威，将中央的宪制权力和澳门特区的高度自治权有机结合起来

宪法和《澳门基本法》共同构成了澳门特别行政区的宪制基础。宪法作为国家的根本法，在包括澳门特别行政区在内的中华人民共和国领土范围内具有最高的法律地位和最高的法律效力。依据国家宪法制定的《澳门基本法》是"一国两制"方针的法律化，凝聚了澳门社会各界人士的智慧与共识，在澳门特别行政区具有宪制性法律地位。回顾澳门回归16年多以来的不平凡历程，其中一个非常重要的启示就是，只有坚决维护宪法和《澳门基本法》的权威，严格按照宪法和《澳门基本法》办事，才能正确处理中央与澳门特别行政区的关系，才能充分调动澳门各界人士的积极性、主动性和创造性，社会才能取得良好的发展进步。这也是澳门成功实践"一国两制"并顺利实施基本法的一条宝贵经验。

澳门特别行政区成立以来，严格按照宪法和《澳门基本法》办事，充分发挥基本法规定的制度体制功效。一方面，澳门特别行政区依法实行行政主导体制，行政、立法、司法机关恪守定位、各司其职、各负其责，共同推动澳门各项事业向前发展。另一方面，澳门特别行政区十分注重依法行使高度自治权，坚决维护中央依法享有的权力，对中央负责管辖的事务予以密切配合，将中央依据基本法的权力落到实处。

规范中央和澳门特别行政区的关系是《澳门基本法》的重要内容。建立并保持中央与特别行政区之间的良好关系和协调发展，是正确实践"一国两制"的关键所在。澳门特别行政区自成立开始，便把尊重并维护中央依据基本法享有的权力作为处理中央与特别行政区关系的核心工作紧抓不放，并落实到位。凡涉及中央管理的事务和中央与特别行政区关系的事务，都一一依法向中央报告，需要中央批准的都及时报中央批准，需要向中央备案的都及时向中央报送备案。澳门特别行政区高度尊重并维护中央依据基本法享有的权力，使得宪法和基本法规定的澳门特别行

政区的宪制秩序得到尊重和维护，中央对澳门特别行政区的全面管治权有效行使。

例如，按照基本法规定，中央人民政府负责管理与澳门特别行政区有关的外交事务。回归后，特区政府积极配合外交部驻澳特派员公署开展工作。特区参加国际组织的数量已由回归前的51个增加到100个左右，给予特区护照免签证或落地签证的国家和地区达122个（截至2016年10月）。更为值得一提的是，在中央政府关怀和支持下，澳门历史城区也被联合国教科文组织列为世界文化遗产。

又例如，按照基本法规定，中央人民政府负责管理澳门特别行政区的防务。为协助澳门驻军履行防务，澳门特区在2004年制定了军事设施保护的法律以及对军事设施的行政违法行为进行处罚的行政法规。2005年以及2009年，特区又先后制定了驻澳部队协助维护社会治安和救助灾害、因履行防务职责而享有的权利和豁免的法律，为驻军履行防务职责、协助维护社会治安和救助灾害等事宜提供了法律保障。

再例如，按照基本法规定，全国人大常委会拥有基本法的解释权，并对澳门政制发展拥有决定权。澳门特区第三届政府就职以后，行政长官崔世安于2011年11月17日致函全国人大常委会，请全国人大常委会酌定是否需要对基本法附件一第七条和附件二第三条的规定做出解释。此举不仅反映出了行政长官对基本法的深刻理解和对处理澳门政制发展问题的严谨认真态度，更体现出行政长官对全国人大常委会就特别行政区所享有的宪制性权力的充分尊重。

总之，回归16年多来，正是由于澳门特别行政区始终坚决维护中央依据基本法享有的权力，中央与澳门特别行政区的关系一直保持了健康发展的良性态势，宪法和基本法的权威地位得到了凸显和维护。中央在行使权力的同时，全力支持行政长官和特区政府依法施政，并妥善处理中央与特别行政区关系遇到的新问题。例如，为了解决建设珠澳跨境工业园区澳方所需土地的新问题，2005年国务院采用批复的方式给予了妥善解决；为了解决澳门大学横琴新校区的管辖权问题，全国人大常委会以决定的形式予以圆满解决，此举为“一国两制”的实践探索出特事特办新模式；为了解决澳门用地不足的矛盾，国务院2009年批复澳门特区政府，同意特区填海造地361.65公顷，以建设澳门新城区等。2015年12月20日，国务院为澳门特别行政区划定水域和明确陆地界线，澳门特别行政区管理海域从澳门陆地向东南方向划定，面积为85平方公里，为澳门经济社会发展拓展了必要新空间，为促进特区依法治理和科学规划经济建设创造了新条件，更为澳门实现长期繁荣发展提供了新契机。这次李克强总理出席中葡经贸合作论坛第五届部长级会议开幕式，并亲自宣布中央的19项支持措施，更是中央对澳门加快建设“一个中心”和“一个平台”的又一次有力助推。

坚持走符合澳门实际的“一国两制”实践之路，将澳门的发展与国家的发展有机结合起来

作为“一国两制”方针化和具体化的《澳门基本法》，与《香港基本法》在总体结构和主要原则上具有一致性，但澳门在政治、经济、文化、历史和社会等方面都有其自身的特点。《澳门基本法》正是一部符合澳门实际和充分反映了广大澳人意愿的具有澳门社会和文化特色的基本法。例如，在对境内土地所有权的规定、对澳门特别行政区行政长官的参选资格及主要官员、行政会委员、立法会主席、终审法院院长、检察长的任职资格的规定、行政长官和立法会产生办法的规定等内容方面，《澳门基本法》都显示出了自己的特色。

澳门回归以来，特别行政区政府始终坚持结合澳门实际来落实基本法，提出并实施符合现实情况的政策、法律，坚持走符合澳门实际的“一国两制”实践之路，将澳门的发展与国家的发展有机结合起来，利用国家全面深化改革给澳门带来的机遇谋求自身发展的同时，发挥其在国家现代化建设中的独特作用。

例如，《澳门基本法》规定，特别行政区根据本地整体利益自行制定旅游娱乐业的政策。针对博彩业在澳门经济结构中的独特地位，2002年特区政府的施政报告首次提出“以博彩旅游业为龙头，以服务业为主体，其他产业协调发展”的经济思路，确认了发展方向。接着特区政府以极大的勇气和魄力，有步骤、有计划地实现了博彩业的开放，平稳有序的

开放方式使澳门社会没有因此出现动荡。随着博彩业的开放，博彩业得到了快速发展，由此带动澳门经济的发展。与此同时，澳门在制定博彩业的发展政策法律时，不只着眼于澳门的经济增速和税收，而且也考虑内地和整个国家的经济社会安全、稳定及发展利益，加强和完善对博彩业的监管，努力培育新的经济增长点。目前，正值澳门博彩业中期检讨临近之际，特区政府结合澳门未来的发展，就如何增加非博彩元素以及规范博彩业的健康发展正有序开展相关的工作。

不仅特区政府的施政结合澳门的实际来执行基本法，对于事关澳门发展的重大问题，社会各方面也都能以澳门的整体利益和长远利益为依归，从澳门的实际出发，自觉贯彻落实基本法。在基本法的实施过程中，当社会上对某些问题有不同看法甚至出现争议时，各方面都能以基本法作为共同的行为准则，从澳门自身的情况出发，通过理性讨论、求同存异、积极协商来加以妥善处理。这在特区政府 2012 年处理 2013 年立法会产生办法和 2014 年行政长官产生办法是否需要修改的问题上得到了较好体现。特区政府经过充分广泛咨询，在进一步凝聚社会共识的基础上，最终圆满完成了澳门特区 2013 年立法会产生办法和 2014 年行政长官产生办法的修改工作。行政长官选举委员会由 300 人增加到 400 人，立法会议员由 29 人增加 4 人，其中直接选举的议员增加 2 名，间接选举的议员增加 2 名，澳门的政制得到了有序发展。随着民主政治沿着基本法轨道持续健康发展，澳门各界人士爱国爱澳等核心价值观受到越来越广泛认同，一条符合澳门实际的"一国两制"实践模式正在形成中。

特别值得一提的是，澳门今年 9 月首次制定并公布了五年发展规划。五年发展规划既体现了"澳人治澳"、高度自治的方针，又将澳门的发展融入到国家发展之中，实现澳门与国家的共同发展。五年发展规划在推进澳门建设成为"世界旅游休闲中心"和"中国与葡语国家经贸合作服务平台"的同时，设有落实与国家"十三五"规划对接的专门内容。对此，澳门特区行政长官崔世安接受采访时指出，澳门回归已近 17 年，我们深切感受到，祖国是澳门经济发展、民生改善的坚强后盾，区域合作的深化是促进澳门经济适度多元的强大动力。只有自觉对接国家发展总体规划，才能更有效地推动澳门经济社会可持续发展。行政长官崔世安的这段话实际上也阐释了澳门成功实践“一国两制”的一条经验，那就是必须从澳门的实际出发，将澳门的发展与国家的发展更好地融合在一起。

这次李克强总理来到澳门，其中一项重要内容就是亲自出席在澳门召开的中葡经贸合作论坛第五届部长级会议开幕式。李克强总理在开幕式的主旨演讲中宣布了中央支持中国与葡语国家经贸合作的19项具体措施。此举就是要向国际社会表明，中央继续支持并巩固澳门作为“一个中心、一个平台”的地位，发挥其功能，更好地推动澳门经济加快适度多元发展，以保持澳门的长期繁荣稳定。澳门应该更好思考如何结合澳门的实际，用好用足国家的相关支持政策和措施，加快澳门经济适度多元发展，造福于澳门全体市民，并充分发挥澳门在国家现代化建设中的独特作用，实现新发展。

当前，我们的祖国正处在全面建成小康社会、全面深化改革、全面推进依法治国的重要时期，澳门“一国两制”实践也正进入一个新的历史阶段。在新的形势下，澳门全社会要好好珍惜回归以来所取得的来之不易的良好发展局面，全力维护社会稳定，不断巩固与提升澳门成功实践“一国两制”的良好态势，为澳门长期繁荣稳定打下更为坚实的基础。要继续坚持全面准确地理解和贯彻“一国两制”方针，坚持严格按照宪法和《澳门基本法》办事，依法治澳，坚持以爱国者为主体的“澳人治澳”，坚持在爱国爱澳旗帜下实现最广泛的团结，而且团结的人越多越好。要继续坚持从澳门的实际出发，走自己的路，全力谋求澳门的新发展，继续演绎出一个又一个精彩不断的成功实践“一国两制”的澳门故事。要继续用好用足国家支持澳门发展的政策和措施，抓住国家全面深化改革和“一带一路”建设给澳门带来的机遇，坚持提升自身优势和加强区域合作两条腿走路，加快澳门经济适度多元发展，保持澳门的长期繁荣稳定，努力实现与内地共同发展、共同进步，让“一国两制”在澳门的实践谱写出新的精彩篇章。

（本文原载于《澳门日报》2016年10月26日）

-“一国两制”概念的完整性-

“一国两制”是我国政府处理港澳事务的基本方针，它不仅指导了我们解决香港问题和澳门问题的全过程，也为回归后的香港和澳门实现长期繁荣稳定提供了坚实的可靠保障。然而，“一国两制”是一项崭新的事业，我们在实践中难免会遇到一些矛盾，例如，特别行政区实行高度自治时如何体现并坚持一国、内地和港澳地区如何辩证看待两制差异等。随着港澳地区社会经济的发展，尤其是政制发展的推进以及民生政策的推出，一些累积下来的深层次矛盾和问题也会逐渐显现出来。要正确分析和妥善处理出现的矛盾，关键是要坚持全面、准确地理解和贯彻“一国两制”方针。而要做到这一点，又离不开对“一国两制”这一完整概念的把握。

一、“一国两制”内容的整体性

“一国两制”自提出以来，关于其内容，有多种不同的表述。概括起来，通常主要包括“一个国家”、“两制并存”（或称为“两种制度”）、“高度自治”、“当地人管理”（或称为“港人治港”、“澳人治澳”）、“长期不变”（或称为“五十年不变”）五个方面。之所以做出这样的细分，主要是便于人们更好地理解“一国两制”方针。然而，这并不意味着“一国两制”上述五个方面的主要内容是相互孤立的。“一国两制”作为我国对回归后的香港和澳门所实行的总方针，其主要内容不只是简单的并列在一起，更不是彼此之间毫无关系的，而是相互之间有着内在的联系，进而构成一个有机整体。其中，“一个国家”是“一国两制”方针的核心。“两制并存”正是以“一个国家”为前提和基础的，离开了“一个国家”这个前提和基础，“两制并存”也就不复存在。正是在这个意义上说，“两制”从属和派生于“一国”，并统一于“一国”之内。我们要全面、准确地理解和实施“一国两制”方针，就必须把“一国”和“两制”紧密相连起来，不能把“一国”与“两制”相互割裂甚至对立。

不仅如此，两制之间也不是等量齐观的。内地的社会主义制度是主体，它的存在和发展，又是“一个国家”存在和发展的决定因素，可以说是核心中的核心。至于“高度自治”“当地人管理”“长期不变”，都首先是在保障国家的主权、统一和领土完整的前提下才得以存在的，离开了“一个国家”这一根本条件，它们都将同样不复存在。可见，是“一个国家”这个“一国两制”方针的核心内容把“一国两制”方针的其他内容有机地统一在一起。这个核心的存在和发展，决定着其他内容的存在和发展。当然，其他内容的存在和发展，也影响着“一个国家”这一核心的存在和发展。因此，“一国两制”方针的各个方面内容是相互依存的一个有机整体，既缺一不可，又相互联系。

“一国两制”内容的整体性，意味着“一国两制”是一种系统化了的方针。作为一种系统化了的方针，客观上也要求我们必须把“一国两制”作为一个完整的概念来加以认识和把握，因为系统化的基本涵义就是指同类事物按一定的关系组成的整体。“一国两制”方针的系统性，决定了作为“一国两制”方针组成的各个部分，既不可或缺，又相互联系。这其中，“一国”既是前提和基础，又和“两制”紧密相连，密不可分，进而共同构成“一国两制”这一概念的完整性。

二、“一国两制”事业的共同性

“一国两制”方针虽是用来解决香港问题和澳门问题的，其内容也主要是关于我国对香港和澳门恢复行使主权后对香港和澳门实行什么样的制度和政策。然而，这决不意味着“一国两制”事业仅仅是香港和澳门两个特别行政区的事情。我们对香港、澳门实行“一国两制”的方针，其核心是对香港和澳门恢复行使主权，推进国家的统一大业。因此，“一国两制”事业应是香港特别行政区、澳门特别行政区和祖国内地共同发展繁荣的事业。早在庆祝澳门回归祖国五周年大会上，时任国家主席胡锦涛便指出：“在国家主体实行社会主义制度的同时，按照‘一国两制’方针把实行资本主义制度的香港、澳门两个特别行政区管理好、建设好、发展好，保持香港、澳门长期繁荣稳定，是中央政府治国理政面临的崭新课题，同样也是香港、澳门两个特别行政区政府面临的崭新课题。因此，无论是中央政府还是两个特别行政区政府，以及广大香港同胞、澳门同胞，都需要在贯彻‘一国两制’的实践中积极探索，不断前进。”这段话清楚表明，“一国两制”方针的贯彻落实绝不仅是香港和澳门两个特别行政区的事情，中央政府同样负有重大的历史使命。

“一国两制”事业的共同性，意味着“一国两制”方针政策的贯彻落实进程中，不仅特别行政区政府和社会各界人士肩负着重要责任，中央政府和内地民众一样负有重大责任。作为一项崭新的共同事业，“一国两制”既是为了有效解决历史遗留的香港问题、澳门问题，以实现国家的统一，同时它也是中华民族伟大复兴事业的重要组成部分。因而，“一国两制”事业对于全体中华儿女来说，是一项具有全局性、长远性的国家大事、民族大事。它不仅事关香港、澳门特别行政区的繁荣稳定、长治久安和居民福祉，也事关祖国和平统一大业和民族伟大复兴事业。正确实践“一国两制”，不仅香港、澳门特别行政区首当其冲、责无旁贷，全国各族人民也都休戚与共、利益攸关，亦即同属命运共同体和利益共同体的相关方。故此，实践“一国两制”，作为中华儿女，无论身处香港、澳门特别行政区，还是居于内地，大家都有份有责，都不是旁观者，都是“一国两制”事业的实践主体。

事实上，香港、澳门两个特别行政区自成立以来所取得的发展成就，既是特别行政区行政长官和特区政府团结带领香港、澳门社会各界共同努力的结果，也是与中央和祖国内地的大力支持分不开的。一方面，中央政府坚定不移地贯彻“一国两制”“港人治港”“澳人治澳”和高度自治的方针，严格按照基本法办事，不干预特别行政区自治范围内的事务，全力支持特别行政区行政长官和特区政府依法施政。另一方面，特别行政区依法行使高度自治权，正确处理中央与特别行政区的关系，坚决维护中央依法享有的权力，对中央负责管理的事务予以密切配合，严格依照基本法和法律规定的权限行使行政管理权、立法权、独立的司法权和终审权，充分保障香港、澳门居民依法享有的广泛自由和权利，充分调动香港、澳门社会各界人士的积极性、主动性和创造性。中央和特别行政区在"一国两制"实践中的这种良性互动，正是"一国两制"这一事业共同性的生动体现，也是"一国两制"这一概念完整性的最好写照。

三、"一国两制"根本宗旨的统一性

中央政府对香港、澳门实行"一国两制"方针，其根本宗旨是两条，一是维护国家主权、安全、发展利益，二是保持香港、澳门长期繁荣稳定，这也是中央政府对香港、澳门的基本方针政策的出发点和落脚点。之所以如此，是由特别行政区系中央下辖的地方行政区域的法律地位所决定了的，也是由香港、澳门的发展是国家发展重要组成部分所决定了的。

作为"一国两制"根本宗旨的两个方面——维护国家主权、安全、发展利益与保持香港、澳门长期繁荣稳定是有机统一的，它们实际上正是"一国两制"概念完整性的真实反映。从根本上来说，国家的利益和特别行政区的利益是一致的。国家好，特别行政区好；特别行政区好，国家更好。如果国家的主权、安全、发展利益得不到保障，甚至受到损害，那香港、澳门的长期繁荣稳定也会告吹，根本无从谈起。对此，邓小平有过精辟的见解："试想，中国要是改变了社会主义制度，改变了中国共产党领导下的具有中国特色的社会主义制度，香港会是怎样？香港的繁荣和稳定也会吹的。"邓小平的上述见解当然也适用于澳门。

从"一国两制"方针孕育、成熟并用于指导香港问题解决的全过程来看，中国政府坚持的原则立场始终包含两个方面：一是香港的主权问题不容讨论，1997 年中国政府必须对香港恢复行使主权；二是中国政府会考虑到香港的历史和现实情况，实行特殊的政策，以保持香港的平稳过渡和长期繁荣稳定。中国政府处理澳门问题的基本立场与处理香港问题的基本立场是一致的，有关的方针政策也是大同小异。中国政府对香港问题和澳门问题所持原则立场的上述两个方面的内容，不仅体现了中国政府处理港澳问题的一贯立场和原则，而且正好说明中央政府对香港、澳门实行的各项方针政策的根本宗旨，就是要将维护国家主权、安全、发展利益，与保持香港、澳门的长期繁荣稳定完整地结合起来。我们在“一国两制”实践过程中遇到的问题复杂多样，处理问题的思路和方式也不尽相同，万变不离其宗，从根本上说，都是为了这两个方面。也只有兼顾了这两个方面，才能准确把握“一国两制”方针的核心要求和基本目标，才能正确理解“一国两制”概念的完整性。

回顾港澳回归祖国十多年的不平凡历程，给我们的一个重要启示就是必须深刻领会中央对港澳基本政策的根本宗旨，并将根本宗旨的两个方面有机地结合起来。新中国成立以来，虽然不同时期中央对港澳工作的重点有所不同，具体的一些措施也会有所不同，但有关基本立场、方针政策在出发点和落脚点上都是一样的，那就是，中央政府制定的涉及港澳的一系列政策，采取的涉及港澳的各项重大举措，无论是政治法律、经济民生还是社会生活方面的，都是旨在维护国家的主权、安全、发展利益，保持港澳的长期繁荣稳定。这一点，过去如此，现在如此，将来还是如此。正如时任国家主席胡锦涛在庆祝澳门回归祖国十周年大会暨澳门特别行政区第三届政府就职典礼上的讲话中所说的那样：“中央政府对香港、澳门采取的任何方针政策措施，都会始终坚持有利于促进香港、澳门长期繁荣稳定，有利于增进香港、澳门全体市民福祉，有利于推进香港、澳门和国家共同发展的原则。”其中的意旨也就在于香港、澳门的发展与国家的发展的有机统一，这实际上也正是“一国两制”根本宗旨的两个方面内容相统一的典型体现。

（本文原载于《澳门月刊》2014 年 2 月号）

- 基本法实施中的国家意识培养 -

香港近期发生的抵制国民教育事件，表明香港在回归十五周年后，基本法的实施中还存在一个很大的薄弱环节，那就是国家意识的培养。当今世界，教育作为培育爱国思想的主要管道仍在很多国家奉为圭臬。香港回归后作为中华人民共和国的一个不可分离的部分，推行国民教育应该是份内之事，也是一种宪制责任。然而，香港在回归十五年后，特区政府推行国民教育竟被贴上“洗脑”的标签，这不能不引起人们的深思。以此为鉴，在基本法实施过程中，重视国家意识的培养就显得尤为迫切和重要。

国家意识事关“一国”原则的落实

国家意识是一个涵盖国家政治、社会和自然属性的统一体，是一定土地上的人对建立在这块土地上的享有主权的国家的认同和向心力，是人们对国家这一统一体的认知和心理状态。英国学者约翰斯顿曾指出，在某种意义上，国家就是通过意识形态促进社会一致的聚合力量。这一界定充分说明了国家意识作为一个国家维系纽带的作用。

香港和澳门特别行政区的设立是以中华人民共和国对香港和澳门恢复行使主权为前提条件的，因此，港澳两部基本法的内容格外突出并强调“一国”原则。两部基本法的第一条开宗明义地宣示，香港和澳门特别行政区是中华人民共和国不可分离的部分，这是国家主权和国家意识在基本法中的最高体现。不仅如此，港澳两部基本法在序言中明确规定，“一国两制”方针政策的出发点和最终目的就是为了维护国家的统一和领土完整，保持港澳的繁荣稳定和发展。从整体上看，港澳两部基本法的内容也自始至终贯穿了维护国家的主权、统一和领土完整，并保持港澳长期繁荣稳定和发展这样一条主线。港澳两部基本法之所以如此突出“一国”原则，根本原因就在于“一国”是“两制”的前提和基础。因此，“一国”原则是我们理解和实施基本法时必须牢牢把握的。而要达至这一目标，培养并增强基本法实施中的国家意识就是不二的选择。可以说，国家意识是保证基本法实施的理念基础。离开了国家意识，基本法的实施就会走样，就会偏离基本法本身所设计好的轨道和方向。

其实，港澳基本法的条文规定中，有关“国家”和“国家意识”的表达是显而易见的，且形式多样化，相关的词汇包括：中国、中华人民共和国、国家、全国、国防、国籍等等。这些词汇主要是在政治统一体和与地方相对应的意义上使用。不仅如此，综观港澳基本法全文，不难发现，基本法中“国家”一词的使用，在涵义上是与国家宪法的规定一脉相承的，充分体现了宪法中的国家意识在基本法中的具体贯彻。之所以如此，是因为宪法和基本法共同构成了特别行政区的宪制基础。我们在理解和实施基本法过程中贯彻国家意识时，既要注意到基本法的规定内容，更要从整个宪法所体现的国家意识这一角度进行思考。因为，宪法是最集中体现一国的国家意识和国家认同的法律文件。特别行政区制度作为我国的一项特殊制度，其背景首先是对整个国家核心价值的认同。我们在理解规范特别行政区所实行的制度的基本法时，不能仅仅把宪法第三十一条作为宪法根据，而要以整个宪法文本，以宪法文本中体现的整体的国家意识为背景。港澳两部基本法序言第三段开宗明义地表明根据宪法来制定基本法，其意义也就在于要体现宪法中的国家意识。鉴此，我们必须以宪法确立的国家意识为指导，并在中国宪法文本中体现的国家意识这一框架内来理解和实施基本法。唯有如此，才能全面准确地理解并贯彻“一国两制”的方针政策，从而确保“一国”原则的落实。由此可见，国家意识的培养不是要不要的问题，而是如何做好的问题，它直接事关“一国”原则的落实。

国家意识事关“港人治港”和“澳人治澳”的实施

香港和澳门回归后，实行“港人治港”“澳人治澳”和高度自治。其中的“港人治港”“澳人治澳”是以爱国者为主体的“港人治港”和“澳人治澳”。而要实现这一目标，国家意识的培养同样是必不可少的。可以说，国家意识是实现爱国者为主体的“港人治港”“澳人治澳”的可靠保障。因为，爱国从字面涵义看，就是指热爱自己的国家，它是国家认同感和国家意识的最集中的体现和反映。

爱国是中华民族高尚的道德素养，是包括港澳同胞在内的全体炎黄子孙的优良历史传统。香港和澳门回归后，虽然实行与内地不同的制度和政策，但港澳回归后，凡是中国人，无论生活在内地还是港澳地区，都应该爱我们的大家庭，爱我们的祖国，这是不言而喻的。尽管我们的国家可能还有这样或那样的问题，但这绝对不能成为一个人不爱国的理由和借口。就这个意义而言，可以说，爱国是“一国两制”的政治基础。

其实，在特别行政区，爱国也并非一个泛泛的空洞概念，而是有其特定内涵的。在谈到“港人治港”时，邓小平曾明确指出：“爱国者的标准是，尊重自己的民族，诚心诚意拥护祖国恢复行使对香港的主权，不损害香港的繁荣和稳定。”邓小平关于爱国者的上述论述，实际上已表明了爱国与爱港密不可分，共同构成“爱国爱港”的完整整体。时任国家主席胡锦涛在庆祝澳门回归十周年大会的讲话中直接提出，要把爱国与爱澳有机统一起来。时任全国人大常委会委员长吴邦国在纪念《澳门基本法》实施十周年座谈会上的讲话更是将“爱国爱澳”作为一个完整概念加以阐述：“爱国爱澳就是要尊重自己的民族，热爱自己的祖国，诚心诚意地拥护我国政府对澳门恢复行使主权，一心一意地维护澳门的繁荣稳定。”国家领导人的上述讲话虽在不同的时间和地点讲出来，但都适用于香港和澳门。任何将爱国与爱港、爱澳分割甚至对立起来的观点，都是有违“港人治港”“澳人治澳”的基本要求，不符合“一国两制”的方针政策。“爱国”就必然要求“爱港”“爱澳”，因为香港、澳门属祖国不可分离的部分，否则，就不是真正的“爱国”；“爱港”“爱澳”也同样要求爱香港和澳门所属的国家，否则，也不是真正的“爱港”“爱澳”，更不是“一国两制”下的“爱港”“爱澳”，而只能是自认为的所谓“爱港”“爱澳”。爱国与爱港、爱澳的有机统一关系，实际上正是“一国”与“两制”之间的辩证关系在民族理念领域的折射和缩影，也是国家意识在特别行政区制度中的充分体现和反映，它对于保障“港人治港”和“澳人治澳”有着不可替代的积极作用。

国家意识的培养任重道远

香港和澳门由于长期处于外国的殖民统治之下，回归后又实行与内地不同的社会经济制度和生活方式，这些都会对香港和澳门居民的国民身份认同发生影响。不过，在澳门，国民身份认同的情况还是比较理想的。据澳门理工学院一国两制研究中心近三年所做的民调，对自己作为中国公民感到自豪的比例始终在百分之八十以上。然而，在香港，国民身份认同却始终是困惑香港人的一个现实问题。香港社会中出现的将“香港人”与“中国人”并列并让受访者选择其一的做法，其本身便已充分反映出香港居民中的国家意识的淡薄甚至缺位。虽然在这一设计下所得到的结果未必能反映香港人的真实意愿，但有关的数据还是表明，在香港，认同自己是中国人的比例要低于认同自己是香港人。英国人扭转香港人的国民身份认同用了150多年的时间，我们要重塑香港人的国民身份认同感、归属感和民族自豪感同样需要较长时间的耐心培养。因此，在《香港基本法》实施中，重视并做好香港人的国民身份认同和国家意识的培养，将是一项长期而又艰巨的任务。当然，在澳门，继续培育并巩固居民的国民身份认同感，同样是非常重要的，因为这对于在港澳地区更好地贯彻“一国两制”方针政策有着特别重要的意义。

其实，港澳两部基本法实施十多年来的实践中，国家意识是贯彻始终的。尽管在一些问题上，我们未必习惯于从国家意识这一相对抽象的角度进行理解，但中央和特别行政区的很多举措是充分体现了维护国家利益、维护国家尊严、促进国家共识等国家意识的。在未来的基本法实践中，如何贯彻国家意识依然是一个重要的理论与实践课题。

为此，香港和澳门两个特别行政区政府及社会各界应该牢固树立宪法和基本法共同构成特别行政区宪制基础的观念，把宪法和基本法共同作为特别行政区的宪制基础，这是中国政府恢复对香港和澳门行使主权的应有之义和必然结果。只有这样，才能在基本法的实施中，把“一国两制”事业作为特别行政区和祖国内地共同发展的事业，并把它作为中华民族伟大复兴事业的重要组成部分；只有这样，在基本法的实施中，香港和澳门同胞才会把自己既作为特别行政区的主人，也作为国家的主人，在建设好特区的同时，积极参与国家的发展建设以及和平统一大业；只有这样，才能在基本法的实施中，充分认识到特别行政区的高度自治权并不是特区固有的，而是来源于中央的授权，从而正确处理好中央和特别行政区的关系，充分尊重中央对特别行政区依法所享有的宪制性权力；只有这样，才能将特别行政区制度置于国家管理制度中加以实施，并充分尊重国家主体实行的社会主义制度；只有这样，才能充分利用特别行政区的高度自治优势，把香港和澳门特别行政区的发展纳入国家整体发展战略，并从祖国内地快速发展中获取源源不竭的发展动力和发展机遇。

适度开展形式多样的国情教育

在国家意识的形成和培养过程中，国情教育发挥着十分重要的作用。国情教育是增强对国家的认知、认同，形成共同体观念的客观基础，是民族情感的载体，是培养共同的国家意识的必要载体。因此，在基本法的实施中，开展国情教育是非常有必要的。

当然，在香港和澳门特别行政区进行国情教育，要根据当地的实际情况因地制宜地进行。一方面，我们既然以“一国两制”的方针和平解决历史遗留的香港问题和澳门问题，那么对于生活在不同制度下的香港同胞和澳门同胞便不能要求他们人人都赞成社会主义制度，但是香港同胞不能破坏社会主义制度。对此，《宪法》第一条第二款明确规定，禁止任何组织或者个人破坏社会主义制度，这当然包括了香港和澳门社会的组织和个人。港澳地区保持原有的资本主义制度，正是以一个中国、国家主体实行社会主义制度为前提条件的，这是“一国两制”方针的根本，也是基本法的根本。因此，港澳地区的任何组织和个人都不能破坏国家主体所实行的社会主义制度。另一方面，在香港和澳门进行国情教育，也要考虑到香港和澳门长期在外国殖民统治下所形成的与内地隔阂以及港澳部分居民对内地社会发展的不了解甚至种种误解等情形，采取适当有效的形式。这一点，在香港尤其要更加注意。

香港和澳门回归以来，在落实基本法的过程中，中央和特区政府以及香港、澳门社会有关社团开展了形式多样的国情教育活动，积累了一些好的经验和成功做法，例如邀请香港和澳门居民尤其是学生到内地参观考察，了解内地改革开放所取得的巨大成就；安排航天英雄及奥运冠军等到香港和澳门与当地人交流；开放驻军军营等，都取得了很好的效果。今后，在实施基本法的过程中，还要不断根据新情况，采取更灵活的方式，不断改进国情教育，尤其是要注重在学生中开展国情教育，培养学生服务国家社会的责任意识，让学生对国家有着高度的认知和情感，并感受到作为中华人民共和国公民的自豪感，进而增强国家意识。

（本文原载于《澳门月刊》2012 年 10 月号）

培育巩固“爱国爱澳”核心价值观

近期，香港特区第四届政府因推行德育及国民教育科政策而引发社会的争议，以至有人采取绝食、“占领”政府总部等方式来抵制开展国民教育。爱国在全世界都是核心价值，香港回归后作为中华人民共和国的一个不可分离的部分，推行国民教育应该是天经地义的事情，再自然不过了。然而，香港在回归十五年后，特区政府推行国民教育竟被贴上“洗脑”的标签，这不能不引起人们的深思。在香港，之所以会出现抵制国民教育的情形，与“爱国爱港”没有形成为香港社会的核心价值观有密切关系。以此为鉴，在澳门，培育巩固“爱国爱澳”的社会核心价值观就显得尤为重要。

民族精神的核心

价值观是价值观念的简称，指人们头脑中有关价值追求的观念。具体来说，价值观是人们对某类事物相对稳定的信念、信仰、理想，是人们对该类事物的价值取舍模式和指导主体行为的价值追求模式。从宏观上看，价值观念是社会文化体系的内核和灵魂，代表着社会对应该提倡什么、反对什么的规范性判断；从微观上看，价值观念是人们心中深层的信念系统，在人们的价值活动中发挥着行为导向、情感激发和评价标准的作用，构成个人人生观的重要内容。

核心价值观则是指在价值观体系中处于核心地位、统率和支配着其他处于从属地位的价值观，它是一种社会制度长期普遍遵循的基本价值原则，是一种文化区别于另一种文化的基本价值观念。每个社会都有其赖以生存和发展的核心价值观。一个国家或地区，社会的核心价值观必然会涵盖政治、经济、文化、道德的所有层面，它具有引领思潮、坚定信念、凝聚人心、激发活力、整合资源、预测趋势等多重功能。

目前，世界上民族和国家林立。但在每个国家，爱国主义大都会成为社会核心价值。之所以如此，是因为爱国主义有着其深刻的思想基础，这个思想基础就是民族的自尊心与自信心。而民族的自尊心与自信心的思想根源又在于对民族文化的优秀传统有一定的认识。中华民族的生存发展史，充分表明中华民族是富有爱国主义传统的伟大民族，爱国主义贯穿于中华民族精神形成和发展的全过程，渗透于中华民族精神的一切领域，体现在中华民族精神的方方面面。不论是在过去、现在还是将来，爱国主义始终是中华民族精神的核心。没有爱国主义的情怀，中华民族不可能生存发展几千年而不衰亡。

作为中华民族精神的核心，爱国主义不是抽象的。在社会生活中，爱国主义主要表现为：具有强烈的民族自尊心和自信心，维护祖国尊严和人民利益的高度责任感，对祖国前途怀有坚定的信念；对祖国的人民、文化和国土无限热爱；把个人的前途和祖国的命运紧紧地联系在一起，反对外国入侵等。

爱国是中华民族高尚的道德素养，是包括港澳同胞在内的全体炎黄子孙的优良历史传统。在中华人民共和国这个大家庭中，存在着两种联合：一个是工、农、知识分子等劳动人民的大团结，团结的政治基础是社会主义；一个是全体劳动者和爱国者的更为广泛的大团结，团结的政治基础是爱国主义。其中的爱国者，既可以是社会主义的拥护者，也可以是祖国统一的拥护者。我们既然以“一国两制”的方针和平解决历史遗留的香港问题和澳门问题，恢复对香港和澳门行使主权，那么对于生活在不同制度下的港澳同胞便不能要求他们人人都赞成社会主义制度。另一方面，既然港澳实现了回归，大家都团结在祖国的大家庭中，因此，凡是中国人，无论生活在内地还是港澳地区，都应该爱我们的大家庭，爱我们的祖国，这是不言而喻的，就这个意义而言，可以说，爱国是

“一国两制”的政治基础。

爱国爱澳不可分

在澳门特别行政区，爱国是有特定内涵的，那就是必须尊重自己的民族，热爱自己的祖国，诚心诚意拥护我国政府对澳门恢复行使主权。澳门同胞素有光荣的爱国主义传统，始终与祖国人民血肉相连。澳门回归后，澳门同胞真正成为国家和澳门的主人，他们的爱国情怀得到了前所未有的抒发。他们坚持澳门是祖国不可分离的部分，高度认同澳门事务是中国的内政，自觉维护国家的核心利益和中央的权威，坚决反对和抵御外部势力干预。他们坚信祖国是澳门的坚强后盾，既为祖国的发展与进步感到自豪，又积极投入到祖国的现代化建设事业。不仅如此，澳门同胞将爱国与爱澳情怀有机结合起来，一心一意维护澳门的繁荣稳定，以强烈的使命感和责任感参与澳门的各项事务，努力建设自己的美好家园。澳门回归以来，社会各界始终从维护澳门繁荣稳定的大局出发，坚持求同存异，积极开展协商，讲求社会和谐，不把矛盾和问题简单政治化，以建设性态度提出改进工作的建议和意见，形成相互理解、和衷共济的良好社会氛围，各方面都把力量真正凝聚到建设澳门、发展澳门、繁荣澳门的共同事业上来。正是因为澳门同胞的爱国与爱澳情怀结合得很好，使得澳门的“一国两制”实践始终能沿着基本法的轨道正确前行，澳门的各项事业也都有了长足的进步。

爱国与爱澳的有机统一关系，实际上正是“一国”与“两制”之间的辩证关系在民族理念领域的折射和缩影。在“一国两制”下，“爱国”是“一国”前提的必然要求，因为坚持“一国”前提，就是要维护国家主权、统一和领土完整，这是包括港澳居民中的中国公民在内的每一位中国人负有的义务和责任。由此可见，在“一国两制”下的“爱国”理念，已经超越了对不同政治制度的信仰，其核心是对中华民族的认同，它所体现的是一种民族凝聚力。在“一国”的前提下，要正确实施“两制”，还必须要有“爱澳”的理念，这也是“爱国”的自然要求。“爱澳”就是要拥护国家的“一国两制”方针政策，严格遵守基本法的各项规定，全心全意为澳门特别行政区服务，处处为澳门特别行政区的长期繁荣稳定和发展着想。正是在这个意义上说，“爱国爱澳”的理念本身来自于“一国两制”这一方针政策，是“一国两制”方针政策的应有之义。实行“一国两制”的方针政策离不开“爱国爱澳”的理念；讲“爱国爱澳”的理念，就必然要求诚心诚意地拥护和执行“一国两制”的方针政策，这是一种政策和理念之间的兼容关系，任何将其割裂的观点和做法，都会破坏“一国两制”的完整性，也会曲解“爱国爱澳”的丰富内涵。

民意调查见人心

澳门同胞素有光荣的爱国主义传统。澳门回归后，澳门同胞真正成为国家和澳门的主人，享有广泛的自由和民主权利，抒发出前所未有的“爱国爱澳”情怀，以崭新的面貌投身于“一国两制”的伟大实践。正如吴邦国委员长在纪念《澳门基本法》实施十周年座谈会上所说的那样，澳门同胞坚持以爱国者为主体的“澳人治澳”，坚持在“爱国爱澳”旗帜下的最广泛的团结，以强烈的使命感和责任感参与管理澳门各项事务，努力建设自己的美好家园。他们坚信社会主义祖国是澳门的坚强后盾，积极参与祖国改革开放和现代化建设，大力支持内地抗灾救灾和社会公益事业，衷心为祖国的发展成就感到骄傲和自豪，充分体现了心系祖国、血浓于水的同胞亲情。

澳门同胞之所以拥有浓烈的爱国爱澳情怀与澳门各社会团体坚持不懈地宣传推广《澳门基本法》，以及中央和内地人民关心、支持澳门的社会发展密不可分。正是在践行“一国两制”的实践中，澳门社会的各项事业都取得了长足的进步。这既为澳门的发展谱写出了新的篇章，也为国家的发展增添了夺目光彩。澳门同胞从澳门回归后所发生的翻天覆地的变化中，切身体会到“爱国爱澳”的种种益处。随着《澳门基本法》的深入实施，“爱国爱澳”的观念将会越来越深入人心。

澳门理工学院一国两制研究中心去年和今年曾连续做了三次“一国两制”综合指标民意调查，在被问及澳门社会的核心价值观时，“一国两制”“爱国爱澳”与“尊老、爱幼、感恩”一直处于前三位。其中，2011

年6所做的民意调查中，“爱国爱澳”曾是第一核心价值观。“爱国爱澳”与“一国两制”同为澳门社会的核心价值观，正好说明二者是一脉相承的密切关系。大量事实证明，回归十三年以来，澳门之所以能取得显着的发展成就，与澳门居民普遍禀持“爱国爱澳”的价值观是密不可分的。“爱国爱澳”实际上是“一国两制”方针在澳门居民情感领域的具体反映，是“爱国家、爱澳门”情怀的集中体现。

以时俱进再提升

随着社会的发展进步，任何一种观念也都在不断地发展和变化。“爱国爱澳”的理念同样如此，其内涵要适应社会的发展进步而发展。这就要求我们必须在“一国两制”框架下，顺应国家和澳门社会的发展潮流，以主人翁的态度，积极参与到澳门社会的各项事务中去。因为“爱国爱澳”并非一个空泛的理念，它既有抽象的概括，也有具体的表现。所谓抽象的概括，就是一种共性，一种原则，即维护国家的统一、主权和安全，拥护“一国两制”，全心全意服务于澳门社会。所谓具体的表现，就是指“爱国爱澳”的理念，总是通过每个澳门居民对各项具体社会事务的态度、看法表现出来的。而各项具体社会事务，实际上就是社会发展的一个缩影，带有时代的烙印。因此，要与时俱进地提升“爱国爱澳”理念，就要适应社会的发展变化，将“爱国爱澳”的理念同各项具体的社会事务融合在一起，不断地进行探索和思考，凡是有利于国家强大、民族兴旺、澳门长期繁荣稳定和发展的话和事，我们都要积极去讲和做；凡是不利于国家发展、民族融合有澳门稳定发展的话和事，坚决不讲和不做。

“爱国爱澳”的理念不仅要求内地和澳门的中国公民在各自所在区域的各项具体事务中表现出来，而且在双方的交往中也要以“爱国爱澳”的标准来要求自己。随着内地和澳门联系的日益密切，两地的人员交流也越来越频繁。由于工作、生活的环境及制度存在差异，两地的人员在交往中难免会出现一些冲突。对此，双方要以包容的心态友善地对待自己的同胞。内地曾经发生的学者称“香港人是狗”的不当言行，以及香港有人将内地人“比作蝗虫”的广告，都是与“爱国爱港”的要求格格不入的。生活在港澳的中国公民，既是香港人或澳门人，更是中国人。生活在两个特别行政区的中国人，应该为国家的逐步强盛而感到骄傲，为自己是中国人而感到自豪。虽然我们的国家在发展中还存在这样或那样的问题，但“子不嫌母丑”，作为中国人，港澳同胞应当更加努力，在做好港澳自身的事务同时，要不忘为国家建设发展尽一份心，出一份力。因为港澳同胞既是港澳特别行政区的主人，也是国家的主人。事实上，港澳地区在从祖国内地快速发展中获取源源不竭的发展动力和越来越多的发展机遇，在国际上分享着伟大祖国的尊严和荣誉的同时，也为国家发展做出了特殊的重要贡献，这正是“爱国爱港”“爱国爱澳”的必然结果和集中体现。

（本文原载于《九鼎》2012 年第 11 期）

- 爱国教育贵在坚持和务实 -

近来，香港有的所谓本土团体成员、个别政治人物描述本土与政治立场的关系时，他们不排除暴力、不排除港独选项的说法，让人一怔。虽然这绝非香港社会的主流意见，更无社会基础，但其能量和影响不可忽视。香港回归十八年多了，香港社会确实有一些人没有完全适应中国政府恢复对香港行使主权的这一重大历史转折，对“一国两制”方针尤其是其中的“一国”原则存有模糊甚至错误认识。澳门社会虽然不象香港那样有人以本土的话题来抗拒“一国”，但澳门毕竟邻近香港，香港一些人借本土而对香港政治地位的盘算引发的问题非常值得澳门社会深思，那就是要高度重视爱国教育，尤其是要加强青少年的教育培养，以保证“一国两制”事业后继有人。

一、爱国教育是当今世界各国的永恒主题

爱国教育是当今世界诸多国家进行公民教育的永恒主题，没有哪个国家不提倡爱国精神。美国举行国家庆典时，人人都要背诵“我爱这个国家，保卫这个国家”的誓词。俄罗斯每五年就要专门颁布《爱国主义教育纲要》，引导人们坚定热爱祖国、建设祖国的决心和信心。法国中小学都开设了爱国主义课程，法国作家都德的一篇弘扬爱国主义的《最后一课》更是成为世界文学史上的不朽篇章。我国内地 1994 年颁布了《爱国主义教育实施纲要》，目标就是要把人民群众的爱国热情引导和凝聚到建设中国特色社会主义伟大事业上来，引导和凝聚到为祖国的统一、繁荣和富强做贡献上来。为什么各个国家如此重视爱国教育？这是因为爱

国主义在任何一个国家都有着无可替代的重要地位和作用。

爱国主义是一个公认的正面词汇，简单来说，就是对祖国的爱和忠诚，是人们对自己祖国的一种最深厚的感情。爱国情感，如同子女对母亲的依恋、农夫对土地的热爱、牧民对草原的情怀、渔民对大海的敬畏般朴素与自然，它是人们在世代生活实践中自然产生的，并深刻地渗透于人们的心灵之中。这种情感无论对国家还是个人来讲，都是非常重要且必不可少的。

就国家而言，爱国主义是民族精神的灵魂。一个民族、一个国家要倡导自己安身立命的精神，这就是民族精神。民族精神是一个民族自立于世界民族之林的能力，是该民族成员对民族生存意义的终极关怀，具有对内动员民族力量、对外展示民族形象的重要功能。可以说，爱国主义是推进一个民族向前发展的强大精神动力所在，甚至起着决定一个国家前途命运的重要作用。而民族精神的培育与弘扬，都离不开爱国主义精神的支撑。同舟共济的爱国主义精神，在民族危难之时会燃起救亡图存的火炬；在和平建设时期，会成为民族振兴的切实动力；在遭遇特大自然灾害时，会凝聚整个民族的勇气和信心。

爱国主义还是形成一个民族国家的巨大凝聚力和向心力的重要因素。古往今来，世界各国都注重培养自己民族的凝聚力，因为民族凝聚力已成为衡量一个国家综合国力的重要标志之一。民族凝聚力是整个民族在长期的生产、生活过程中形成的一种群体力量，它包括民族整体对个体成员的吸引力、民族个体成员之间的亲和力以及个体成员对民族的向心力，这种凝聚力是维系整个民族生存发展的一种内在力量。可以说，有凝聚力则民族兴，凝聚力强则民族强，凝聚力弱则民族弱，无凝聚力则民族亡。而爱国主义则是培养民族凝聚力的一种日益重要的精神资源，因为民族凝聚力实质就是一个国家的人民热爱自己祖国的表现，也是一个国家民族精神的具体体现。

就个人而言，爱国是一种责任和义务。人一出生，就属于某一特定具体的国家。爱国不仅是一个人朴素的情感，还是他的一种社会责任，是一个公民为国家、为社会应完成的使命、应尽的义务。任何人都生活在社会之中，都离不开特定具体的国家，国家和政府为每个公民创造其正常发挥的空间，提供必要的权益保障，而享有其国籍的公民则要履行忠于国家、保卫国家的义务和责任。不仅如此，每个人的发展进步和利益也都同他所属的国家的发展进步与利益紧密联系在一起的，可以说，二者是唇齿相依的关系。国家贫弱，其民必辱，古往今来，概莫能外。正因为如此，每个民族都建立和巩固了对自己国家的尊崇感和依恋感，并且要求该民族的成员人人都要关心自己国家的前途和命运，都应为自己国家的发展积极贡献自己的力量。

爱国还是一个人实现远大理想、有所作为的动力。一个人只有爱国，才会产生为国家奉献一切力量的强烈愿望，才会把自己的命运与国家的命运紧密地联系在一起，才能使自己的一生有益于国家和人民。一个人有了爱国意识，就会把爱国家的深情、爱人民的真情、爱社会的行动、爱自我的自尊很好地结合起来，以实际行动发挥自己的聪明才智，服务于他所在的社会，服务于他所属的国家和人民。

爱国主义作为一种对祖国无限忠诚和真切热爱的深厚感情，历来是中华民族的光荣传统，是激励中国人民自强不息、团结奋斗的一面光辉旗帜，是凝聚中华民族大家庭的精神支柱。可以说，爱国主义是我们民族的魂、我们民族的根。伟大的爱国主义精神塑造了中华民族的崇高品格，培育了无数的民族英雄。顾炎武的“天下兴亡，匹夫有责”，林则徐的“苟利国家生死以，岂因福祸避趋之”，孙中山的“救国图存，振兴中华”，邓小平的“我是中国人民的儿子，我深情地爱着我的祖国和人民”等，都反映了爱国主义已经深深地融入了民族意识、民族性格和民族气概之中，成为中国人民弥足珍贵的精神财富。中华民族之所以能屹立于世界民族之林，并且生生不息，靠的就以爱国主义为核心内容的民族精神。通过爱国主义来弘扬民族精神，这也是中华民族五千多年文明史没有中断的重要原因之一。即使是近代，中华民族遭受外国列强侵略和掠夺的空前危机，带有浓烈爱国主义思想的救亡图存之声仍然是时代的最强音。一部中华民族近代史就是一部爱国主义史。这个光荣传统的基本点集中表现为维护祖国统一和民族团结，反对分裂；维护祖国的独立和主权，反对侵略；推动祖国的进步和繁荣，反对倒退；等等。千百年来，爱国主义精神犹如一条条奔腾不息的历史长河，哺育着一代又一代中华儿女，谱写了一曲又一曲中华民族的正气之歌。历史上许许多多的爱国志士为了祖国和民族的利益，抛头颅、洒热血，把为祖国献身视为人生最高价值的实现。

二、爱国教育激发港澳同胞爱国情怀

香港、澳门是中国神圣不可分割的领土。16世纪中叶以后，澳门被葡萄牙逐步占领，香港的九龙半岛和香港岛则于鸦片战争后被割让给英国，新界也被租借给英国，这都是因为当时晚清统治者的腐败无能导致国家积贫积弱的结果。后来虽有中国人民反占领的斗争，但在新中国成立以前，都没有能改变香港、澳门被外国人管治的状况，这与当时的国家实力不济密切相关。新中国成立后，鉴于西方国家封锁的现状，中国政府也没有急于做出收回香港、澳门的决定，而是采取了灵活务实的“长期打算、充分利用”方针，这固然有打破西方国家封锁的长远战略考虑，实则与当时的国家实力也不无关系。20世纪80年代，之所以能够通过与英国、葡萄牙外交谈判最终顺利解决了历史遗留的香港问题和澳门问题，离不开我们国家发展起来后的所具备的实力。对此，邓小平有过精辟的分析：“香港问题为什么能够谈成呢？并不是我们参加谈判的人有特殊的本领，主要是因为我们这个国家这几年发展起来了，是个兴旺发达的国家，有力量的国家，而且是个值得信任的国家。”香港、澳门从被外国人管治到中国政府恢复行使主权的历程充分表明，香港、澳门的前途和命运与祖国的前途与命运是紧密相连的。

回归后的香港和澳门，正是背靠祖国这颗大树，利用“一国两制”的制度优势，充分发挥祖国内地的坚强后盾作用，走上了同祖国内地优势互补、共同发展的宽广道路。广大港澳同胞发挥光荣的爱国主义传统，使得港澳两个特别行政区不仅从祖国内地快速发展中获得了源源不竭的发展动力和越来越多的发展机遇，在国际上也分享着伟大祖国的尊严和荣耀，并为国家的发展和祖国的和平统一大业做出了独特的重要贡献。香港和澳门要继续推进“一国两制”事业并取得新的成就，除继续加强自身制度建设以充分发挥自身竞争优势外，还必须高度重视和开展爱国教育，培育并强化港澳同胞的国家意识，激发港澳同胞的爱国情怀。

首先，从保证基本法的顺利实施来看，爱国教育必不可少。作为"一国两制"方针法律化的港澳基本法，在其序言部分便强调"一国两制"方针的出发点和目的，就是"为了维护国家的统一和领土完整，有利于港澳的社会稳定和经济发展"。这一规定，对于我们理解和保证基本法实施中的国家意识具有重大的积极意义。其中"为了维护国家的统一和领土完整"，宣示的就是"国家意识"。可以说，国家意识是保证基本法实施的理念基础。离开了国家意识，基本法的实施就会走样，就会偏离基本法本身设计好的轨道和方向。我们通常所说的"一国"是"两制"的前提和基础，体现的就是基本法的规定以及实施中的国家意识。而要体现并保证基本法实施中的国家意识，自然离不开爱国教育。

其次，从"港人治港""澳人治澳"这一目标实现来看，爱国教育必不可少。"一国两制"下的"港人治港""澳人治澳"是以爱国者为主体的，爱国是"港人治港""澳人治澳"的政治基础。爱国就是尊重自己的民族，热爱自己的国家，诚心诚意拥护我国政府对香港、澳门恢复行使主权，一心一意维护香港、澳门的繁荣稳定，它是国家认同感和国家意识最集中的体现和反映。而要实现以爱国者为主体的"港人治港""澳人治澳"，便离不开以爱国教育来培育造就爱国人才。

最后，从保障港澳地区的稳定发展来看，爱国教育也必不可少。自从回归那天起，香港、澳门便同伟大祖国结成不可分割的"命运共同体""利益共同体"和"情感共同体"，伟大的祖国始终是香港、澳门稳定发展的坚强后盾。香港、澳门特区的每一个发展进步，都得益于健康、协调发展的中央与特别行政区关系，都离不开中央的关心关爱和全国人民的大力支持。健康、协调发展的中央与特别行政区关系事关国家核心利益和香港、澳门特区整体利益，值得港澳居民尤其是港澳同胞倍加珍惜和维护。而要保持健康、协调发展的中央与特别行政区关系，就必须坚持不懈推行爱国教育，强化国家认同、民族认同。

三、稳步推进爱国爱澳教育

澳门同胞虽然素有爱国主义传统，爱国爱澳也已成为澳门社会的主流价值观，但随着“一国两制”的逐步深化，澳门面临的内、外环境都在发生变化，尤其是年青一代的学生对澳门回归前后的历史变化以及整个国家发展历程等的认知还有待提高，在澳门开展爱国教育仍然任重而道远。特区立法会2006年通过的《非高等教育制度纲要法》明确规定，要致力培养及促进受教育者爱国爱澳，培养其对国家和澳门的责任感。据香港“占中”后澳门有关的民调数据反映，香港“占中”对澳门青年的影响不容忽视，澳门仅五成半中学生认同“我是中国人”，较几年前的八成高比例大幅下滑。青少年是社会的未来，“爱国爱澳”、守望相助素为澳门社会优良传统及核心价值，如何在新形势下，令青少年深明家国情怀的真谛，对澳门未来稳定发展至关重要。近年来澳门学校与国民身份教育相关的公民教育课程虽已有调整和改进，但始终未能及时适应澳门内外政治、经济、文化等发展变化，澳门的国民、国情教育课程仍有较大改善空间。对青少年的爱国教育工作直接关系到能否把澳门年青一代培养成“一国两制”方针的忠实维护者和积极践行者，直接关系到爱国爱澳传统能否薪火相传，直接关系到“一国两制”事业是否后继有人，特区政府和社会各界人士必须高度重视，采取有效措施，一以贯之地抓紧、抓实、抓好。

在澳门进行爱国教育，必须在“一国两制”方针下，结合本地区的实际情况稳步推进。爱国主义具有鲜明的时代性，在社会发展的不同阶段，不同时期有不同的具体内容。在澳门特别行政区进行爱国教育，必须紧紧围绕维护国家主权、安全、发展利益，保持澳门长期繁荣稳定这一根本宗旨，提倡澳门同胞爱祖国的大好河山、爱自己的骨肉同胞、爱祖国的灿烂文化，维护祖国的荣誉，关心国家的前途和命运，衷心为祖国的发展成就感到自豪和骄傲。同时，爱澳门身边的人，关心澳门发生的事，学法懂法、尊法守法，维护社会公序良俗。遵守澳门法律秩序。当前及今后很长一段时期，尤其要重视对澳门的年青一代开展国情教育，特别是涉及中华文化、中国历史、澳门历史、基本法、“一国两制”等一系列内容，应作为重点，让青少年更多了解中华民族发展、文化精粹、民族价值观，以及中国近代发展历程，尤其澳门与国家的关系，帮助学生在学习过程中正确认识国家、正确认识澳门。进行国情教育，要注重以生动的实例和活生生和事实来说明澳门的命运与祖国的命运紧密相连的关系，尤其要向年青一代介绍澳门历史变迁的进程以及回归后所发生的巨大变化，激发年青一代爱祖国、爱同胞、爱澳门的朴素情感，增加他们对国家民族的归属感、自豪感、认同感。为此，特区政府及民间团体可多促进澳门与内地青年交流，鼓励澳门青少年多到内地走走看看，更多认识国家的发展进步。在培养青少年对国家认同感的同时，政府及社会各界亦要为青少年缔造充满发展机遇的环境，令青少年能看到将来发展的美好前景，规划生涯，为本澳未来发展注入动力，令爱国爱澳优良传统不断传承创新。此外，要培养年青一代坚持从自己做起，从现在做起，从一点一滴做起，把对祖国、对同胞、对澳门深沉的爱，把个人的远大理想和抱负，化作励志图强、报效祖国和澳门的实际行动，为实现澳门的长期繁荣稳定尽自己的一份力量。一大批有坚定社会良知、有强烈爱国情操、身心健康的青少年，将逐步承载国家与社会发展的重任，这是时代的要求，也是新一代走向成熟的标志。相信素有爱国爱澳光荣传统的澳门年轻一代，将在实践“一国两制”伟大事业中与时俱进、创业扬威。

（本文原载于《澳门日报》2016年3月2日）

- 基本法权威的尊重与维护 -

最近，香港社会就行政长官普选的话题，有人将公民提名理解为符合基本法所规定的提名委员会提名的程序，而且还有人以基本法必须以时俱进来作为其理由，这就不仅涉及对基本法的正确理解问题，更事关基本法权威的尊重与维护。《香港基本法》所规定的提名委员会提名，与社会上有些人士所提出的所谓公民提名，完全是两个不同的概念。我们理解基本法时，必须要尊重基本法的字面涵义和它的立法原意，不能仅按自己的意思来随意进行理解。实践中，人们对基本法的理解出现偏差，可能有这样或那样的原因，但缺乏对基本法权威的尊重与维护却是其中一个不容忽视的重要因素。澳门在践行"一国两制"的过程中，要正确理解和实施基本法，实现依法治澳，真正发挥基本法维护澳门繁荣稳定的保障作用，同样离不开对基本法权威的尊重与维护。

基本法是回归后的港澳实行法治的法律基石

众所周知，《香港基本法》和《澳门基本法》分别是香港和澳门特别行政区保持长期繁荣稳定和发展的根本法律保障。之所以如此，除了基本法全面完整地体现了"一国两制"的方针政策外，与基本法在特别行政区独特的法律地位亦密不可分。基本法在香港和澳门特别行政区的独特地位，可以分别用"依法治港的法律基石"和"依法治澳的法律基石"来加以概括。对此，以澳门为例，可以从以下两个方面来理解基本法是"依法治澳的法律基石"：

一是在澳门特别行政区的法律体系中，除宪法的适用具有特殊性外，

《澳门基本法》具有宪制性法律地位。

根据《澳门基本法》第 18 条的规定，在澳门特别行政区实行的法律为《澳门基本法》，《澳门基本法》第 8 条规定的澳门原有法律和特别行政区立法机关制定的法律。上述这些法律规范所构成的法律体系中，《澳门基本法》具有宪制性法律地位。《澳门基本法》的这种宪制性法律地位具体表现在：第一，《澳门基本法》是特别行政区立法机关立法的基础和根据。《澳门基本法》第 71 条规定，立法会依照基本法及法定程序制定、修改、暂停实施和废除法律。第二，立法机关制定的法律如抵触基本法则无效。《澳门基本法》第 17 条规定，立法机关制定的法律如不符合基本法关于中央管理的事务及中央和澳门特别行政区关系的条款，全国人大常委会可将其发回，一经发回，该法律便失去法律效力。第三，澳门原有法律只有不与《澳门基本法》相抵触才可予以保留，采用为特别行政区法律，如以后发现有与《澳门基本法》相抵触的，应依基本法的规定修改或暂停实施。第四，《澳门基本法》第 11 条明确规定，澳门特别行政区的任何法律、法令、行政法规和其他规范性文件均不得同基本法相抵触。

需要注意的是，我们讲在澳门特别行政区的法律体系中，《澳门基本法》具有宪制性法律地位，它丝毫也不能否认国家宪法在特别行政区的适用。宪法作为国家的根本大法和《澳门基本法》的"母法"，在整体上是适用于作为中华人民共和国不可分离部分的澳门特别行政区的，其中，涉及国家主权、统一和领土完整的规定内容适用于澳门特别行政区同适用内地各省、自治区、直辖市是一样的，这是国家主权的应有之义。当然，由于澳门特别行政区实行"一国两制"，宪法中关于社会主义制度和政策的规定当然不适用于澳门特别行政区。其实，《澳门基本法》的许多具体制度都直接体现了宪法的精神，如特别行政区的一切自治权都来自中央授权的规定；基本法关于澳门政治体制的规定等。因此，宪法在包括香港和澳门两个特别行政区在内的整个中国领域内完全生效，基本法做为实现宪法的有关规定而制定的专门法律，本身不能替代宪法在特别行政区内的生效和适用，即便是在香港和澳门特别行政区内部实行不同于内地的社会制度和政策，其依据也来自宪法规范的内在逻辑，是宪法以自身授权方式允许基本法做出规限使得部分宪法规范失却在特别行政区的适用性，并将这部分调节社会生活的功能让位于基本法去规范，而非基本法作为宪制性法律自行规限了国家宪法在特别行政区的适用。道理非常简单，宪法是基本法的立法依据，是基本法的“母法”，下一位阶的法律不可能去规范上一位阶的法律的效力和适用范围，只有上一位阶的法律才可规定下一位阶的法律的效力和适用规范，这既是基本的法律原理和常识，也是法治社会所应遵循的一项重要原则。

正是基于宪法在澳门特别行政区的整体适用性以及宪法作为《澳门基本法》的立法依据，宪法和《澳门基本法》共同构成了澳门特别行政区的宪制基础，它要求我们尊重和维护国家宪法权威的同时，同样要尊重和维护《澳门基本法》的权威，用宪法和《澳门基本法》处理“一国两制”和高度自治的问题，以法治的理念推动《澳门基本法》的实践。

二是在澳门特别行政区的制度构建中，《澳门基本法》具有宪制性地位。

澳门回归后，实行与内地不一样的制度，保持原有的资本主义制度和生活方式。至于具体的制度建构，则要以《澳门基本法》为依据。对此，全国人大在通过《澳门基本法》的同时，还专门就《澳门基本法》做了一个决定，指出：澳门特别行政区设立后实行的制度、政策和法律，以《澳门基本法》为依据。此外，《澳门基本法》第11条更是明确规定，澳门特别行政区的制度和政策，包括社会、经济制度，有关保障居民的基本权利和自由的制度，行政管理、立法和司法方面的制度，以及有关政策，均以《澳门基本法》的规定为依据。上述这些规定充分表明，《澳门基本法》在澳门特别行政区的制度构建中具有宪制性地位。从《澳门基本法》的内容来看，它对澳门特别行政区的法律地位、中央与澳门特别行政区的关系、居民的基本权利和义务、澳门特别行政区的政治体制以及经济、文化和社会事务、对外事务等一系列事关澳门社会的制度性重大问题做了全面而系统的规定，从而奠定了澳门回归后的宪制基础。

正是因为《澳门基本法》是实现“依法治澳的法律基石”，这便决定了基本法在澳门践行“一国两制”中具有绝对的权威性。有了《澳门基本法》，澳门实践“一国两制”便有法可依。澳门在践行“一国两制”的过程中，要严格按照《澳门基本法》办事，坚决维护《澳门基本法》的权威，自觉以《澳门基本法》规范行政、立法、司法行为，并以《澳门基本法》的规定来处理政制发展、民生改善等重大问题。事实证明，澳门在实践"一国两制"的过程中，只要尊重和维护《澳门基本法》的绝对权威性，严格按照基本法办事，就能正确处理中央与澳门特别行政区的关系，就能充分保障澳门居民依法享有的广泛权利和自由，就能充分调动澳门各界人士的积极性、主动性和创造性，社会就能取得良好的发展进步。

上述有关《澳门基本法》是"依法治澳的法律基石"以及其权威尊重与维护的分析，其基本原理同样适用于香港特别行政区。

基本法权威的尊重与维护前提在于信仰基本法

法律的权威如何才能得到尊重与维护？这实际上是要回答法律如何才能有效得到贯彻执行的问题。对此，有一著名的名言较好地说明了这个问题，即"法律必须被信仰，否则他将形同虚设"。这表明法律要被人们信仰，法律才会得到有效遵守，法律的权威才能体现出来。如果一个人根本就不信仰法律，甚至把法律当儿戏，那他不可能从内心深处认可并服从和遵守法律，相反，他甚至会践踏法律。

法律信仰通常是指基于主体通过对法律现象的感受而形成的内心对法律价值的认同，对法律的坚定信念和尊重，是公众自觉守法的升华。通常可以用这么一个公式来演示服从法律与信仰法律的关系：认同法律、服从法律、信仰法律。即公众在对法律价值做出认同之后就会去服从法律，进而在主体内心中产生对法律的信仰，相应的法律信仰一旦生成又会促使主体更加自觉得服从法律，维护法律。因此，服从法律与法律信仰的耦合，就存在于这种排除外力强制的主体内心自觉的对法律的认同感，归属感之中。

基本法作为法律的一种，其权威的尊重与维护同样要以对基本法的信仰为前提。而且基本法在特别行政区所处的宪制性地位，使得基本法的信仰具有更加重要的现实意义。因为一个人只有信仰基本法，才会从内心自觉地认同、遵守并维护基本法，才能把基本法的规定内容落到实处，才能真正将维护国家主权、安全和发展利益，与保障特别行政区长期繁荣稳定有机统一起来。

众所周知，《香港基本法》和《澳门基本法》是由全国人民代表大会以宪法为依据，以“一国两制”方针为指导，在港澳同胞广泛参与下制定的全国性法律，体现了包括港澳同胞在内的全国各族人民的共同意志，是各方面都要一体遵循的行为规范。实践已经证明，《香港基本法》和《澳门基本法》分别为香港和澳门的顺利回归、平稳过渡以及长期繁荣稳定提供了坚实的根本法律保障。正是通过认真贯彻《香港基本法》和《澳门基本法》，香港和澳门回归后的十多年间，实现了社会稳定、经济繁荣、民生改善、民主发展和社会进步。香港和澳门今后要继续保持繁荣稳定，同样离不开基本法的保障。而要发挥基本法保障作用，就必须尊重与维护基本法的权威。这就需要我们首先要信仰基本法，牢固树立基本法意识。不论是特区的行政机关、立法机关、司法机关，还是特区的居民，都要严格按照基本法办事。任何人的言行都要有利于基本法的实施，并处处尊重与维护基本法的尊严，不说任何有损基本法权威话，不做任何有损基本法尊严的事。特别是在理解基本法条文内容时，要尊重条文的字面涵义，不能随便任意解读，更不能故意歪曲基本法的条文内容。要在遵循文义解释这一最基本的解释方法基础上，善于运用立法原意等解释方法，准确理解与解释基本法。在对基本法的条文运用多种解释方法后，仍有多种解释时，要善于将具体条文的内容与立法目的有机统一起来，特别是要善于将维护国家主权、安全和发展利益，与保持特别行政区长期繁荣稳定二者统一起来的这一最根本的立法目的来作为判断标准。凡是有利于维护国家主权、安全和发展利益，保障特别行政区长期繁荣稳定的，便是我们要选择的最佳解释。

基本法权威的尊重与维护关键在于严格执行基本法

宪法的生命和权威在于实施，基本法的生命和权威同样在于实施。基本法制定出来，就是要用来确保香港和澳门的顺利回归以及保持回归后的香港和澳门实现长期繁荣稳定。1997 年 7 月 1 日和 1999 年 12 月 20 日，伴随着香港和澳门两个特别行政区的先后成立，《香港基本法》和《澳门基本法》也先后开始实施至今已有十多年了。在宪制的意义上，特别行政区发展的十多年历程，就是基本法全面实施的历程。基本法的全面实施，使得基本法的权威得到了尊重与维护，香港特别行政区和澳门特别行政区十多年的建设发展也获得了极其重要、无可替代的制度保障。也由于这一保障，特别行政区建设发展过程中的种种困难，方得迎刃而解，或者得以大大纾缓。正是由于有了基本法这一坚强稳固的法治基石，“一国两制”“港人治港”“澳人治澳”和高度自治的原则得以充分彰显和落实。总之，基本法的全面实施，成为特区居民安居乐业的终极保障，成为特区同胞“爱国爱港”“爱国爱澳”精神的浩瀚泉源，成为特区社会和谐稳定的根本支柱。对于这样有利促进和保障特别行政区健康发展的基本法，我们没有任何理由不去严格执行，更没有任何理由不去尊重与维护它的权威。无论是特别行政区的立法机关、行政机关、司法机关，还是特别行政区的居民，都要严格遵守基本法，处处维护基本法，自觉以基本法规范各自的行为和处理诸如政制发展等重大问题，绝不能在基本法的规定之外去另搞一套。如果那样的话，基本法的实施就会走样，基本法的权威就会受到损害，特别行政区的建设发展最终也会遭遇波折。

基本法的贯彻实施是一项长期的任务，并非凭一朝一夕之力就可达成。因此，基本法权威的尊重与维护同样任重道远，我们不能寄希望于通过短期的努力便可实现这一目标，这其中的关键就在于始终严格执行基本法。虽然基本法在实践中难免会遇到一些新情况和新问题，但只要我们坚持按照基本法办事，依法治港、依法治澳，坚持以爱国者为主体的“港人治港”“澳人治澳”，坚持在“爱国爱港”“爱国爱澳”的旗帜下最广泛的团结，而且团结越多的人越好，我们就能克服基本法实施中所面临的问题和困难。香港和澳门特别行政区的发展历程已经反复证明而且终将继续证明这一规律。此外，虽然基本法也有一个不断发展的问题，但在基本法的内容没有做出相应修改前，就必须严格按照基本法的现行规定办事。即使是基本法的修改，无论是程序上还是实质内容上也不得违反基本法自身所做的规定，这也是严格执行基本法、尊重与维护基本法权威的应有之义。

为此，要采取各种有效形式，在港澳地区加强基本法的推介教育，让港澳居民准确把握基本法的精神实质就在于维护国家主权、安全和发展，保障特别行政区长期繁荣稳定，并让他们切身体会到基本法给特别行政区及其居民带来的种种好处和利益，如此日积月累，就必然在港澳居民之间形成良好的基本法意识氛围，使基本法成为广大港澳居民自觉遵守的行为规范，不断巩固和发展基本法贯彻实施的社会基础，最终达至港澳居民熟悉基本法、遵守基本法、自觉维护基本法的良好局面。如若这样，就不难形成特别行政区行政长官和政府依照基本法施政、立法机关和司法机关依照基本法履行职责、全体港澳居民依照基本法行使权利和履行义务，共同维护特别行政区的法治的大好局面。届时，基本法的实施及其权威的尊重与维护也就水到渠成。

（本文原载于《澳门月刊》2013 年 11 月号）

坚定维护《澳门基本法》权威地位的十五年

今年12月20日，澳门将迎来回归祖国15周年的喜庆日子。得益于“一国两制”方针的制度优势、中央对澳政策的贯彻落实以及全澳门乃至全国上下的共同努力，回归后的澳门迅速走上了一条同祖国内地共同发展的宽广道路。经过15年来的建设和发展，一个社会稳定、经济繁荣、民主进步的新澳门屹立在世界的东方，雄辩地向世人证明：中央对澳门实行的“一国两制”“澳人治澳”高度自治的方针政策是完全正确的，澳门同胞完全有智慧、有能力、有办法把特别行政区管理好、建设好、发展好。回顾澳门回归15年来的不平凡历程，其中一个非常重要的启示就是，必须切实尊重并有效维护《澳门基本法》的权威地位，严格按照基本法办事，这也是澳门成功实践“一国两制”的宝贵经验之一。可以说，澳门回归祖国以来的15年，既是《澳门基本法》顺利实施的15年，也是澳门社会坚定维护基本法权威地位的15年。

基本法在特区的绝对权威性由其宪制性地位所决定

作为“一国两制”方针法律体现的《澳门基本法》，是实现依法治澳的法律基石，也是澳门保持长期繁荣稳定的法律保障。无论是澳门特别行政区建构的法律体系，还是澳门特别行政区实行的各项制度，都必须遵循基本法的原则性规定，《澳门基本法》的宪制性地位不可动摇、不可置疑。

就法律体系的建构而言，《澳门基本法》的宪制性地位主要体现在以下四个方面：首先，《澳门基本法》是特别行政区立法机关立法的基础和根据，《澳门基本法》第71条规定，立法会依照基本法及法定程序制定、修改、暂停实施和废除法律；其次，立法机关制定的法律如抵触基本法则无效，《澳门基本法》第17条规定，立法机关制定的法律如不符合基本法关于中央管理的事务及中央和澳门特别行政区关系的条款，全国人大常委会可将其发回，一经发回，该法律便失去法律效力；再次，澳门原有法律只有不与《澳门基本法》相抵触才可予以保留，采用为特别行政区法律，如以后发现有与《澳门基本法》相抵触的，应依基本法的规定修改或暂停实施；最后，《澳门基本法》第11条明确规定，澳门特别行政区的任何法律、法令、行政法规和其他规范性文件均不得同基本法相抵触。

就澳门特别行政区实行的制度而言，《澳门基本法》的宪制性地位则集中体现为：澳门回归后，实行与内地不一样的制度，保持原有的资本主义制度和生活方式50年不变，至于具体的制度建构，则要以《澳门基本法》为依据。对此，全国人大在通过《澳门基本法》的同时，还专门就《澳门基本法》做了一个决定，指出："基本法是根据《中华人民共和国澳门特别行政区基本法》按照澳门的具体情况制定的，是符合宪法的。澳门特别行政区设立后实行的制度、政策和法律，以《澳门基本法》为依据。"此外，《澳门基本法》第11条的规定更加明确而具体："澳门特别行政区的制度和政策，包括社会、经济制度，有关保障居民的基本权利和自由的制度，行政管理、立法和司法方面的制度，以及有关政策，均以《澳门基本法》的规定为依据。"

《澳门基本法》在澳门特别行政区所具有的宪制性地位，决定了澳门在实践"一国两制"的过程中，《澳门基本法》具有绝对的权威性。无论是对待中央享有的权力还是特别行政区享有的高度自治权，都要以基本法为依据，尤其是澳门特别行政区制定并实行的一切制度，必须严格遵循基本法，不能违反基本法。只有尊重和维护《澳门基本法》的绝对权威性，严格按照基本法办事，才能正确处理中央与澳门特别行政区的关系，才能发挥基本法规定的制度体制功效，才能充分调动澳门各界人士的积极性、主动性和创造性，社会才能取得良好的发展进步。

尊重中央，坚决维护中央依据基本法享有的权力

规范中央和澳门特别行政区的关系是《澳门基本法》的重要内容。建立并保持中央与特别行政区之间的良好关系和协调发展，是正确实践"一国两制"的关键所在。澳门特别行政区自成立开始，便把尊重并维护中央依据基本法享有的权力作为处理中央与特别行政区关系的核心工作紧抓不放，并落实到位。凡涉及中央管理的事务和中央和特别行政区关系的事务，都一一依法向中央报告，需要中央批准的都及时报中央批准，需要向中央备案的都及时向中央报送备案。澳门特别行政区高度尊重并维护中央依据基本法享有的权力，为中央顺利行使基本法所赋予的权力创造了有利环境。

例如，按照基本法规定，中央人民政府负责管理与澳门特别行政区有关的外交事务，外交部在澳门设立机构处理外交事务。回归后，特区政府积极配合外交部驻澳特派员公署开展工作，不管是澳门参加的国际组织、国际会议，还是适用于澳门的国际协议，以及澳门同有关国家或地区谈判和签订互免签证等，需要中央人民政府协助、授权或批准的，一律请求中央人民政府协助、授权或批准。在中央政府的支持和协助下，特区的对外事务取得了丰硕成果。例如，特区参加国际组织的数量已由回归前的51个增加到100个左右，给予特区护照免签证或落地签证的国家和地区达112个。更为值得一提的是，在中央政府关怀和支持下，澳门历史城区也被联合国教科文组织列为世界文化遗产。此外，特区还举办了大量区域性、专业性国际组织会议和活动，如世界旅游组织部长级圆桌会议、中国—葡语国家经贸合作论坛会议、第八届 APEC 旅游部长会等。以上这些对外事务的成就，对于加强澳门产业结构多元化和城市形象国际化起到积极助推作用。为增加澳门青少年对祖国外交事业的了解和兴趣，特区政府和外交公署从2010年开始举办澳门青少年外交知识竞赛，至今已连续办了五届，引导他们关心祖国外交活动。

又例如，按照基本法规定，中央人民政府负责管理澳门特别行政区

的防务。为协助澳门驻军履行防务，特区在2004年制定了军事设施保护的法律以及对军事设施的行政违法行为进行处罚的行政法规。2005年以及2009年，特区又先后制定了驻澳部队协助维护社会治安和救助灾害、因履行防务职责而享有的权利和豁免的法律，为驻军履行防务职责、协助维护社会治安和救助灾害等事宜提供了法律保障。

再例如，按照基本法规定，全国人大常委会拥有基本法的解释权，并对澳门政制发展拥有决定权。澳门特区第三届政府就职以后，经认真听取和收集社会各界人士对政制发展的意见及建议后，为进一步明确修改基本法附件一和附件二的具体程序，行政长官崔世安于2011年11月17日致函全国人大常委会，请全国人大常委会酌定是否需要对基本法附件一第七条和附件二第三条的规定做出解释，不仅反映出了行政长官对基本法的深刻理解和对处理澳门政制发展问题的严谨认真态度，更体现出行政长官对全国人大常委会就特别行政区所享有的宪制性权力的充分尊重。在全国人大常委会就基本法附件一第七条和附件二第三条做出解释后，特区政府严格按照解释的规定内容，严守政制发展的决定权在中央的原则，经广泛咨询并凝聚社会共识后，于2012年2月7日，行政长官崔世安向全国人大常委会提出了《关于澳门特别行政区2013年立法会产生办法和2014年行政长官产生办法是否需要修改的报告》。在全国人大常委会做出相关决定后，行政长官崔世安2012年6月5日将经立法会通过并经其同意的《〈中华人民共和国澳门特别行政区基本法〉附件一澳门特别行政区行政长官的产生办法修正案（草案）》，以及《〈中华人民共和国澳门特别行政区基本法〉附件二澳门特别行政区立法会的产生办法修正案》分别报全国人大常委会批准、备案。在获得全国人大常委会批准或备案后，特区立法会适时修改澳门本地的选举法，稳步推进澳门政制发展。正是由于澳门特区充分尊重及维护中央在特别行政区政制发展上的决定权，有关2013年立法会产生办法和2014年行政长官产生办法的修改才得以顺利进行，为澳门的繁荣发展奠定了稳定的政治环境。

特别值得一提的是，为履行《澳门基本法》第23条赋予特别行政区的宪制责任，澳门特别行政区政府经过多年的研究和充分的准备，且经广泛咨询社会各界和市民意见及建议后，在立法会的全力支持下，于

2009年初完成了《维护国家安全法》的立法工作。该法于2009年2月25日获立法会通过，并于2009年月3日起正式生效。这既全面落实了基本法，也有力地维护了基本法的权威地位，进一步增强了澳门全社会的国家观念，充分体现出澳门特区政府、立法会和社会各界人士对维护国家安全和利益的高度责任感，也为澳门的长治久安提供了坚实的保障。

总之，回归15年来，正是由于澳门特别行政区始终坚决维护中央依据基本法享有的权力，中央与澳门特别行政区的关系一直保持了健康发展的良性态势，基本法的权威地位得到了凸显和维护。中央在行使权力的同时，全力支持行政长官和特区政府依法施政，并妥善处理中央与特别行政区关系遇到的新问题。例如，为了解决建设珠澳跨境工业园区澳方所需土地的新问题，2005年国务院采用批复的方式给予了妥善解决；为了解决澳门大学横琴新校区的管辖权问题，全国人大常委会以决定的形式予以圆满解决，此举为"一国两制"的实践探索出特事特办新模式；为了解决澳门用地不足的矛盾，国务院2009年批复澳门特区政府，同意特区填海造地361.65公顷，以建设澳门新城区等。

自觉遵守《澳门基本法》，正确处理行政、立法和司法的关系

全国人大通过基本法授予澳门特别行政区实行高度自治的同时，《澳门基本法》从我国国情以及澳门的历史与现实出发，确定澳门特别行政区实行以行政为主导的政治体制，行政与立法既互相制衡，又互相配合，司法独立。这套政治体制既保留了澳门原有政治体制中行之有效的部分，也适应了澳门回归祖国后的现实需要，是实现"澳人治澳"、高度自治最好的政权组织形式。

澳门特别行政区成立以来，严格依照基本法和法律规定的权限行使行政管理权、立法权、独立的司法权和终审权，以充分发挥基本法规定的行政主导体制功效。不论是行政机关、立法机关和司法机关，都能自觉以基本法规范行政、立法、司法行为，正确处理行政、立法、司法三者的关系，行政、立法、司法机关恪守定位、各司其职、各负其责，实施良好管治，共同推动澳门各项事业向前发展。执行基本法的实践中，

遇有问题的时候，行政、立法和司法机关都能严格按照基本法的规定认真加以解决。

例如，澳门回归后，就基本法所规定的行政长官制定的行政法规能否修改采用为特别行政区法律的澳门原有的法令，以及行政法规与立法会制定的法律之间的关系等问题，社会上出现了不同意见。有观点认为行政长官制定行政法规是在行使立法权，其所制定的行政法规与立法会的法律处于同一位阶，因而可以用来修改保留下来的澳门原有的法令。反对的意见则认为只有特区立法会才享有立法权，行政长官不享有立法权，行政法规的位阶低于立法会制定的法律。2006 年 4 月至 2008 年中，澳门特区司法机关多次就行政长官制定颁布的行政法规中的个别内容做出判决，认定有关法规不符合基本法的规定而无效。特区政府则作为当事方，针对相关判决提出上诉意见，主张政府应分享立法权或行使独立原始的制规权与立法权并存，以满足现代社会发展迅速的需要。在社会各界对此问题充分讨论的基础上，特区立法会于 2009 年 7 月通过了第 13/2009 号法律，即《关于订定内部规范的法律制度》。该法律从基本法制定者的立法意图以及基本法相关条文的正确理解出发，以立法的形式明确立法会有权就特区自治范围内的一切事宜立法、法律的效力高于行政法规和其他规范性文件、行政长官有权就尚无法律调整的事项制定作为初始性规范的独立行政法规，同时规定法令的规定内容可依法分别由法律、独立行政法规或补充性行政法规修改等。这不仅妥善解决了事关落实基本法所规定的政治体制中的某些具体问题，而且还为澳门特区在相关领域进一步正确实施基本法提供了法律依据、指明了发展方向。

坚持不懈宣传推广基本法，不断夯实基本法实施社会基础

澳门回归前，社会各界宣传推介基本法的工作便开展得风生水起，颇有成效。早在《澳门基本法》起草期间，由起草委员会澳门地区委员负责牵头成立的《澳门基本法》咨询委员会，在从事咨询工作配合基本法起草的同时，就“一国两制”方针政策进行宣传，促进和推动澳门各阶层居民全面关注基本法起草工作。1993 年 5 月，随着《澳门基本法》

起草工作的胜利完成，该会解散后，同年9月，原咨询委员会绝大多数成员与原起草委员会澳门地区委员一起组建《澳门基本法》协进会，继续在后过渡期进行基本法宣传与推介活动。

澳门回归后，基本法的宣传推广工作更是进入了一个新阶段，形成了政府、学校、社团全方位、多形式宣传推广基本法的新格局。鉴于缺乏一个专门的、比较权威性的社团对基本法的研究、宣传和推广工作加以统筹和协调，为适应澳门回归后形势发展的要求，由廖泽云、崔世昌、贺定一、李鹏翥和杨允中五位熟悉基本法有关事宜的人士经过长期筹划，并得到特区政府和中央驻澳门特别行政区联络办公室的大力支持下，《澳门基本法》推广协会于2001年3月31日基本法颁布八周年纪念日正式成立。基本法推广协会以拥护及推广“一国两制”方针和国家对澳门的基本方针政策，拥护基本法为宗旨，配合特区政府致力从事基本法宣传推广和研究工作，并且在“原基本法协进会”会员的基础上有所扩大，增加了原澳门特别行政区筹备委员会委员、澳门特别行政区第一届政府推选委员会委员、澳门特别行政区基本法委员会委员、澳门特别行政区行政会委员、立法会议员、曾任或现任全国人大代表、全国政协委员、省级（含副省级）政协委员，到目前为止共拥有会员400多人。推广协会联同法务局、教育暨青年局、民政总署，除每年举行纪念基本法颁布周年的大型学术研讨会外，还面向社会定期举办基本法培训班、基本法青年推广大使培训班、基本法常识竞赛、园艺会等。此外，推广协会每年还分别到内地中心城市举办基本法宣传周，包括大型图片展及基本法研讨会等，收到良好效果。回归以来，推广协会持之以恒地面向澳门社会从事基本法的推介活动，为基本法意识的培育贡献良多。

为提高公务员素质，使他们熟悉基本法，忠于基本法，遵守基本法，自觉维护基本法，特区政府自成立开始就重视公务员的基本法培训，通过与国家行政学院、澳门法律及司法培训中心、澳门理工学院一国两制研究中心、《澳门基本法》推广协会等机构合作，有计划地安排公务员特别是领导及主管级公务员进行基本法的系统学习与培训。

为把澳门年轻一代培养成“一国两制”方针和基本法的忠实维护者与积极践行者，无论是政府还是社团、学校都特别注重年轻人的基本法推广培训，不仅将国家、民族观念教育和基本法理论实践教育推进学校、课堂，还经常开展形式多样的基本法知识普及工作，广泛深入地宣传“一国两制”方针和基本法的深刻内涵与生动实践，深入浅出解读基本法的有关规定，使“一国两制”方针和基本法不断深入人心。

正是由于澳门特区政府和各社会团体坚持不懈地宣传推广基本法，回归以来，基本法的权威地位得到了应有的尊重和切实的维护，社会各界都能自觉以基本法来解决诸如行政法规的法律地位、政制发展等重大问题，进而保障了澳门的繁荣稳定和发展。这是澳门特别行政区成立15年来的一项重要成就，令人鼓舞。随着“一国两制”实践的不断深入，新情况新问题将陆续出现，适应澳门发展的新需要和广大居民的新期望，基本法的宣传推广工作将面临新的挑战，仍然十分艰巨，任重而道远。澳门全社会都应思考新形势下如何通俗易懂并富有成效地向市民普及并深化基本法的宣传推介工作，以进一步巩固和发展贯彻实施基本法的社会基础。

（本文原载于《澳门月刊》2014年11月号）

回归后国有地管理须严格执行基本法

土地是澳门特区最稀缺也是最宝贵的资源。在切实利用好澳门的土地资源方面，特区政府负有依法监管的重大责任。《澳门基本法》第七条明确规定，澳门特别行政区境内的土地，除在澳门特别行政区成立前已依法确认的私有土地外，其余均属国家所有，由澳门特别行政区政府负责管理、使用、开发、出租或批给个人、法人使用或开发。

2013 年澳门立法会通过的《土地法》第二条更是明确规定对澳门的国有土地管理必须遵循监察原则，政府有责任跟进批给或占用土地的状况，以确保达至有关批给或占用的目的。

回归以来，有关特区政府管理与使用澳门国有土地的话题，始终为社会高度关注。特别是 2014 年 3 月 1 日澳门新的《土地法》生效后，公众不仅关心政府回收社会俗称的“闲置土地”的进展状况，而且对有关政府换地导致政府欠下巨额“地债”的传闻提出了种种质疑，其中又以对益隆炮竹厂换地情况的质疑最为突出。第四届特区政府就职后不久，负责运输工务范畴的主要官员在分析相关材料后，依法将相关案件转介澳门廉政公署跟进调查。从廉政公署依法调查后所公布的有关益隆换地案的报告来看，涉及回归后澳门的国有土地管理是否严格执行基本法的问题。

根据廉政公署的调查报告，益隆炮竹厂占地面积共 28340 平方米，其中只有 1655 平方米属于私家地（即私有土地），其余 26685 平方米的土地则不属于私有土地。根据《澳门基本法》第七条的规定，澳门特别行政区境内的土地，除在澳门特别行政区成立前已依法确认的私有土地外，其余均属国家所有。因此，澳门回归后，益隆炮竹厂占用的土地中有26685平方米的土地属于国家所有，由澳门特区政府负责管理。这26685平方米的土地，按照采用澳门特区法律的澳门原有法律——第六/八0/M号法律的规定，属于“本地区私产土地”；按照2014年3月1日开始生效的《土地法》规定，属于“私产”。不论称之为“本地区私产土地”还是“私产”，澳门回归后，益隆炮竹厂所占面积为26685平方米的这部分土地，在法律性质上属于澳门的国有土地，这一点是明白无误且无疑的。

按照《澳门基本法》第七条的规定，澳门回归后，除在澳门特别行政区成立前已依法确认的私有土地外，将不能再产生新的私有土地，否则将直接违反基本法。因此，包括澳门《土地法》在内的任何法律，其所规定的私有土地，只能是澳门回归前依法取得的，任何人都不得以其他任何理由去主张澳门特区境内的其他任何土地属于自己的私有土地。不仅如此，澳门特区的任何政权机构，包括行政机关、立法会和司法机关，除依法承认和保护澳门特别行政区成立前已依法确认的私有土地外，均无权以其他任何理由和方式去确认澳门特区境内的其他任何土地为新的私有土地。为此，1999年10月31日九届全国人大常委会第十二次会议通过的《关于处理澳门原有法律的决定》附件三中，明确规定澳门原有的《土地法》中有关出售土地的条款因抵触基本法而不采用为澳门特区法律。此外，1999年12月20日颁布的《回归法》第四条第一款第（四）项明确规定“有关土地所有权的规定，依照澳门特别行政区基本法第七条的规定解释”。

从廉政公署公布的关于政府与益隆炮竹厂在澳门回归后最初换地的情况看，存在是否严格执行基本法的问题。2001年1月10日，特区政府在所签的换地承诺书中承诺批出152073平方米的土地，以换取整个益隆炮竹厂所占用的土地。这实际上涉嫌将整个益隆炮竹厂占用的土地视为“私有土地”来处理了。如果这样的话，这与益隆炮竹厂所占用土地在所有权归属上的实际情况不符，因为从廉政公署公布的相关报告看，益隆炮竹厂占用的土地中只有1655平方米的土地才属于私有土地，其余26685平方米的土地属于国家所有。如果将其余26685平方米的国有土地视作私有土地，并用其他的澳门国有土地进行换地，这不符合《澳门基本法》第七条的规定，不符合《回归法》第四条第一款第（四）项的规定。这种做法不仅可能让澳门特区无故失去26685平方米的国有土地，而且还可能损失了用来换地的更多澳门境内的国有土地。正因如此，益隆炮竹厂换地案自媒体披露后，一直处于社会舆论的风尖浪口。如果认为政府换的只是益隆炮竹厂占用的1655平方米面积的私有土地，这种主张明显与廉政公署的报告所反映的情况不相符。而且这种主张下的换地方式在公平正当性方面更易招来质疑，因为即使按照整个益隆炮竹厂占用28340平方米面积的土地，去换取152073平方米的土地，社会上对其公平正当性都满腹疑问，何况用1655平方米的土地去换呢。由此看来，2001年1月10日特区政府做出的有关与益隆炮竹厂的换地承诺，存在一个有否正确理解与严格执行《澳门基本法》第七条规定的问题。

《澳门基本法》在澳门特别行政区具有宪制性法律地位。澳门特别行政区的任何法律、法令、行政法规和其他规范性文件都不得与《澳门基本法》相抵触；澳门特别行政区行政、立法、司法行为都必须符合《澳门基本法》；在澳门特别行政区的个人以及一切组织和团体都必须以《澳门基本法》为活动准则。第四届特区政府高度重视益隆换地案有否严格按基本法办事的问题。本着尊重事实的原则，案件交由廉政公署依法调查。廉政公署经调查后公布的相关报告对特区政府2001年1月10日的换地承诺情况没有采取回避的态度，而是恢复事情的本来面目，并向社会公开。这表明澳门廉政公署执法的独立性、公正性是值得信赖的，第四届特区政府是有责任担当的，是奉行依法治澳的。有关澳门国有土地的管理与使用所产生的问题，只要善用法治思维和方式，严格执行《澳门基本法》，按照澳门有关法律依法处理，相信都会在法治轨道内得到妥善解决。

（本文原载于《澳门日报》2016年7月14日）

- 守法应当成为一种生活方式 -

法治是港澳地区的核心价值观之一。港澳社会的稳定和居民权利的保障，全有赖于法治这一核心价值观的坚实维护。

法治意味着人人必须守法，每个人都应严格服从并遵从生效法律的规定。即使个人对法律规定存有不同意见，在法律没有被依法修改前，都必须无一例外地遵守法律的规定。否则，如果一个社会人人都可任意质疑法律规定而不遵从法律的规定，那任何人的人身、财产、民主等权利都没有保障，社会也将陷入秩序混乱、永无宁日的境况。

为了自身和他人的利益，为了社会的稳定和安宁，守法应当成为人们的一种生活方式。港澳地区的居民，每个人时时刻刻都应学会按照法律规定来行事，不能采取不法的手段来达到自己的目的。《香港基本法》和《澳门基本法》都规定了居民的基本权利和自由，其中包括言论、出版、游行、集会、示威等，以及规定了港澳居民有遵守法律的义务。港澳居民无论是涉及个人利益的诉求，还是事关公众利益乃至特别行政区整体利益的意见，都必须以合法的方式，和平理性务实地表达，不能以个人的一己之喜好非法行事，更不能为达一己之私利而违法行事。

港澳特别行政区居民尤其要学会按照基本法规定来办事，因为港澳特别行政区实行的法律、制度、政策等都必须以基本法为依据。依法治港、依法治澳，首先就是要按照基本法办事，坚决维护基本法的权威。

关于香港特别行政区行政长官的普选，全国人大常委会根据基本法的规定已做出相关决定。基本法和全国人大常委会的相关决定必须要遵从。香港居民表达有关行政长官普选的意见，只有符合基本法和全国人大常委会相关决定的规定内容，才是符合法治要求的，才是具建设性的，才是有利于增进香港居民福祉的。

香港所谓的“占中三子”，因不满全国人大常委会关于香港特别行政区行政长官普选问题的决定，贸然发动“占领中环”行动，明显脱离了法治轨道，是对法治的蔑视和伤害。它采取非法集会、占领道路、瘫痪交通等手段，制造社会秩序混乱，试图令全国人大常委会撤回决定，重启政改“五步曲”。这种抛开基本法和全国人大常委会的相关决定于不顾，采取逼迫中央就范的方式，既漠视中央权力，也无视基本法和全国人大常委会的决定，更轻视香港长远利益及广大香港居民合法利益，它注定不会也不可能得逞。

受“占领中环”非法集会的影响，香港局势迅速恶化，港股下挫，投资者的利益遭受损失。同时，逾200多条公共交通运输线路要暂停和改道，严重妨碍居民的出行、工作和生活。幼儿园、中小学等亦要停课，正常的教学秩序受到冲击。这一切都源于所谓的“占中三子”对法治这一核心价值观的践踏和破坏。

为了香港的长期繁荣稳定，善良的香港市民们，在争取民主的道路上，请用自己的行动捍卫香港社会的法治核心价值观，让守法常态化，并成为自己的一种生活方式，进而为实现香港2017年一人一票普选行政长官发挥自己的聪明才智。

作为澳门特别行政区的居民，同样要谨守法治的底线。无论事关个人权益的保护事项，还是涉及大众公共利益或澳门整体利益的公共事务，都要以和平、理性、合法的方式表达诉求。唯有如此，居民的人身、财产安全才能有保障，社会才能稳定并保持繁荣。

（本文原载于《澳门日报》2014年10月2日）

-就职宣誓后议员须信守法定誓言-

依法宣誓，是香港特别行政区和澳门特别行政区的候任立法会议员就职时必经的一道法律程序。信守誓言，则是就职后的立法会议员必须践行的一项法定义务。

宣誓，古代也叫起誓，是起誓人用最郑重的形式，在誓言接受者面前表明自己的决心，并请誓言接受者监督，在起誓的那件事上把对自己的监督和处置全权交给誓言接受者这样的一种仪式或程序。因此，宣誓可以起到约束宣誓人或起誓人自觉遵守誓言的作用。正是基于宣誓的这一固有本质属性，人类社会的法律制度便引入了宣誓这一仪式或程序，不仅用来规定担任某项职务或参加某个组织时需要宣誓，以便让宣誓人接受誓言约束，而且宣誓也在诉讼审判中常被作为重要证据来使用。

香港、澳门回归后，实行“一国两制”“港人治港”“澳人治澳”和高度自治的方针政策。在“一国两制”之下，包括立法会议员在内的治港者、治澳者，分别肩负正确理解和贯彻执行《香港基本法》和《澳门基本法》的重任。因此，拥护各自的基本法，效忠各自所在的特别行政区，是对香港和澳门立法会议员的基本政治要求。为此，《香港基本法》和《澳门基本法》分别在第104和第101条都明确规定了包括立法会议员在内的有关公职人员就职时必须依法宣誓的制度。为落实基本法的规定，澳门特别行政区立法会还制定了《就职宣誓法》，就宣誓人、宣誓的时间、要件、语言、内容及拒绝宣誓的法律后果等做了具体规定，其中就包括了立法会议员的宣誓在内。

为妥善处理因香港个别候任立法会议员宣誓时出现的“辱华”“港独”等挑战基本法的言行引发的风波，全国人大常委会最近依法对《香港基本法》第104条有关"就职时依法宣誓"的内容进行解释，其中解释的第三条明确规定：该条所规定的宣誓，是该条所列公职人员对中华人民共和国及其香港特别行政区做出的法律承诺，具有法律约束力；宣誓人必须真诚信奉并严格遵守法定誓言；宣誓人做虚假宣誓或者在宣誓之后从事违反誓言行为的，依法承担法律责任。

全国人大常委会的上述解释，虽是针对香港而做出的，但其所包含的立法原意和法律精神及原则，对澳门同样具有启发意义和指导作用。这一解释内容告诉我们：在澳门，候任立法会议员的就职宣誓，是一项非常神圣和庄重的法律仪式及程序，宣誓人所做宣誓是其对中华人民共和国及其澳门特别行政区所做出的法律承诺，对宣誓人具有法律上的约束力，宣誓人必须从内心真诚信奉法定誓言，并把法定誓言作为自己履行职务的信条和准绳，严格遵守，不得有半点的走样和变形。中国古语所说的"一言九鼎""言必行"等，说的就是这个道理。作为肩负重大职责的尊贵的立法会议员更是要象看待自己的生命一样去信守自己依法宣誓时所宣读的法定誓言。宣誓人如果不信守法定誓言，而是从事违反自己誓言的行为，则既是对自己所做誓言的背叛，更是对立法会议员这一重要职务的亵渎，要依法承担相应的法律责任。对此，《澳门基本法》第81条是有明确规定的，立法会议员违反其誓言的，经立法会决定，即丧失其立法会议员的资格。澳门将来在修订立法会选举法或完善《就职宣誓法》时，可考虑完善规定有关认定违反立法会议员誓言的行为表现形式等内容，以便更好地落实基本法关于就职宣誓的规定。

（本文原载于《澳门日报》2016年12月12日）

二

人大释法与基本法正确实施

谈谈“释法”

本月16日全国人大常委会第73次委员长会议决定，在12月25至31日的全国人大常委会上，将审议《澳门特别行政区基本法》附件一第七条和附件二第三条解释草案的议案。这是澳门特区行政长官在11月15日施政报告中提出将把处理基本法附件一和附件二规定的行政长官产生办法和立法会产生办法是否修改作为2012年施政的一重要内容，并于11月17日就修改两个产生办法程序问题致函全国人大常委会吴邦国委员长后，国家最高权力机构所做出的一项重要安排。由于这是澳门回归以来，全国人大常委会第一次启动对《澳门基本法》有关条文的解释工作，而且这一安排与下一步如何处理澳门政制发展问题密切相关，人们自然关注。笔者就此谈谈看法。

释法是国家最高权力机关的履职行为

法律解释是指对特定法律规定意义的说明。法学中所讲的法律解释是有严格意义的，专指特定的人或组织对法律的解释。全国人大常委会所进行的法律解释是“法定解释”，即解释的主体是法定的，不是任意的；所进行的解释具有法律效力，一般与所解释的法律具有同等法律效力。从立法实践上看，任何法律所设定的规范都会是一种留有空缺架构的规范，不可能在一部法律中将所有的细节问题都详尽做出规定，这就需要在法律实践过程中逐步进行必要明确。因此，宪法和基本法都有法律解释方面的规定。法律解释是处理法律实践中遇到的突出问题，保证法律有效实施的重要保障。《中华人民共和国宪法》第67条第四项规定，解释法律是全国人大常委会行使的职权之一。《澳门基本法》第 143 条也明确规定，“本法的解释权属于全国人大常委会。”上述规定表明，全国人大常委会对基本法这一全国性法律，包括附件在内，拥有法定的解释权。这样的权属规定，体现了解释法律的严肃性。

释法并非创制新的规则

全国人大常委会的释法，无论何种情况下，都不是创制新的规则，只是对原有规定具体含义的明确而已。因此，法律解释所坚持的原则是忠实于原意，既不简单地看条文的字面含义，也不根据个人理解随意解释，而是将一部法律的有关各条规定联系起来看，有时甚至要与其他法律的有关规定联系起来看，从整体上把握法律规定的真实原意。这次行政长官致函全国人大常委会，就澳门基本法附件一和附件二规定的行政长官和立法会产生办法的修改程序寻求解释，是基于基本法附件一和附件二有关条文的规定需要进一步明确具体含义，因此全国人大常委会所进行的解释，也是说明其内涵，而不是修改基本法。

没有争议情况下的释法

澳门行政长官提出将把是否修改行政长官和立法会产生办法作为 2012 年政府施政的一项重要内容后，澳门社会对于行政长官和立法会产生办法的修改程序，整体上没有大的争议。澳门社会对修改两个产生办法的程序问题没有争议，全国人大常委会为什么也要释法呢？从法律解释权的提起实践看，对法律的解释有主动和被动两种形式。主动解释，即有权解释的机关自行决定对法律进行解释，不受是否有他人提出要求的约束；被动解释则是有解释权的机关根据他人的建议要求或者诉讼的需要对法律进行解释。两者选择是由拥有解释权的机关所决定。从对《澳门基本法》两个附件的情况看，对附件一第七条即修改行政长官产生办法的规定和附件二第三条即对修改立法会产生办法的规定，从整个内容上是与《香港基本法》的两个附件完全一样的，2004 年全国人大常委会对《香港基本法》的两个附件进行了解释，尤其明确了对其中“如需修改”这一表述的内涵，明确了修改两个产生办法需要有行政长官向全国人大常委会提出报告、中央同意修改、特区立法会三分之二多数通过、行政长官同意、全国人大常委会批准或备案这五个步骤，使澳门居民也加深了对基本法的理解。

那么，在这种情况下为什么仍要对《澳门基本法》两个附件进行解释？从法理上讲，《澳门基本法》与《香港基本法》是两部不同的法律，全国人大常委会对《香港基本法》的解释不能直接适用于澳门，因此《澳门基本法》两个附件规定的内涵同样需要进一步明确。在澳门社会对基本法有关条文整体上并无争议的情况下，行政长官向全国人大常委会委员长致函，请求明确修改两个产生办法的相关程序问题，反映出了行政长官对基本法的深刻理解和对处理澳门政制发展问题的严谨认真态度。相信全国人大常委会会适时释法，就行政长官和立法会两个产生办法的修改程序做出解释，有利于在基本法的框架内稳步推进澳门的政制发展。

中央的宪制性权力与特区的高度自治权

全国人大常委会适时进行释法，是中央依法行使对特别行政区所享有的宪制性权力。行政长官就两个产生办法的修改程序致函全国人大常委会寻求解释，体现出其对中央就特别行政区所享有的宪制性权力的充分尊重，全国人大在特区行政长官致函后迅速将释法问题列入议事日程，也体现了中央对特别行政区行政长官和特区政府依法施政的鼎力支持。按照基本法的规定，澳门特区行政长官的产生办法和立法会的产生办法，作为澳门政治体制的重要组成部分，其修改工作是澳门政治体制发展中的重大问题，涉及中央和特别行政区的关系，是否需要修改和如何修改，决定权在中央。但特区在处理政制问题中也承担着重要责任。一旦全国人大常委会就《澳门基本法》附件一和附件二的有关条文做出解释，明确行政长官和立法会产生办法修改的具体程序后，行政长官和立法会的产生办法是否需要修改，特区政府需按照全国人大常委会明确的程序，归纳社会意见后向全国人大常委会报告；如全国人大常委会确定需要修改后，特区政府则需广泛听取社会意见，形成共识，并向立法会提交法案，经立法会三分之二多数通过，行政长官同意后，最后报全国人大常委会批准和备案。至此则完成了修改基本法两个附件的工作，特区就可在此基础上修改本地的有关选举法律了。

（本文原载于《澳门日报》2011 年 12 月 19 日）

人大释法旨在正确适用基本法

全国人大常委会依照国家《宪法》和《香港基本法》的规定，遵循全国人大常委会的议事规则，对《香港基本法》的有关条文做出解释（以下简称人大释法），这本是正确贯彻落实基本法以维护香港法治的正常做法，却被香港一些人特别是法律界的一些以“权威人士”自居的人歪曲甚至诋毁为“破坏香港法治”。究其原因，很重要的一条就是这些人无视中国政府对香港恢复行使主权所引发的香港宪制秩序的根本改变，无视《香港基本法》所规定的中央对香港特别行政区直接享有的宪制权力。香港回归后，中央对香港特别行政区法享有全面管治权，这是我国对香港享有主权并恢复行使主权的应有之义。与此相适应，依据我国《宪法》制定的《香港基本法》明确规定了中央对香港特别行政区所享有的宪制性权力，其中就包括了全国人大常委会拥有对《香港基本法》的解释权。全国人大常委会依法对《香港基本法》进行解释，既是在行使宪制权力，也是在履行宪制责任，其最终目的在于正确适用基本法。

一、《香港基本法》的实施离不开解释活动

法律的生命在于实施，《香港基本法》同样如此。然而，任何法律的实施又都离不开对法律的解释。所谓法律解释，简单来讲，就是解释者将自己对法律文本意思的理解通过某种方式展示出来。其中，“法律文本”指的是“法律条文”；“意思”也即通常所说的“含义”“意义”，包括内涵和外延，或者说“涵义”和“指称”；“理解”是指解释者对法律文本意思的内心把握；“说明”是指对理解结果的外在展示。

法律解释是法律适用的核心内容和基本组成部分。法律需要经过解释，才能够适用，说的就是这个道理。即使认为法律规定清晰明白无须解释，这本身其实就是法律解释的结果，因为，不经过解释，怎么能知道法律规定乃清晰明白呢？从一定意义上说，每一个阅读特定法律规定的人都在解释这一规定，因为他对所阅读的特定法律规定的理解与解释是分不开的。从这个角度看，法律解释是不能排除任何人的，任何人都可以去理解、解释和应用法律，因为法律需要人们的理解，需要人们在现实生活中解释和应用，应用本身也是在理解和解释基础上的应用，并且只有这样才能发挥法律的作用，才能使法律成为保护利益、实现利益的工具。但是，法学中所讲的法律解释是有严格意义的，它专指经法律规定或根据历史传统，由特定的国家机关、官员或者其他人有权对法律做出具有法律约束力的解释。当然，承认解释主体的普遍性，并不是承认所有机关和个人的解释都是具有法律约束力的解释。只有那些依法具有法律解释权的主体所做出的解释才具法律约束力。因为在现实生活中每个人的理解、解释是不尽相同的，甚至有时候是互相对立的，为了统一理解法律，有约束力的法律解释只能由有权的主体来进行解释，这也是法律解释权的统一性、权威性的必然要求。

既然法律解释是法律适用的核心内容和基本组成部分，那一个国家或地区有权解释法律的主体对法律依法进行解释的活动，理所当然地构成该国或该地区法治的重要组成部分，因为任何国家或地区的法治都离不开法律的适用。

《香港基本法》作为法的一种表现形式，要得到全面准确的落实，同样需要经过解释才能够适用，而且《香港基本法》作为香港特别行政区的宪制性法律所具有的综合性、原则性等鲜明特点，决定了其适用更是离不开解释。这样一来，对《香港基本法》有权进行解释的主体对基本法所做的解释，当然构成了香港法治的重要组成部分。

二、全国人大常委会拥有《香港基本法》的解释权

全国人大常委会拥有《香港基本法》的解释权，这在《香港基本法》

第158条有着明确的规定，而且是由该条的第一款做出规定的。《香港基本法》第158条首先表明基本法的解释权属于全国人大常委会之后，再接着第二款和第三款规定全国人大常委会授权香港特别行政区法院在审理案件时可对基本法关于自治范围内的条款自行解释，对其他条款也可依法解释。《香港基本法》第158条这样的排列结构有着深刻的法律意涵，那就是全国人大常委会作为最高国家权力机关的常设机关有权解释《香港基本法》。《香港基本法》的解释权属于全国人大常委会，具有主权宣示的意义，表明香港特别行政区是中华人民共和国不可分离的部分。

如果仅从《香港基本法》第158条第一款的这一规定来看，似乎全国人大常委会对基本法的解释权来源于《香港基本法》的直接规定。然而，要深入了解全国人大常委会对《香港基本法》解释权的来源，还必须看我国的《宪法》的相关规定。《香港基本法》之所以直接规定基本法的解释权属于全国人大常委会，实际上与我国《宪法》关于全国人大常委会职权的规定有着密切关系。我国《宪法》第67条所列举的全国人大常委会的职权中，其中第四项职权就是解释法律。在这里，由全国人大常委会解释的法律，既包括了全国人大制定的基本法律，也包括了全国人大常委会制定的除应当由全国人大制定的法律以外的其他法律。《香港基本法》是由全国人大制定的规范特别行政区制度的基本法律，按照我国《宪法》第67条的规定，它当然属于全国人大常委会有权解释的法律范围之列。从这个意义上说，《香港基本法》第158条第一款的规定实际上是在具体落实《宪法》第67条的规定。全国人大常委会享有对《香港基本法》的解释权，其真正的源头是我国《宪法》第67条的规定，《香港基本法》第158条第一款的规定只是作了进一步的具体明确规定而已。因此，就解释权的来源而言，全国人大常委会对《香港基本法》的解释权来源于《宪法》的规定，这一解释权是全国人大常委会拥有的法定权力，是直接基于《宪法》的规定而享有的一项权力，它不以其他任何主体的再次赋予或授予为前提。从这个意义上说，全国人大常委会对《香港基本法》的解释权是一种固有权，即只要全国人大常委会依法产生并存在，它就依据《宪法》的规定最初享有这项权力。

关于全国人大常委会有权解释基本法，除前面所述的我国《宪法》

和《香港基本法》上的依据外，还与我国的法律解释体制密切相关。根据我国《宪法》《立法法》等确立的法律解释体制，就狭义上的法律，即全国人大及其常委会制定的法律而言，我国实行的是由最高国家权力机关的常设机关全国人大常委会解释法律的制度，即法律解释权属于全国人大常委会，只有全国人大常委会才是法律的有权解释主体。根据《立法法》的规定，法律有下列情况之一的，由全国人大常委会解释：法律的规定需要进一步明确具体含义的；法律制定后出现新的情况，需要明确适用法律依据的。出现上述情况时，国务院、中央军事委员会、最高人民法院、最高人民检察院和全国人大常委会各专门委员会以及省、自治区、直辖市的人大常委会可以向全国人大常委会提出解释法律的要求，全国人大常委会也可依其议事规则主动做出解释。

就《香港基本法》的实施需要解释的实践情形来看，除香港特别行政区法院获全国人大常委会授权在审理案件时依法对基本法的条文进行解释外，全国人大常委会可根据国务院因香港特别行政区政府的报告所提出的释法请求而释法，全国人大常委会也可根据实际情形和需要主动进行释法。此外，根据《香港基本法》的规定，全国人大常委会还可应香港特别行政区终审法院的提请而释法。

三、人大释法保障了《香港基本法》的正确适用

实践证明，香港回归以来，由全国人大常委会解释基本法，对于有效平息香港特别行政区社会上因对基本法理解不同所引发的争议，确保基本法的正确理解与适用有着不可替代的重要作用。

1999 年 6 月 26 日，全国人大常委会首次在香港回归后对《香港基本法》第 22 条第四款“中国其他地区的人进入香港特别行政区须办理批准手续”，以及第 24 条第二款第（三）项“（一）、（二）项所列居民在香港特别行政区以外所生的中国籍子女”的内容依法进行了解释。这次解释是在香港终审法院应依法提请全国人大常委会解释而未提请，但终审法院在判决中对基本法的上述条款的解释又不符合立法愿意的情况下，全国人大常委会应国务院的提请而做出的。由于全国人大常委会的解释，

阐明并澄清了《香港基本法》的立法原意，从而使一直困绕着香港社会的港人在内地所生子女在港居留权问题有了明确的结果，平息了港人对内地子女大量拥入、给香港带来巨大社会压力的担心，因此，港人对此表示支持。当时香港舆论称，人大常委会对基本法的解释是“正本清源之举，维护了香港的法治，符合香港的整体利益”。

2004 年 4 月 6 日全国人大常委会在香港回归后第二次解释基本法。这次是全国人大常委会主动做出解释。由于港人普遍关心 2007 年的普选问题，对行政长官和立法会两个产生办法在 2007 年以后是否要修改，怎么修改，存在各种各样的理解和认识，而且分歧比较大。这实际上涉及对《香港基本法》附件一《行政长官的产生办法》第七条和附件二《立法会的产生办法》第三条的理解。这些分歧能否得到妥善解决，关系到未来香港政治体制的发展，关系到“一国两制”方针和基本法的贯彻实施，关系到中央与香港特区的关系，关系到香港各阶层、各界别、各方面的利益，关系到香港的长期繁荣稳定。正是在这样的背景下，全国人大常委会对《香港基本法》附件一第七条和附件二第三条依法做出了相关解释。这次解释有利于释疑止争，达成共识，确保香港的政治体制始终按照基本法的规定发展，维护香港的长期繁荣与稳定。

2005 年 4 月 27 日全国人大常委会在香港回归后第三次进解释《香港基本法》。这次是针对《香港基本法》第 53 条，有关行政长官未任满第 46 条规定的五年任期而导致行政长官缺位时，依据《香港基本法》第 45 条规定产生的新的行政长官的任期问题。由于基本法对行政长官缺位情况下产生的新的行政长官的任期未作明文规定，特区政府认为补选产生的新的行政长官的任期应当为原行政长官任期的余下部分，故特区政府需要修订《行政长官选举条例》，把原行政长官任内缺位时经补选产生的新的行政长官的任期是剩余任期明确下来。但由于社会存在不同意见，而且有立法会议员和社会人士公开表示将就《行政长官选举条例》修订草案提出司法复核。在这种情况下，特区署理行政长官曾荫权向国务院提出了《关于请求国务院提请全国人民代表大会常务委员会就〈中华人民共和国香港特别行政区基本法〉第 53 条第 2 款作出解释的报告》。应国务院的提请，全国人大常委会依法做了解释，认为依据基本法第 45 条产生的新的行政长官的任期，应当为原行政长官的剩余任期。人大常委会的及时释法，明确了行政长官缺位时新产生的行政长官的任期问题，有力地维护了社会的稳定。

2011 年 8 月 26 日，全国人大常委会在香港回归后第四次对基本法进行解释。这次释法是应香港终审法院的提请，对《香港基本法》第 13 条第一款和第 19 条第三款涉及的与“外交事务”有关的问题提请全国人大常委会做出解释。这是香港回归近 14 年来，香港终审法院第一次启用基本法第 158 条第三款规定的程序，主动向全国人大常委会提请释法。特区终审法院之所以提请释法，是因为特区法院审理的一宗案件中，诉讼各方争议的焦点集中在于，香港特区采取的国家豁免制度是否必须与中央政府立场一致。如答案是肯定的，则根据中央政府一贯奉行的“绝对豁免”立场，刚果（金）在案件中享有管辖豁免，特区法院应驳回起诉。然而，特区高等法院上诉庭在其二审判决中恰恰做出一个截然相反的结论，这就引发出国家外交政策能否在香港特区有效落实，以及如何处理中央外交权与特区司法权的关系等重大宪制问题。后经全国人大常委会释法，香港应给予刚果（金）绝对外交豁免权。特区政府律政司欢迎终审法院的判决，表示这项判决明确了特区一项重要的法律规范，确认了中央人民政府奉行的绝对外交豁免原则适用于香港特区。

2016 年 11 月 7 日，全国人大常委会在香港回归后第五次对《香港基本法》进行解释。这次是全国人大常委会主动释法，针对的是《香港基本法》第 104 条有关“就职时依法宣誓”等内容的理解。由于香港特区第六届立法会议员就职宣誓仪式上，少数候任议员故意违反宣誓要求，公开宣扬“港独”，侮辱国家和民族，被裁定宣誓无效后，仍然强闯立法会，致使立法会无法正常开会。这些言行公然挑战基本法，阻碍了香港特区政权机构的正常运作，破坏了香港的法治，冲击了“一国两制”的原则底线，对国家主权、安全造成了严重威胁。这类状况持续下去，必然损害香港特区广大居民的切身利益和国家发展利益。正是在这种情形下，全国人大常委会及时就《香港基本法》第 104 条关于就职宣誓规定的立法含义和法律原则做出解释。事实证明，全国人大常委会这次主动释法，有利于澄清香港社会的模糊认识，是维护基本法权威、保持香港大局稳定的需要。这次释法遏止及平息了宣誓风波造成的乱象，维护了以基本法为核心的香港法治。这次人大释法，不单来得正是时候，也是彻底解决相关争议的最佳办法，发挥了一锤定音的作用，将笼罩香港及立法会的不明朗因素排除，也为香港法院审理相关案件提供了清晰的法律指引。

总之，回顾香港回归近20年来的基本法实践历程，可以看到，为了体现“一国两制”原则，体现对香港特殊制度的尊重，全国人大常委会在行使释法职权时，不仅严格遵循法定程序，而且处处为维护港人的切身利益着想。实践证明，全国人大常委会的每一次释法，不仅帮助香港社会各界人士清晰了基本法有关条文的法律含义，而且及时平息了香港社会因理解基本法相关条文的争议所引发的社会动荡，为香港的经济社会发展创造了一个稳定的法律环境。全国人大常委会的释法，同时还极大地丰富了基本法的实践经验，并完善了落实与基本法解释实施相关的制度和机制，形成了全国人大常委会主动释法、行政长官向国务院做出报告并由国务院提请全国人大常委会释法以及特别行政区终审法院提请全国人大常委会释法等有关程序和工作机制。

（本文原载于《九鼎》2016年第12期）

正确区分人大常委会与香港法院对基本法的解释权

香港回归以来，全国人大常委会先后五次对《香港基本法》有关条文进行解释，每一次的解释都会在香港引发争论。争论本身说明，“一国两制”作为一项新生事物在实践中遇到一些问题是难免的，也是正常的，关键是要准确完整理解基本法的相关规定。根据《香港基本法》的规定，人大常委会拥有对基本法的解释权，香港特区法院也享有对基本法的解释权。香港社会关于人大释法的争论中，其中不乏有人认为只有终审法院提请释法时人大常委会才能释法，更有人只强调法院的解释权而排斥甚至诋毁人大常委会的解释权。严格来说，这些观点都不符合《香港基本法》的规定。究其原因，忽视人大常委会与香港法院对基本法解释权的不同性质是其中的一个重要因素。

根据《香港基本法》第158条的规定，基本法的解释权属于全国人大常委会，全国人大常委会授权香港特别行政区法院在审理案件时依法对基本法条款享有解释权。对此，有种观点认为《香港基本法》构建了基本法的双轨解释制度。从《香港基本法》第158条的内容看，基本法解释由全国人大常委会解释和法院解释两部分组成，基本法解释制度的结构也是关于这两部分解释的运作次序的排列。以双轨解释制度来说明《香港基本法》关于基本法解释制度的结构是比较形象的一个说法。不过，这个说法可能会引致误解，认为全国人大常委会拥有的对基本法的解释权与香港特别行政区法院享有的对基本法的解释权是平行的两种权力、地位和效力同等的两种权力。实际上，全国人大常委会拥有的对

《香港基本法》的解释权，与香港特别行政区法院享有的对《香港基本法》的解释权，在法律属性上并不完全一致，是法律地位和效力并非同等的解释权。与全国人大常委会拥有的对《香港基本法》的解释权相比，香港特别行政区法院享有的对《香港基本法》的解释权具有以下鲜明的法律属性。

一、并非固有解释权，具有中央授权性

《香港基本法》第158条第一款明确规定："本法的解释权属于全国人民代表大会常务委员会。"这一规定是否意味着全国人大常委会对基本法的解释权仅仅来源于《香港基本法》呢？如果只看到《香港基本法》这个条款的规定，很容易得到这样的结论。实际上，这个结论是不全面的，因为对《香港基本法》条文的理解还必须结合国家宪法的规定，只有这样才能知道基本法为什么要做这样的规定。我国宪法第67条所列举的全国人大常委会的职权中，其中第四项职权就是解释法律。这里的法律是从狭义上来理解的，包括全国人大制定的基本法律和全国人大常委会制定的基本法律以外的其他法律。《香港基本法》是由全国人大制定的基本法律，自然也就包括在全国人大常委会有权解释的法律这一范畴内。由于宪法是国家的根本大法，在包括香港特别行政区在内的中华人民共和国领土范围内具有最高的法律地位和最高的法律效力，以宪法为依据制定的《香港基本法》自然必须符合宪法，并贯彻落实宪法的相关规定。因此，《香港基本法》第158条第一款规定基本法的解释权属于全国人大常委会，正是落实宪法关于法律解释权规定的具体体现。全国人大常委会拥有基本法解释权，这是国家宪法赋予的，再由《香港基本法》进一步明确规定而已。全国人大常委会拥有基本法解释权的源头其实在宪法，宪法基于全国人大常委会作为国家最高权力机关的常设机关，赋予其解释法律的职权，是为了更好地保障法律的实施。经宪法规定全国人大常委会有法律解释权，就表明全国人大常委会的法律解释权作为一项法定职权，是一种固有性权力，它不再需要其他主体来授权，只要全国人大常委会这个机构依法产生并存在，根据宪法的规定，它就拥有法律的解

释权，这其中当然包括了基本法的解释权。我们不能仅依据《香港基本法》第158条第一款的规定便认为全国人大常委会的基本法解释权只是来源于基本法。全国人大常委会行使基本法解释权时，全面准确的理解应该是全国人大常委会根据宪法和基本法的规定行使基本法解释权。

香港特别行政区法院对《香港基本法》的解释权则不然。从权力来源上看，香港特别行政区法院的基本法解释权是来源于全国人大常委会的授权，这种授权的形式是通过《香港基本法》的直接规定来完成的。关于这一点，《香港基本法》第158条第二款和第三款的内容做了清晰无误的表述。其中，《香港基本法》第158条第二款的内容直接使用了"授权"二字。当然，第158条第三款的规定中虽未使用"授权"的字眼，而是使用了"也可解释"的字眼，但结合第158条第二款、第三款的结构来看，显然第158条第三款关于法院解释基本法条文的权力同样是经全国人大常委会授权而来的，并非是离开全国人大常委会授权而直接依据《香港基本法》的规定所享有的一项权力。虽然香港特别行政区法院具体行使基本法的解释权时可能会涉及基本法自治范围内的条款或其他条款，但就一项权力而言，却是一个整体，它直接来源于全国人大常委会的授权。因此，香港特别行政区法院享有的《香港基本法》解释权是经全国人大会常委会授权而来，并非其自身固有，具有明显的中央授权性。从这个意义上说，香港特别行政区法院所享有的基本法解释权是一种授予性权力，并非固有性权力。尽管从法院审判权运行的内在要求而言，法院应该享有基本法的解释权，但作为一项公权力，从实际情况来看，香港特别行政区法院对基本法的解释权只能是来源于全国人大常委会的授权。

二、并非全面解释权，具有范围的有限性

《香港基本法》第158条在对基本法解释做出规定时，将"本法的解释权属于全国人大常委会"作为其第一款，之后再用第二、三款规定全国人大常委会授权香港特别行政区法院在审理案件时依法解释基本法。《香港基本法》关于基本法解释的这一排列结构式的规定并非是随意的，

而是经过深思熟虑的适当安排。《香港基本法》将“本法的解释权属于全国人民代表大会常务委员会”作为第158条的第一款，其根本原因在于中国的《宪法》，其折射出的深刻意涵就是，全国人大常委会作为最高国家权力机关的常设机关，依据中国《宪法》的规定拥有宪法和法律的解释权。规定基本法的解释权属于全国人大常委会，具有主权宣示的意义，表明香港特别行政区是中华人民共和国不可分离的部分。由此可见，全国人大常委会对整部基本法的所有条文均有解释权，这是毫无疑问的，也是符合立法原意的。正因为如此，《香港基本法》第153条第一款及后续的其他条款都未对全国人大常委会对基本法的解释权设定限制。从这个意义上说，全国人大常委会对《香港基本法》的解释权是全面解释权，包括了《香港基本法》的所有条文。即使《香港基本法》第158条第二款规定全国人大常委会授权香港特别行政区法院对基本法关于香港特别行政区自治范围内的条款自行解释，也不能以此来否认或排斥全国人大常委会对这些条款所拥有的解释权。从法律解释的逻辑性来看，全国人大常委会授权香港特区法院在审理案件时自行解释基本法关于特区自治范围内的条款，这本身绝对不意味着全国人大常委会放弃了对有关条款的解释权。我们从该条款本身也推导不出这样的含义。至于全国人大常委会在授权特区法院依法自行解释基本法关于自治范围内的条款的同时，仍保留着对这些条款的解释权后是否还应该去行使该等解释权，或者是否实际去行使该等解释权，这已是另外一个层面值得再探讨的法律问题了。鉴于篇幅所限，本文不对此深入讨论。实际上，诚如全国人大常委会副秘书长李飞在11月7日的人大记者会上回答有关提问时所言，对属于基本法规定的特区自治范围内的事情，人大常委会基本上没有做过释法。

香港特别行政区法院对《香港基本法》的解释权则不然。从范围上看，香港特别行政区法院对《香港基本法》的解释权显然是有限制的。根据《香港基本法》第158条第三款的规定，法院在审理案件时除获授权对基本法关于香港特别行政区自治范围内的条款自行解释外，也可解释基本法的其他条款。但如果香港特别行政区法院在审理案件时需要对基本法关于中央人民政府管理的事务或中央和香港特别行政区关系的条款进行解释，而该条款的解释又影响到案件的判决，在对该案件做出不可上诉的终局判决前，应由香港特别行政区终审法院提请全国人大常委会对有关条款做出解释。《香港基本法》的这一规定清楚表明，香港特别行政区法院对《香港基本法》的解释权并非全面解释权，而是一种在范围上有着严格限制的解释权，即法院在审理案件时对《香港基本法》关于中央管理的事务或中央和香港特别行政区关系的条款需要进行解释时，若有关的解释影响到案件的判决，则法院便不能进行解释，包括终审法院在内。这种情形下，依法只能由终审法院提请全国人大常委会进行解释。一旦全国人大常委人做出解释，香港法院必须遵从人大常委会的解释，这在《香港基本法》中都有明确规定。

需要特别说明的是，《香港基本法》第 158 条第三款所做的规定，是对法院解释基本法所做的限制，即涉及中央管理的事务或中央和香港特别行政区关系的条款，依法应由终审法院提请人大常委会解释，不能由香港法院自行解释，而且只能在法院做出不可上诉的终局判决前由终审法院提请，其他法院不能提请。有人误解为这是对人大常委会释法的限制，这是不对的。人大常委会除可应终审法院提请释法外，根据中国内地有关法律解释的规定，人大常委会还可应国务院的提请来解释法律，其中的法律便包括了《香港基本法》在内。此外，人大常委会也可依法主动解释包括《香港基本法》在内的法律。

对香港特别行政区法院解释基本法的权力予以必要的限制是适当的，与香港特别行政区的法律地位也是相符的。下面以内地已故知名宪法、基本法专家肖蔚云教授关于《香港基本法》为什么要对法院解释基本法的权力给予必要限制的有关论述来加以说明。在《香港基本法》起草期间，香港方面的一些委员认为，香港特区法院在审理案件时对基本法的解释不应受限制，主张将香港特区法院可以自行解释规定中的“属于香港特别行政区自治范围内的条款”的表述去掉，将香港特区法院的自行解释权扩展为对基本法所有条款的解释。对此，肖蔚云教授主张：对香港特区法院解释基本法的权力应当予以必要的限制。给予香港特区法院对基本法无限制的解释权，不符合授权解释的法理要求和基本法的立法原意。第一，基本法是非常重要的国家基本法律，不是纯粹的地方性法律，不但香港要遵守，全国都要遵守，而且《香港基本法》规定了许多中央与香港特别行政区关系的内容。如果完全由一个地方法院在审理案件中对基本法进行无限制的解释，这种解释不仅会影响香港特区，也影响全国。第二，如果涉及国防、外交等中央直接管理的事务由香港法院解释，不符合《中英联合声明》的精神。在现实中，如果涉及国防、外交的事务由香港法院解释，香港法院依其错误的解释做出错误的终审判决时，在现行法制下是无法纠正的。第三，在英国殖民统治下，香港法院无终审权。枢密院每年都要改判香港法院的几宗案件。对基本法解释权的限制，并不妨碍香港终审法院的终审权。第四，不能混淆全国人大常委会对法律的解释权和香港特区法院在审理案件中对法律适用的解释权界限。全国人大常委会的法律解释权是宪法规定的，全国人大常委会有权解释法律是合理和适当的。不能因为全国人大常委会实际对法律解释权的行使不多，就认为其享有的解释权也可改变。解释不多，说明法律订立得比较好，比较明确。肖蔚云教授上述精彩透彻的论述，既生动地说明了为什么要对法院解释基本法的权力进行限制，又准确地界定了人大常委会与法院对基本法解释权的不同性质，是我们正确理解人大释法权与法院的基本法解释权的重要参考。

三、并非主动解释权，具有法律适用的司法性

根据中国《宪法》的规定，全国人大常委会是国家最高国家权力机关的常设机关，其承担的一项重要职能就是行使国家立法权，即制定和修改除全国人大制定的法律以外的其他法律。不仅如此，全国人大常委会还承担解释宪法和法律的职能，行使解释宪法和法律的职权。2000 年，中国制定的《立法法》列出专节，对法律解释的主体、解释程序、法律解释的效力等做出了明确规定，这标志着中国内地法律解释工作法律化、制度化。根据《立法法》的规定，法律的解释权属于全国人大常委会。这样一来，全国人大常委会既承担立法的任务，也同时承担解释其所制定法律的任务。全国人大常委会享有的解释法律的职权，通常称之为立法解释权。

对于制定法律的机关即立法机关能否同时又作为法律解释的主体，理论上是有争议的，实践中不同国家的做法也不一样。一种理论认为，立法机关主要是创立、修改或废除法律。按照权力分工的原理，法律被制定出来后，其实施则主要由其他机关来完成，其中，司法机关负责在解决纠纷的过程中应用法律，而行政机关负责执行法律。鉴此，世界上有些国家没有确立立法解释制度，立法机关制定法律后，法律的解释权大多交由法院去行使。中国的法律解释制度没有采用上述理论，全国人大常委会既负责制定法律，又负责解释其制定法律，包括解释全国人大制定的法律。在中国内地，现行《宪法》《人民法院组织法》《人民检察院组织法》《立法法》《关于加强法律解释的决议》等法律文件中，规定了全国人大常委会有解释宪法和法律的权力，即所谓立法解释权；最高人民法院、最高人民检察院在审判工作和检察工作中有权就如何具体应用法律进行解释，即所谓司法解释权；而国务院以及拥有地方立法权的机关有权对自己制定的法规、规章和地方性法规进行解释，这其中的多数被归结为行政解释权。这些解释权是由中国法律明确加以规定的权力。在法律效力上，立法解释要高于司法解释和行政解释。不过，需要明确的是，全国人大常委会对法律进行的解释虽被称为立法解释，但它并不是创造新的法律，只是进一步明确法律规定的具体含义，或者法律制定后出现新的情况，需要明确适用的法律依据。此外，立法解释与司法解释相比，立法解释具有主动性，拥有立法解释权的机关既可以应法定主体的释法请求而解释法律，也可主动根据自己发现的问题或情况而解释法律。司法解释则不然，它只能是法院或检察院在具体的审判工作或检察工作中就如何具体应用法律进行解释。

香港特别行政区法院对《香港基本法》的解释权，是在审理案件中就如何具体适用《香港基本法》的解释权。按照中国内地关于法律解释的上述分类法，香港特别行政区法院对《香港基本法》的解释权显然属于司法解释权范畴，是一种具体适用法律的解释权，具有法律适用的司法性特征。不仅如此，香港特别行政区法院解释《香港基本法》有前置条件，那就是必须在审理案件中才能对涉及的相关《香港基本法》条款进行解释。如果没有从事案件的审理，法院是不能专门仅就《香港基本法》相关条款的涵义进行抽象解释，这也是香港法院享有的基本法解释权具有法律适用的司法性特征的典型体现。

早在基本法起草期间，邓小平先生就曾讲过，基本法不宜太细。因此，《香港基本法》作为一部宪制性法律，其不少规定是原则性的。现在看来，基本法的一些规定在实践中还面临需要具体细化以保证更好落实的问题。就基本法解释权属于人大常委会的相关规定而言，在已有的基本法实践经验基础上，加紧完善人大常委会行使基本法解释权的实施机制，是完善与基本法实施相关的制度和机制的内在要求。

（本文原连载于《澳门日报》2016年11月16日、23日）

-《澳门基本法》推广任重道远 -

基本法的宣传推广工作，同基本法的实施一样，是一项长期的任务。对于《澳门基本法》的宣传推广工作，前全国人大常委会委员长吴邦国于2009年12月4日在北京召开的纪念《澳门基本法》十周年的讲话中，有一段话说得很全面："要进一步加强基本法的宣传推广工作，通过多种形式，全面准确地阐述'一国两制'方针和基本法的精神实质，广泛深入地宣传'一国两制'和基本法的深刻内涵与生动实践，深入浅出地解读基本法的有关规定，使'一国两制'方针和基本法更加深入人心，在全社会牢固树立基本法意识和法制观念，不断巩固和发展贯彻实施基本法的社会基础。"这段话告诉我们，《澳门基本法》的推广任重道远，只能加强不能削弱。澳门全社会对《澳门基本法》的宣传推广工作都应该按照上述的要求来推进。具体来说，就是要既注重《澳门基本法》宣传推广的普及化，又要注重《澳门基本法》宣传推广的深度化，要通过基本法的宣传推广培养造就一大批熟悉《澳门基本法》人才。

一、《澳门基本法》宣传推广的普及化

《澳门基本法》的推广虽有所成就，但普及化及基础性工作方面仍有不足。如何在已有成就的基础上进一步加强基本法推广的普及化仍任重道远。可从以下三个方面来推进《澳门基本法》宣传推广的普及化。

（一）多头并举拓宽推广层面

一是推广平台要多元化。除了法务局、《澳门基本法》推广协会以及新闻媒体这些日常的已有推广平台外，要充分发挥澳门社团组织众多的

优势，利用社团这一平台广泛进行基本法的宣传推广。特区政府在对社团组织进行资助时，甚至可以考虑将基本法的宣传推广作为一项重要指标来设置，不仅在资金审批上提出相关要求，而且在进行监督验收时严格核查，以增强社团开展基本法推广的主动性和自觉性，形成“政府主导、民间推动”的良性局面。此外，要推进基本法课程进学校、进课堂，特别要注重对青少年的基本法教育，牢固树立国家观念、宪法观念，以保证“一国两制”事业后继有人。

二是推广形式要继续多样化。目前，基本法的推广有多种形式，如专题讲座、培训班、座谈会、研讨会、知识问答比赛、游戏设计比赛、园游会、电视特辑、图片资料展览、资料派发等。对于这些推广形式，要不断进行总结和完善，并以居民喜见乐闻的形式来推动居民主动认识基本法。例如，有人建议，在漫画、动画、微电影和信息网络方面，以创新方式吸引年轻一代，如法务局推出基本法应用程序 App 时，宜加强互动性如问答和游戏等，提高趣味性和吸引力。此外，政府在基本法推广方面，要因应信息化趋势早做部署和规划。法务局 2015 年初推出的基本法条文手机应用程序，让居民透过手机及平板计算机阅读基本法条文便是一种有益尝试。还有，法务局开展基本法校园巡回展、开设宪法与基本法网站、到大学开展宪法与基本法讲座、“国是茶聊”等，都是基本法推广形式多样化的体现。除政府的推广形式多样化外，社团的推广也要坚持多样化。无论是专业性的社团还是联谊性的社团，在开展社团活动时，既可专门在其成员间进行基本法的系统宣传推广，也可针对社会上关心的热点问题发动成员有针对性地进行基本法的知识学习。总之，要因时制宜、因人制宜地持续开展各种各样的基本法推广活动，做到细水流、一以贯之。

（二）融合实际细解条文规定

无论是政府还是社会团体，推广基本法一定要融合实际，通过基本法实施的生动事例，或者身边发生的日常事物，详细讲解有关条文的具体内容，这也是我们通常所说的理论联系实际的工作方法对基本法推广的客观要求。例如，讲解基本法规定的澳门特别行政区的政治体制内容时，如果光从概念到特征，再到条文，人们听了以后可能还是体会不到政治体制到底有什么内容。相反，如果结合澳门政制发展的具体进程，通过行政长官产生办法和立法会产生办法的修改这一基本法实施的实例，来说明政治体制在法律上到底是一项什么样的制度，人们就会容易理解，因为行政长官和立法会都是人们所熟悉的语言，行政长官产生办法和立法会产生办法尤其是立法会产生办法，都是人们比较熟悉的事物。用人们熟悉的语言和事物来介绍生硬的法律条文，当然会引发人们了解和认识基本法的兴趣。还有，讲解基本法所保护的居民的隐私权时，如果结合生活中容易碰到的手机号码外泄而莫名收到的短信，以及他人随意要求收集你的家庭住址或手机号码等私人信息的情形，再将有关隐私权的法律保护问题联系起来，你就会觉得隐私权的概念不再那么抽象，也不再那么遥远，而是就在你的身边。例如，2016 年 4 月，有女泳客投诉澳门新花园泳池在女更衣室范围内装有录像监控，事件传出后引起众多女性关注及忧虑。有立法议员关注事件，直指当局在这高度私隐的地方安装录像监控极度不合常理，对任何人来说都是侵犯了个人私隐。再有，讲解《澳门基本法》关于居民游行、示威的自由时，可结合终审法院相关案例的判决情况，来说明基本权利的行使既有法律的保障，同时也有法定的限制，并不是说拥有基本权利就可以不受任何限制。权利和自由从来都是法律范围内的权利和自由，也只有这样的权利和自由才会依法受到法律的保护。总之，如果能结合生活中的事例，以轻松生动的方式讲解基本法的相关条文，基本法就不再仅仅是条文形式的基本法，而是生活中的基本法、实践中的基本法。如果能够形成这样的良性局面，人们自然就会产生学习基本法的动因。就是你不向他推广基本法，他也会主动想方设法学习基本法，并直至明白法律的相关内容为止，因为他已经明白到基本法与人们的生活密切相关，有的甚至已经与他的切身利益直接相关了。

（三）有的放矢补强薄弱环节

对于基本法中的“一国两制”方针，有不少澳门居民表示不了解，这便是基本法推广工作中的一个最大薄弱环节。在基本法的推广过程中，必须将“一国两制”方针形成的历史背景、具体内容、核心要求和基本目标等，用普通市民能够听懂的语言来进行阐述，用普通市民能够看得到的事实来进行阐述，用普通市民能够感觉得到的实惠来进行阐述。这样一来，“一国两制”方针就不再是看似深奥不易懂的事物，更不是只有专家学者才能理解的专利，而是活生生地发生在特区的崭新事业。每个特区的居民都是这一事业的实践主体，也是这一事业的直接受益者，更是这一事业的有力推动者。

基本法推广中另一个比较大的薄弱环节是很多市民没有阅读过基本法的内容。学习基本法离不开读基本法，读基本法首先应该是指阅读基本法的规定内容，必须认真阅读，最好能熟记于心。对于一些重要的条文规定，更是要反复阅读，仔细体会文字背后所蕴藏的“一国两制”方针的深刻内涵。有时，讲解基本法的教师甚至可以在课中带头阅读基本法，将相关的条文规定朗诵出来。为了让学员阅读基本法条文，教师也可考虑出一些诸如填空、选择、判断错对等练习题来引导阅读基本法。《澳门基本法》推广协会这些年来坚持举办基本法知识问答比赛就是引导人们阅读并熟记基本法内容的一个很好方法。

此外，如何培育并巩固宪法意识和基本法意识，正确处理宪法与基本法的关系，也是基本法推广中容易忽视的一个薄弱环节。我们进行基本法推广，重要的目的之一就是要培育并巩固居民的宪法意识和基本法意识，明确宪法是基本法的立法依据，两者是母法与子法的关系；明确宪法在特别行政区具有法律效力，特别行政区及其居民负有尊重和维护宪法权威地位的义务。

二、《澳门基本法》宣传推广的深度化

《澳门基本法》的宣传推广除面临继续普及化外，还有一个深度化的问题。尤其在以下四个方面值得去尝试：

（一）立法原意的探求

讲解基本法条文的内容，要注意对有关条文立法原意的探求。尤其对于那些在字面含义上有多种理解的条文，更要学会并善于运用立法原意的解释方法。只有这样，才能让人们知其然，还知其所以然。特别是要将全国人大常委会就《香港基本法》和《澳门基本法》有关条文释法

实践中运用立法原意解释方法的生动实例，融入到基本法的宣传推广工作中。这就要求从事基本法宣传推广的人员，自己首先要苦练基本功，深入钻研基本法，掌握法律解释方法，特别是要熟悉立法原意的法律解释方法。唯有如此，基本法的宣传推广才有可能在朝立法原意的探求这条新路上取得成功。

（二）法理基础的解析

任何法律的起草实际上都是建基于一定的理论之上，基本法的宣传推广中要注重法理基础的解析。特别是基本法关于特别行政区制度中的一些基本制度安排、基本原则规定等重要内容，要善于从理论分析的角度来理解和解释基本法的相关条文，以更好地把握基本法的规定。例如，在理解基本法所规定的两个附件的修改时，为何说中央对特别行政区政制发展具有决定权，这背后深刻的法理基础就是单一制原则。在单一制下，地方无权决定其政治体制，其决定权在中央。地方政治体制的改变，其决定权同样在中央。还有，我们在讲基本法规定的特别行政区的高度自治权不是其本身所固有的，而是来源于中央的授权时，其背后的法理基础同样是单一制原则。在单一制下，中央对包括特别行政区在内的所有地方行政区域拥有全面管治权，特别行政区的高度自治权不是固有的，其唯一来源是中央授权。

（三）司法案例的运用

法律的生命在于实施，基本法同样如此，其生命在于实施，其权威也在于实施。事实上，澳门回归后，基本法的实施过程中所引发的法律诉讼，是我们学习和理解基本法的活教材。特别是有关澳门居民基本权利保障的司法案例，是我们宣传推广基本法关于居民基本权利和义务规定的最好教材。由于这些案例来源于生活，就是居民们身边发生的具体事例，结合这些案例来讲基本法的内容，既生动，又直接，还能收到良好的效果。这其实不仅有助于人们学习和了解了基本法，也便于人们正确地行使基本法规定的基本权利。总之，如果能结合司法案例，以轻松生动的方式讲解基本法的相关条文，基本法就不再仅仅是条文形式的基本法，而是生活中的基本法、实践中的基本法。

（四）宪法意识的培育

依法治澳，首先是依据宪法和基本法来进行治理。基于宪法是基本法的立法依据、宪法作为国家根本大法在包括特别行政区在内的全国范围内具有最高法律地位和最高法律效力、宪法和基本法共同构成特别行政区制度的宪制基础的客观事实，要推动基本法在特别行政区的正确实施，必须树立并增强宪法意识。为此，特区政府加强了宪法知识的推广和普及，不仅开通宪法与基本法专题网页、在《澳门日报》连续登载有关《宪法》与《澳门基本法》关系的文章、到大学和中学讲解宪法与基本法知识等，还邀请内地宪法与基本法方面的著名专家学者来澳就宪法与基本法关系的专题举办系列讲座，纠正在实践中存在的一些有关宪法与基本法关系的模糊认识和片面理解，这些都无疑有助于全面准确理解和贯彻“一国两制”方针政策，确保《澳门基本法》实践沿着正确轨道向前发展。

三、培养造就一大批熟悉《澳门基本法》人才

回归16年多来，澳门特区政府和社会各界通过推动基本法进校园、进课程、进小区、进政府部门，不仅使得基本法在澳门社会广泛深入人心，提高了广大市民对基本法的认受度以及学习基本法运用基本法的自觉性，而且培养造就了很多熟悉《澳门基本法》的人才。这其中，特区政府注重对公职人员及青少年的基本法培训工作特别值得称道，其摸索积累的经验也特别值得珍惜。

澳门特区政府除采取送出去到内地接受国情教育与基本法培训外，还充分利用本地高校的资源加强公务员的基本法培训工作。例如，特区政府行政公职局与《澳门基本法》推广协会、澳门理工学院一国两制研究中心合作，自2010年以来开办了以领导、主管级公务员为对象的基本法高级研讨课程，至今共开办过80多期，参加培训的人员达800多人。2015年又新开办了以政府部门高级技术员的基本法培训课程，至今已开办十多期，参加培训的人员有300多人。这些培训课程都会依计划继续开办下去，并作为特区政府依法施政的一项重要内容。2016年开始，新入职的公务人员以及晋级的公务人员的基本法培训课程也将陆续展开。由于公职人员在保障基本法的正确实施、维护澳门的繁荣稳定上负有重大

责任，把公职人员的基本法培训工作做好了，对于落实好基本法能起到关键作用。

澳门青少年既是澳门的希望，也是国家的希望。为了更好地鼓励青少年学习基本法、了解基本法、维护基本法，《澳门基本法》推广协会2012年首次举办基本法青年推广大使培训班，招募年龄介乎16至35岁的澳门青少年40名，以推动年轻人参与基本法推广工作为目标，将爱国爱澳的讯息向普罗大众宣扬。培训班将透过培训营、课堂学习、参观访问及外访活动等，吸引青年人认识及推广基本法。培训班至今已举办到第五届，有200人左右参加培训。这项活动对于加强青少年对祖国及澳门的归属感，提高澳门年轻一辈的公民、政治意识，推动青年人积极参与宣传基本法活动，促进澳门社会的安定繁荣，都有着积极和长远的意义。

随着"一国两制"实践不断发展，必然要求进一步推动《澳门基本法》的宣传推广工作。行政长官崔世安多次表示，未来要通过三方面继续做好基本法宣传推广工作，包括推动政府、社团、社会共同推广基本法，延续爱国爱澳社会核心价值。国家主席习近平2014年在庆祝澳门回归祖国15周年大会上，对澳门特区所提四点希望中的第一点便提到："要在全社会弘扬法治精神，共同维护法治秩序，培养造就一大批熟悉澳门特别行政区基本法、具备深厚专业素养的法治人才，为依法治澳提供坚持人才保障。"相信在特区政府和社会各界的共同努力下，《澳门基本法》宣传推广活动一定会在已有成就基础上取得更大成效。

（本文原载于《九鼎》2016年第9期）

基本法意识培育：公民教育的核心内容

澳门回归后，在特别行政区推行公民教育，培育并巩固澳门居民中的中国公民的爱国爱澳核心价值观，是特别行政区政府和社会各界人士应长期致力的一项艰巨工作。这其中，作为建设新澳门根本法律保障的《澳门基本法》的推广又是公民教育工作的重中之重。令人可喜的是，澳门回归以来，特别行政区政府和各社会团体坚持不懈地宣传推广《澳门基本法》，自觉以《澳门基本法》规范行政、立法、司法行为和处理政制发展等重大问题，这是澳门特别行政区成立十多年来所取得的一项重要成就，对于保持澳门的长期繁荣稳定和发展发挥了积极作用。由于《澳门基本法》的贯彻实施是一项长期的任务，基本法的宣传推广工作不能有丝毫的松懈，而应进一步加强。尤其要结合公民教育的推行，大力强化基本法意识的培育，并把其作为公民教育的一项核心内容，使“一国两制”方针和基本法更加深入人心。当前及今后一段时期，特别要注重基本法以下方面的意识培育：

基本法作为“一国两制”方针法律化的意识培育

国家对澳门恢复行使主权后，对澳门实行“一国两制”的总方针。至于“一国两制”总方针的具体内容，中华人民共和国政府在《中葡联合声明》中做了全面的阐述，这就是《中葡联合声明》第二条所列明的中华人民共和国政府对澳门执行的十二条基本政策，包括：设立澳门特别行政区；享有高度自治权；“澳人治澳”；现行的社会、经济制度不变，生活方式不变，法律基本不变；自行制定有关文化、教育和科技政策等。这些内容作为基本政策虽然在《中葡联合声明》中加以载明，并通过附件一加以具体说明，然而，政策的稳定性毕竟不如法律。作为一种规范，法律具有更高的稳定性，它应在较长的时期内保持不变，以建立起良好的法律秩序。另外，一个国家有关的政策上升为法律，成为全体成员一体遵循的一种行为规范，这也是法治社会的基本要求。鉴此，国家对澳门实行的“一国两制”方针政策有法律化的内在需求。为此，在《中葡联合声明》中，中国政府声明其对澳门执行的基本政策将通过制定基本法规定之，并将这也作为对澳门执行的基本政策之一。由此看来，制定《澳门基本法》是“一国两制”方针法律化的需要，通过制定《澳门基本法》，把国家对澳门的基本方针政策用法律的形式予以具体体现，以便在澳门回归后得以贯彻实施。我们在进行基本法意识的培育时，首先要让居民认识到《澳门基本法》是“一国两制”方针法律化的体现，国家正是通过制定基本法把“一国两制”方针的具体内容以法律的形式固定下来，借此表达出全国人民包括澳门同胞在内的共同愿望，以便达到人人都要严格遵守的目的，进而保障“一国两制”方针得到切实有效执行。

《澳门基本法》是“一国两制”方针的法律化，同时意味着“一国两制”方针也是《澳门基本法》制定的政策依据和指导思想。整部《澳门基本法》，不论其序言、正文，还是三个附件，都是严格按照“一国两制”方针的内容和要求来起草制定的。通读《澳门基本法》，可以发现其始终贯穿了这样一条主线：维护国家主权、安全、发展利益，保持澳门长期繁荣稳定。这正是“一国两制”方针的核心要求和基本目标，也是国家对澳门实行各项方针政策的根本宗旨。如果广大居民能够深刻认识到这一点，就会以崭新的面貌投身于“一国两制”的伟大实践，自觉地将爱国与爱澳有机地统一起来，将国家主人的身份与澳门特别行政区主人的身份有机地统一起来，将尊重国家主体实行的社会主义制度与保持澳门原有的资本主义制度有机地统一起来，将维护中央依法享有的权力与保障特别行政区依法享有的高度自治权有机地统一起来，以强烈的使命感和责任感参与管理澳门各项事务，努力建设自己的美好家园，并在国家事务中发挥积极作用，为国家的发展做出贡献。相反，如果不能正确地理解《澳门基本法》作为“一国两制”方针法律化的体现，就容易在言行上偏离“一国两制”的轨道。这一点，在香港特别行政区就体现着较为明显。例如，在香港，有人以普通法制度下解释法律由法院负责为由，排斥全国人大常委会解释基本法的权力，甚至危言耸听地攻击全国人大常委会解释基本法损害特别行政区所享有的独立司法权，至今仍在宣称特别行政区法院有权判决全国人大常委会的有关解释和决定违法，这恰恰是无视基本法的规定、不尊重中央依法享有的权力的表现。之所以会如此，就是这些人根本没有认识到基本法是“一国两制”方针法律化的体现这一根本属性，没有认识到“一国两制”方针既是基本法制定的政策依据，也是基本法的核心内容，没有认识到“一国两制”方针的根本宗旨就是维护国家主权、安全、发展利益，保持港澳长期繁荣稳定。因此，在特别行政区大张旗鼓地宣传并培育基本法是“一国两制”方针法律化的观念和意识有着非常重要的现实意义。

基本法在特别行政区制度建构中的宪制地位的意识培育

按照“一国两制”的方针，澳门回归后，不实行内地的社会主义制度和政策，而是保持原有的资本主义制度和生活方式，实行崭新的特别行政区制度，即在维护国家主权、国家统一和领土完整的前提下，中央保留体现国家主权必不可少的权力，授权特别行政区享有高度自治区权。作为“一国两制”方针政策的制度载体，特别行政区制度的具体建构，则要以《澳门基本法》为依据，《澳门基本法》的任务实际上也就是规定特别行政区制度。对此，《澳门基本法》序言的第三段便是很好的说明。该段规定，根据宪法，全国人大制定基本法，规定特别行政区实行的制度，以保障国家基本方针政策的实施。不仅如此，《澳门基本法》在特别行政区制度的建构中处于宪制性地位。对此，全国人大在通过《澳门基本法》的同时，还专门就《澳门基本法》做了一个决定，指出：澳门特别行政区设立后实行的制度、政策和法律，以《澳门基本法》为依据。

此外，《澳门基本法》第 11 条更明确规定，澳门特别行政区的制度和政策，包括社会、经济制度，有关保障居民的基本权利和自由的制度，行政管理、立法和司法方面的制度，以及有关政策，均以《澳门基本法》的规定为依据。上述这些规定充分表明，《澳门基本法》在澳门特别行政区的制度建构中具有宪制性地位。从《澳门基本法》的内容看，它对澳门特别行政区的法律地位、中央与澳门特别行政区的关系、居民的基本权利和义务、澳门特别行政区的政治体制以及经济、文化和社会事务、对外事务等一系列事关澳门社会的制度性重大问题做了全面而系统的规定，从而奠定了澳门回归后的宪制基础。我们在进行基本法意识的培育时，要让居民认识到《澳门基本法》的这种宪制性地位，认识到基本法是特别行政区实行的制度的依归，特别行政区的任何制度的建构，都不能违背基本法的规定，都必须在基本法的框架内进行。

《澳门基本法》在特别行政区制度的建构中所处的宪制性地位，同时意味着《澳门基本法》的核心内容就是规定特别行政区制度。由于澳门特别行政区实行的制度的依据就是“一国两制”方针，因此，《澳门基本法》最大的特点就是它所规定的特别行政区制度全面、系统、充分地体现了“一国两制”的基本国策。从大的构成上看，《澳门基本法》规定的特别行政区制度，不仅包括特别行政区内部的制度，例如社会经济制度、法律制度等，还包括国家管理体制和管理制度。从中央和特别行政区的关系这一视角看，特别行政区所享有的高度自治权是特别行政区制度的组成部分，中央对特别行政区所享有的宪制性权力也是特别行政区制度的组成部分。不仅如此，特别行政区所享有的高度自治权并不是其本身所固有的，而是来源于中央的授权。如果能够认识到特别行政区制度与《澳门基本法》的上述这种密切关系，我们在讲基本法时，就不会只讲高度自治权、不讲中央的权力，更不会把两者对立起来。相反，以特别行政区制度为核心来阐述基本法，就可以把中央和特别行政区的权力统一到一套制度之中，把特别行政区管理体制纳入到国家管理体制之中，从而有助于我们全面准确理解“一国两制”方针，尤其是有助于我们正确理解中央对于特别行政区政制发展的决定权。基本法对特别行政区的政治体制做了明确规定，这是由最高国家权力机关做出的宪制性法律规定，它表明特别行政区作为我国单一制国家结构下的地方行政区域，其所实行的政治体制是中央确定的，地方无权自行决定和改变其政治体制。不论是基本法所规定的特别行政区行政长官产生办法还是立法会产生办法，其修改涉及到中央和特别行政区的关系，涉及到对宪制性法律有关规定的修改，其修改决定权在中央。不仅如此，行政长官产生办法和立法会产生办法的修改还必须符合基本法的规定，并在基本法的轨道上来进行。有人完全以相关国际公约的标准来要求行政长官产生办法和立法会产生办法的修改，这根本就是无视基本法的规定，无视基本法在特别行政区制度建构中的宪制性地位，与特别行政区所奉行的法治核心价值观是不相符的。

基本法是依法治澳的法律基石的意识培育

法治是澳门特别行政区所奉行的核心价值观之一，而《澳门基本法》又是澳门法治的法律基石。我们通常讲依法治澳，这个“法”除指宪法外，主要就是指《澳门基本法》。这是因为一方面宪法虽整体适用于特别行政区，但其有关社会主义制度和政策的部分对特别行政区是不适用的，另一方面，《澳门基本法》本身就是根据宪法来制订的，宪法有关设立特别行政区及特别行政区内实行的制度的相关规定也正是通过《澳门基本法》来达成的。因此，《澳门基本法》在澳门特别行政区实行的法律体系中具有最高的法律地位，这集中体现在以下几个方面：第一，《澳门基本法》是特别行政区立法机关立法的基础和依据，立法机关正是依据《澳门基本法》及法定程序制定、修改、暂停实施和废除法律的；第二，《澳门基本法》第 17 条规定，立法机关制定的法律如不符合基本法关于中央管理的事务及中央和澳门特别行政区关系的条款，全国人大常委会可将其发回，一经发回，该法律便失去法律效力；第三，澳门原有法律只有不与《澳门基本法》相抵触才可予以保留，采用为特别行政区法律，如以后发现有与《澳门基本法》相抵触的，应依基本法的规定修改或暂停实施；第四，《澳门基本法》第 11 条第二款明确规定，澳门特别行政区的任何法律、法令、行政法规和其他规范性文件均不得同基本法相抵触。

鉴此，要实现依法治澳，首先就是要严格按照《澳门基本法》办事，坚决维护《澳门基本法》的尊严。我们在进行基本法的意识培育时，要突出基本法在特别行政区法律体系中的宪制性法律地位，自觉维护和捍卫基本法的尊严。从澳门特别行政区来讲，就是特别行政区的一切活动都必须遵循基本法，不能违反基本法。这就要求澳门特别行政区行政长官和政府依照基本法施政，立法机关和司法机关依照基本法履行职责，全体澳门居民依照基本法行使权利和履行义务，共同维护澳门的法治。从中央政府来讲，就是要坚定不移地贯彻"一国两制"、"澳人治澳"、高度自治的方针，严格按照基本法办事，一如既往地支持特别行政区行政长官和政府依法施政。

《澳门基本法》是实现依法治澳的法律基石，同时意味着基本法在澳门践行"一国两制"的过程中具有绝对的权威性。有了《澳门基本法》，澳门在践行"一国两制"的过程中便有法可依。不仅如此，澳门在践行"一国两制"的过程中，要严格执行《澳门基本法》的规定，坚决维护和捍卫《澳门基本法》的权威，自觉以《澳门基本法》规范行政、立法、司法行为，并以《澳门基本法》的规定来处理政制发展、民生改善等重大问题。事实证明，澳门在实践"一国两制"的过程中，只要尊重和维护《澳门基本法》的绝对权威性，严格按照基本法办事，就能正确处理中央与澳门特别行政区的关系，就能充分保障澳门居民享有的广泛权利和自由，就能充分调动澳门各界人士的积极性、主动性和创造性，社会就能取得良好的发展进步。相反，如果无视基本法的绝对权威性，则不仅会损害基本法尊严，更会给"一国两制"的事业造成损害。这方面，香港特别行政区是有深刻教训的。例如，香港特别行政区终审法院 1999 年 1 月 29 日就港人在内地所生子女居留权案件所做判决中，曾出现过特区法院可审查并宣布全国人大及其常委会的立法行为无效的内容，便违反了基本法的规定，是对全国人大及其常委会的地位、对"一国两制"的严重挑战。虽然终审法院在后来的有关判词中做了澄清说明，表明全国人大及其常委会依据基本法和基本法所规定的程序行使任何权力，是不能质疑的，但之前有关的判决还是在香港社会和内地引起了强烈反应，甚至有人认为引发了一场宪制危机。究其原因，没有真正认识到基本法的绝对权威性是其中的一个重要因素。因此，培育并巩固基本法是依法治澳法律基石的意识，对于澳门特别行政区正确践行“一国两制”有着不可忽视的重大意义。

（本文原载于《九鼎》2013 年第 4 期）

- 基本法关于中葡文使用的规定 -

语言文字的使用并不是一件随随便便的事情，正确使用语言文字，不仅对社会进步具有积极的推进作用，还会关系到国家主权和民族尊严。当今世界各国无不对语言文字的正确使用和健康发展表现出高度的重视。1993 年 3 月 31 日由中华人民共和国全国人民代表大会制定通过的《澳门基本法》在其“总则”部分专门设一条文就澳门特别行政区行政机关、立法机关和司法机关的语言文字使用问题做出规定。但对如何理解这条规定的内容，实践中却有不同的看法。例如，有人认为，特区行政机关、立法机关和司法机关在公文中应同时使用中文和葡文这两种正式语文；有人则认为基本法并未强制要求特区行政机关、立法机关和司法机关必须同时使用中葡文。在澳门，行政机关、立法机关和司法机关到底应如何使用中葡文？这确实涉及到如何准确理解并正确适用《澳门基本法》第九条的规定内容。

《澳门基本法》第九条规定：“澳门特别行政区的行政机关、立法机关和司法机关，除使用中文外，还可使用葡文，葡文也是正式语文。”这一规定内容包含了以下几层主要涵义：

首先，中文和葡文都是澳门的正式语文。

所谓正式语文，是指一个国家或地区的行政、立法和司法机关履行法定职责执行公务时所使用的语文。由于历史的原因，澳门被葡萄牙长期占领期间，只有葡文是官方语言，中文只是到了 1992 年初才被澳葡政府承认为官方语言。考虑到在澳门葡萄牙后裔居民的利益，尊重长期以来因葡文作为官方语言而形成的复杂现状，尽管葡文不是国际通用语言，在澳门使用葡语的居民亦仅占少数，但中国政府仍在《中葡联合声明》

中声明并在《澳门基本法》第九条规定：澳门特别行政区的行政机关、立法机关和司法机关除使用中文外，还可使用葡文，葡文也是正式语文。这既坚持了原则，维护了国家的主权，又体现出灵活性，考虑了澳门的实际情况，并表示出了对葡文的尊重。因此，澳门回归后，中文和葡文都是澳门的正式语文。不过，《澳门基本法》第九条的规定表明：中文和葡文作为正式语文仅是指澳门特别行政区的行政机关、立法机关和司法机关执行公务的范围内而言，它并不排斥澳门居民在实际生活中使用中文或葡文甚至其他语文。澳门居民有充分自由决定在日常生活中使用何种语文，不受基本法的约束。

有人认为《澳门基本法》第九条的规定表明澳门实行“双语制”。如果“双语制”仅作为一种较为形象生动的表述，表明澳门有中文和葡文这两种正式语文的话，那倒也未偿不可。但若将“双语制”作为一种正式表述，且表明澳门特区行政机关、立法机关和司法机关履行职务时必须同时使用中文和葡文的话，则并不符合《澳门基本法》第九条的规定内容。因为《澳门基本法》第九条并未规定澳门特别行政区实行“双语制”，该条只是规定澳门特区的行政机关、立法机关和司法机关除使用中文外还可使用葡文，葡文也是正式语文。这一规定仅表明澳门的正式语文，除中文外，还有葡文；行政机关、立法机关和司法机关除使用中文外，还可使用葡文，仅此而已，我们不能从中随意便得出澳门实行“双语制”这一没有明确内涵限定的结论。

其次，中文和葡文有着主次之分，中文是澳门特别行政区政权机关执行公务时使用的主要正式语文。

由于澳门特别行政区是中华人民共和国不可分离的部分，澳门绝大多数居民通用中文，并以中文为母语，因此，《澳门基本法》将中华民族统一的语言作为正式语文，是国家对澳门恢复行使主权的必然要求和直接体现，这是不言而喻的道理。虽然《澳门基本法》规定葡文同属正式语文，但中葡两种正式语文有着明显的主次之分。对此，《澳门基本法》第九条的内容表述得非常明确。《澳门基本法》在规定葡文作为正式语文时，使用的是“葡文也是正式语文”的表述。在这里，“也”字并不是随便使用的，而是有着深刻的意涵，它表明葡文作为澳门的正式语文，其地位是排在中文之后的，两者并不是等量齐观的。作为全国人民代表大会这一国家最高权力机关制定的基本法律，不可能随意使用“也”字，因为在法律中“也”字的使用有其特定的意涵。内地《婚姻法》曾有一个条文规定“子女可以随父姓，也可以随母姓”，当中便显示出了主次关系。鉴于这一条文的表述没有反映父与母在与子女的关系中处于平等的地位，全国人大常委会为此修改了该条文，将其中的“也”字删掉，以体现父、母在与子女关系中的平等地位。由此可见，《澳门基本法》第九条中在规定中葡文作为正式语文的法律地位时，规定“葡文也是正式语文”同样是有其深刻的特定涵义的，当中的主次关系一目了然，清晰可见，其目的就在于表明：与国家对澳门恢复行使主权相适应，中文作澳门特别行政区政权机关使用的正式语文，处于第一位的地位，葡文作为正式语文是处于第二位的。唯有如此，才能反映澳门回归祖国的实际情况，才能反映澳门居民构成的实际情况，才能反映澳门居民语言使用的实际情况。当然，我们说中文和葡文作为正式语文，其中中文处于第一位，葡文处于第二位，并不是要贬低葡文的地位和效力。讲中葡文的主次关系，是仅就二者的关系而言。从法律上来讲，中葡文既然都是正式语文，它们的法律效力原则上应该是同等的，是处于同一位阶的。但即使这样，并不影响它们之间的主次关系，也不能改变它们之间的主次关系。若中葡文的含义发生差异，根据国家主权的要求，原则上应该以中文文本的含义为准。

再次，中文和葡文作为正式语文使用时，基本法并未强制要求必须使用葡文或同时使用中文和葡文。

关于中文和葡文作为正式语文的使用，《澳门基本法》第九条是这样的规定的：“澳门特别行政区的行政机关、立法机关和司法机关，除使用中文外，还可使用葡文。”从《澳门基本法》的这一规定内容看，中文和葡文作为正式语文使用时，基本法并未强制要求澳门特别行政区的行政机关、立法机关和司法机关必须使用葡文或同时使用中文和葡文，基本法只是在强调使用中文的同时，规定“还可”使用葡文。这表明，葡文是“可”使用，而不是必须或应当使用。这一规定说明特区行政机关、立法机关和司法机关可同时使用中葡文，而不是必须同时使用中葡文，是否同时使用中葡文，由行政机关、立法机关和司法机关决定。例如，特别行政区第3/1999号法律《法规的公布与格式》在规定公布法规的《澳门特别行政区公报》（以下简称《公报》）的语文使用时，其第七条便明确规定：“《公报》除使用中文外，还可使用葡文，葡文也是正式语文。”在这里，法律也仅是规定除使用中文外，还可使用葡文，并表明葡文也是正式语文，它并没有使用“必须同时使用葡文”这样的表述，这便与《澳门基本法》保持了一致。

在法律上，“可以”通常用来表明一种权利，而不是用来规定一种义务，用来规定一种积极作为义务的用语通常是“应”“应当”“应该”或者“必须”。“可以”使用葡文意味着可以使用葡文，也可以不使用葡文，这两种情况都符合《澳门基本法》的规定，不存在违反《澳门基本法》规定的情形。不分情况一律强制要求使用葡文则与《澳门基本法》第九条的规定内容不相符合。此外，葡文的使用既然是“可以”，那同时意味着强制要求在使用中文的同时，必须使用葡文，同样不符合《澳门基本法》第九条的规定内容。澳门原有法律中有关要求强制使用葡文或强制使用葡文和中文的规定，与《澳门基本法》第九条的规定内容不相符合。对此，1999年10月31日九届全国人大常委会十二次会议通过的《关于根据〈中华人民共和国澳门特别行政区基本法〉第一百四十五条处理澳门原有法律的决定》（以下简称《决定》）做了明确规定。根据《决定》第五条第二款第（五）项的规定，澳门原有法律中有关要求必须使用葡文或同时使用葡文和中文的规定，自1999年12月20日起，必须依照《澳门基本法》第九条的规定办理，以符合中华人民共和国对澳门恢复行使主权后澳门的地位和《澳门基本法》的规定。实际上，《决定》的上述规定本身就意味着澳门原有法律中有关要求必须使用葡文或同时使用葡文和中文的规定，是不符合《澳门基本法》第九条的规定内容。不仅如此，同时也意味着澳门特别行政区成立后制定的法律或其他规范性文件中若有类似的规定，同样不符合《澳门基本法》第九条的规定内容。因为《决定》虽是针对澳门原有法律采用为特别行政区法律时是否符合《澳门基本法》的规定而做出的，它要解决的问题也主要是采用为特别行政区法律的澳门原有法律是否符合《澳门基本法》的问题，但它同样适用于澳门特别行政区成立后制定有关中文和葡文使用的规定，因为无论哪种情况都直接涉及到《澳门基本法》第九条规定的准确理解与正确适用。由此看来，无论是采用为特别行政区法律的澳门原有法律，还是特别行政区成立后制定的法律或其他规范性文件，若强制要求使用葡文或同时使用中文和葡文（澳门回归前，澳葡政府表述为同时使用葡文和中文；澳门回归后，特区政府可能会表述为同时使用中文和葡文），都不符合《澳门基本法》第九条规定的的内容和立法原意。

最后，中文和葡文的含义有出入时，以中文本为准。

根据《澳门基本法》的规定，葡文虽然也是正式语文，但若澳门特别行政区的行政机关、立法机关和司法机关执行公务时同时使用中文和葡文来行文，如果中文本和葡文本的含义有出入的，则应当以中文本为准，这是国家对澳门恢复行使主权的需要和体现。对此，1993 年 7 月 2 日八届全国人大常委会第二次会议曾经做出过一个《关于〈中华人民共和国澳门特别行政区基本法〉葡萄牙文本的决定》，明确指出：全国人大法律委员会主持审定的《澳门基本法》葡萄牙译本为正式葡文本，和中文本同样使用；葡文本中的用语含义如果与中文本有出入的，以中文本为准。全国人大常委会的这一决定是具有法律效力的，它虽然只是针对全国人大制定的《澳门基本法》的中文本和葡文本而做出的，但对理解《澳门基本法》第九条关于中葡文的使用显然是有指导意义的。

当然，在澳门特别行政区内讲中文和葡文的含义有出入时以中文本为准，这是就一般意义而言，尤其是特区成立后以中文进行立法时，中文本和葡文本的含义有出入时，一般应以中文本为准。不过，具体到实践中还要结合实际情况进行具体分析。例如，对于以葡文进行立法所形成的法律，遇有中文本和葡文本的含义不同时，则不能一味以中文本的含义为准。众所周知，采用为澳门特别行政区法律的澳门原有法律，其起草都是以葡文进行的，这些法律的中文本都是翻译过来的。遇有中文和葡文的含义有出入时，因法律是以葡文起草的，葡文表达的含义可能会更能直接反映立法者的原意，加上翻译的中文可能会存在不准确甚至错误的可能，因此，探求以立法者使用的语文所制定的条文的意思可能更有助于准确理解法律条文的含义。但这只是由于历史的客观原因所造成的，我们不能因此而否定澳门回归后中葡文之间的主次关系。

《澳门基本法》在澳门特别行政区法律体系中具有宪制性法律地位，澳门特别行政区的一切法律、行政法规和其他规范性文件均不得与《澳门基本法》相抵触。在澳门，讲依法治澳，首先就是要按照《澳门基本法》办事；讲维护法制的统一和权威，首先就是要坚决维护《澳门基本法》的权威。这其中当然包括了《澳门基本法》第九条关于中葡文使用的规定内容。

（文章原载于《澳门月刊》2012 年 7 月号）

准确把握基本法关于行政长官产生办法的规定内容

全国人大常委会于2012年2月29日就澳门特别行政区2013年立法会产生办法和2014年行政长官产生办法的有关问题做出决定，其中，关于行政长官产生办法的内容，继续坚持并突出了《澳门基本法》关于行政长官产生办法的原则性规定：行政长官由一个具有广泛代表性的选举委员会依照《澳门基本法》选出，由中央人民政府任命。在遵循这一原则性规定的前提下，2014年行政长官的产生办法可根据澳门特别行政区的实际情况做出适当修改。接下来，特区政府将就2014年行政长官产生办法的修改问题广泛咨询居民的意见。透过报章和政府开通的政制发展专题网页，可以感到，目前社会上普遍赞同修改两个产生办法，但对于具体如何修改，则意见不尽一致。其中，有一种意见认为，应实行一人一票普选行政长官。上述意见明显不符合全国人大常委会就澳门特别行政区2013年立法会产生办法和2014年行政长官产生办法有关问题的决定。值得注意的是，有人认为，实行普选行政长官，不涉及《澳门基本法》正文第47条的规定内容，仅仅透过修改《澳门基本法》附件一及相应修改相关的本地法律便可实现。果真如此吗？笔者认为，这种观点没有注意到《澳门基本法》关于行政长官产生办法的完整规定内容，更没有注意到《澳门基本法》正文的修改与《澳门基本法》附件一的修改之间的差别。

完整理解基本法的原则性规定

澳门特别行政区成立时及成立后，行政长官如何产生，这是澳门特别行政区政治体制的重要内容之一。对此，《澳门基本法》第 47 条确定了行政长官产生办法的原则：在当地通过选举或协商产生，由中央人民政府任命。基本法规定的这一原则完全遵循了《中葡联合声明》的内容，既体现了“澳人治澳”和高度自治，又体现了“一国”的主权和统一。这两者应当说都是实质性的，且是有机统一的一个整体。基本法正文在确定这一大的原则后，由附件一对行政长官的产生办法做了具体规定。

结合《澳门基本法》正文第 47 条及附件一的规定内容，不难看出，《澳门基本法》正文第 47 条第一款在规定行政长官“在当地通过选举或协商产生，由中央人民政府任命”后，并没有关于“最终达至普选产生的目标”这样的表述。正文第 47 条第二款紧接着便规定：“行政长官的产生办法由附件一《澳门特别行政区行政长官的产生办法》规定。”这表明，按照现行《澳门基本法》的框架，行政长官没有普选的安排。在现行《澳门基本法》的框架下，行政长官的选举是由一个具有广泛代表性的选举委员会依法进行的，而非一人一票所进行的选举。同样，在现行《澳门基本法》的框架下，立法会的全部议员也没有普选的安排，因为《澳门基本法》正文第 68 条第二款明确规定：“立法会多数议员由选举产生。”如果现行《澳门基本法》的框架有关于行政长官普选的安排，绝不可能在其正文规范行政长官的产生时不对此加以明确规定。有关行政长官的制度内容是澳门政治体制的重要内容之一，而行政长官的产生方式又是行政长官制度中最重要和最基本的内容之一，它理应放在基本法的正文部分予以明确确定。《澳门基本法》正文第 47 条没有关于行政长官“最终达到普选产生的目标”这样的表述，表明在《澳门基本法》现有框架下，行政长官的产生不适用一人一票的普选。一人一票普选行政长官的主张，已突破了《澳门基本法》的现有框架。因此，要准确理解《澳门基本法》关于行政长官产生办法的规定内容，必须将正文第 47 条所确定的原则与附件一的具体内容完整结合起来，尤其是在理解《澳门基本法》关于行政长官产生办法的原则规定时，绝不能抛开正文第 47 条的内容。

准确把握基本法的深刻意涵

关于行政长官的产生办法，早在 20 世纪《澳门基本法》起草及咨询时便有不同意见，其中就有意见主张实行一人一票、用普选的方法产生行政长官（包括立法会）。为此，有人甚至要求将《香港基本法》有关行政长官最终达至普选产生的规定完全搬到《澳门基本法》的相关条文中。后来正式通过的《澳门基本法》，关于行政长官和立法会的产生办法，都没有《香港基本法》中"最终达至普选产生"这样的表述。众所周知，《澳门基本法》是在《香港基本法》之后制定，由于港、澳两部基本法在大的结构及制定的主要政策上具有高度一致性，因此，《澳门基本法》的不少内容在很多方面借鉴了《香港基本法》的规定。但《澳门基本法》仍被认为是极具澳门本色、完全体现"一国两制"方针和政策、符合澳门实际和充分反映了广大澳人意愿的具有澳门社会和文化特色的基本法。这样一部赢得澳门居民高度信任和支持，并以其崇高的法律地位和特殊功能引领、团结澳人顺利实现平稳过渡并保持长期稳定和繁荣的基本法，在事关澳门政治体制的设计及其发展的根本大事上，不可能没有注意到《香港基本法》的有关规定，也不可能没有注意到基本法起草咨询时有人要求普选行政长官的意见，更不可能随意做出与《香港基本法》不一致的规定。对此，前澳门基本法起草委员会副主任何厚铧在 2008 年担任特区行政长官时曾讲到，《澳门基本法》关于两个产生办法的规定与香港有所不同之处，不是忘记、漏写，是中央从澳门的历史和现实情况出发，对澳门政制发展所做的战略性决定。

前行政长官何厚铧所讲的上述内容，反映了《澳门基本法》关于两个产生办法的规定没有作出"最终达至普选"的安排所体现的深刻意涵。或许有人会问，为什么《香港基本法》有对未来政制发展的目标性规定，《澳门基本法》却没有这方面的安排。《澳门基本法》与《香港基本法》在两个产生办法的规定上的差异，本身就是一种安排。这一安排的基本点就是，考虑到两地情况的差异，在政制发展的具体安排上也有差异，澳门在政制发展上不能简单照搬香港的模式，要走自己的路。因此，《澳门基本法》第 47 条在规定行政长官的产生方式时，没有“最终达至普选”的表述，并不是漏写，也不是写与不写都一样，而是中央从澳门实际情况出发所做的重要制度性安排。这次全国人大常委会关于澳门特别行政区 2013 年立法会产生办法和 2014 年行政长官产生办法有关问题的决定中，明确指出，《澳门基本法》附件一第一条关于行政长官由一个具有广泛代表性的选举委员会选举产生的规定，附件二第一条关于立法会由直接选举的议员、间接选举的议员和委任的议员三部分组成的规定，是行政长官产生办法和立法会产生办法的一项基本制度安排，应当长期保持不变。我们在理解《澳门基本法》第 47 条及附件一的规定内容时，必须注意到这一点。至于长远来看，行政长官和立法会是否普选产生，这要看未来形势的发展和广大居民有否共识，要看基本法何时做出相应修改。至少，现阶段在未修改基本法正文的条件下，最现实的理性做法就是在全国人大常委会关于澳门特别行政区 2013 年立法会产生办法和 2014 年行政长官产生办法有关问题的决定的基础上，认认真真地就 2013 年立法会选举和 2014 年行政长官选举做出相应的改善。这也是当前最直接最具体的民主。

务实理性发表意见

政府这次就《澳门基本法》附件一和附件二是否需要修改的问题展开咨询，是因为 2013 年立法会选举和 2014 年行政长官选举即将临近，因此，市民表达对两个产生办法是否需要修改的意见时，应围绕这一目标，在不脱离基本法的框架内提出，这样才是务实、理性和富有建设性的态度。那种认为当下便应实行一人一票普选行政长官的意见，不仅不符合循序渐进的原则，也不符合《澳门基本法》的现有框架，更不符合全国人大常委会就澳门特别行政区 2013 年立法会产生办法和 2014 年行政长官产生办法有关问题的决定。如前所述，早在起草制定基本法时就已经有人提出来要规定普选行政长官（包括立法会），这些意见没有被写进《澳门基本法》中，表明按照《澳门基本法》的现有框架，没有确立普选产生行政长官（包括立法会）的最终目标。这是谁也不能否认的客观事实，否则也就不会有人再去提要求普选的主张了，而是如香港般直接奔时间表和路线图了。当然，《澳门基本法》的现有框架没有确立行政长官和立法会最终普选的目标，并不意味着澳门日后不能朝最终普选目标迈进，但目前要在现行《澳门基本法》中确立这一目标的话，并不是简单通过修改《澳门基本法》附件一和附件二所能解决的，它实际上涉及到了修改《澳门基本法》所确立的基本政治体制这一重大问题了，因为目前情况下，要求普选行政长官的主张，实际上是要在现行《澳门基本法》第47条所规定的内容的基础上增加新的内容。至于要在现行《澳门基本法》中确立普选立法会全部议员这一目标的话，则更涉及对现行《澳门基本法》第68条及第50条相关内容的修改。任何对现行《澳门基本法》第47条内容的增减，无疑是对该条文的修改，无疑是对基本法有关行政长官产生的框架规定做出重大改变，这已不是属于对基本法附件一是否需要修改的问题了，而是对基本法正文是否需要修改的问题了。而这不应是这次政制发展咨询所要解决的问题。

正确区分两种修改程序

关于正文的修改，《澳门基本法》从修改机关、修改提案权、修改的具体程序以及修改的内容等方面做了非常严格的限制，以体现其严肃性。《澳门基本法》的正文若要修改，澳门特别行政区只有修改提案权，而且修改提案权的行使也有着非常严格的限制。即使澳门特别行政区依法行使了修改提案权，至于是否要修改及如何修改，那完全是全国人民代表大会的权限。《澳门基本法》附件一和附件二作为《澳门基本法》的有机组成部分，它们本来应当与正文一样，其修改权同属全国人民代表大会。考虑到随着澳门社会发展进步，可能需要对行政长官和立法会产生办法做出适当修改的情况，《澳门基本法》附件一第七条和附件二第三条分别规定，2009年及以后行政长官和立法会的产生办法如需修改，须经立法会全体议员三分之二多数通过、行政长官同意，并报全国人大常委会

"批准"或"备案"。这样规定的目的，在于保障中央对澳门特区政制发展的决定权和主导权的基础上，不用修改《澳门基本法》的正文，便可根据澳门的实际情况和循序渐进的原则，通过对附件一和附件二规定的行政长官和立法会产生办法适时做出修改，以推进澳门政制的发展。这其实是一种灵活的特殊安排，因为若循全国人民代表大会修改《澳门基本法》正文的途径来修改两个附件所规定的行政长官和立法会产生办法，则不仅程序复杂，而且通过的门坎也很高，这并不利于因应澳门社会、经济、政治的发展情况而适时推进其政制发展。基此，《澳门基本法》通过附件一和附件二，对于行政长官和立法会产生办法的修改做了适当灵活特殊的安排，把本属于全国人民代表大会的权限，赋予给了全国人民代表大会常务委员会，但这决不意味着可以通过修改《澳门基本法》附件一和附件二的内容，变相修改《澳门基本法》正文的相关规定。《澳门基本法》正文的修改与基本法附件一和附件二的修改是两种不同的制度安排，各自都有其特定的要求、范围和具体程序，不能将其混同。

根据实际情况献计献策

由此看来，全国人大常委会就澳门特别行政区2013立法会产生办法和2014年行政长官产生办法的有关问题做出决定后，在进行关于澳门政制发展的讨论或相关咨询活动中，有关普选行政长官（包括立法会）的具体主张，不符合现行《澳门基本法》的框架，不符合全国人大常委会关于2013年立法会产生办法和2014年行政长官产生办法有关问题的决定，既不现实，实际上也无可能。要真正推进澳门的政制稳步向前发展，莫如因应澳门社会实际情况，在现行《澳门基本法》的框架内，根据全国人大常委会就澳门特别行政区2013年立法会产生办法和2014年行政长官产生办法有关问题的决定，就澳门行政长官（包括立法会）产生办法，包括本地有关行政长官（包括立法会）选举法例等有待完善的地方，广开言路，献计献策，提出澳门社会当前所需、中央又能接受的修改意见。

具体来说，就是要在坚持行政长官由一个具有广泛代表性的选举委员会选举产生的规定维持不变的前提下，2014年行政长官产生办法的修改朝增加选举委员会委员名额的方向提出意见；在坚持立法会由直接选举、间接选举和委任三部分议员组成的规定维护不变的前提下，2013 年立法会产生办法的修改朝增加由选举产生的议员名额的方向提出意见。只有这样，讨论 2013 年立法会产生办法的修改和 2014 年行政长官产生办法的修改，才有实际意义。毫无疑问，这应该成为澳门当前讨论政制发展的主流价值导向，因为只有这样才更符合澳门社会的整体利益，更有利于澳门的社会稳定和发展。

（本文原载于《九鼎》2012 年第 3 期）

稳步推进澳门政制发展的关键性五年

2014年12月20日，澳门将喜迎回归祖国十五周年，第四届特区政府也将正式宣誓就职。回顾第三届特区政府的施政期，正是2008年世界金融危机继续影响环球的时期，澳门作为外向型的微型经济体，当然也不能置身度外。在中央政府以及祖国内地的关心、支持下，行政长官崔世安先生领导的第三届特区政府在特区前十年发展所取得的巨大成就基础上，与澳门各界人士一道，努力克服各种困难，保持了澳门社会的稳定和经济的发展。适应澳门社会发展进步的实际情况，以行政长官和立法会两个产生办法的适度调整为主要内容的政治体制发展，在第三届特区政府五年施政期内，按照澳门基本法和全国人大常委会的有关决定循序渐进向前推进，上述两个产生办法的成功修订令澳门居民民主实现程度大幅提升。

基本法规定的政治体制符合澳门社会的实际情况

《澳门基本法》从我国国情和澳门的历史与现实出发，确定澳门特别行政区实行以行政为主导的政治体制，行政与立法既互相制衡，又互相配合，司法独立。这套政治体制既保留了澳门原有政治体制中行之有效的部分，也适应了澳门回归祖国后的现实需要，是实现“澳人治澳”、高度自治最好的政权组织形式。

首先，这套政治体制符合澳门特别行政区的法律地位。澳门特别行政区是直辖于中央人民政府的一个享有高度自治权的地方行政区域。鉴此，基本法在制度设计上，集中体现出行政长官作为特别行政区首长和特别行政区政府首长的"双首长"地位，同时明确规定了行政长官须对中央人民政府负责和对特别行政区负责的"双负责"重任。

其次，这套政治体制有利于特别行政区各政权机关行使高度自治权。基本法明确赋予行政长官、行政机关、立法机关和司法机关相应的行政管理权、立法权、独立的司法权和终审权，行政、立法和司法机关遵循既相互配合又相互制衡的原则，各自恪守定位、各司其职、各负其责，实现良好管治。同时，基本法还规定必要时中央可以授予特别行政区其他权力。

其三，这套政治体制保留了澳门原有体制中行之有效的部分。例如，行政长官在特别行政区政权机构的设置和运作中处于核心地位，就是借鉴了澳门原有体制中总督制的特点，但又不是原样照搬。又如，立法会保留委任议席，同样是借鉴了澳门原有体制中立法会组成结构的特点。这些举措体现从实际出发和循序渐进的原则。

最后，这套政治体制兼顾了澳门社会各阶层利益。行政长官由一个具有广泛代表性的选举委员会选出，由中央人民政府任命。立法会由直接选举、间接选举和委任的三部分议员组成，多数议员由选举产生，来源较为多元化。选举委员会委员和立法会议员涵盖了澳门社会各阶层、各界别的代表性人士，体现出均衡参与性。

澳门回归后的实践证明，基本法规定的政治体制是符合澳门社会的实际情况的。在这一政治体制下，澳门的基本政治制度保持了稳定，澳门居民享有了广泛的民主权利，并以主人翁的姿态参与管理澳门各项事务。得益于基本政治制度的稳定，澳门社会各方面都把力量真正凝聚到建设澳门、发展澳门、繁荣澳门的共同事业上来，这也是澳门回归后能够取得巨大发展成就不可或缺的重要因素之一。

提请释法明确行政长官和立法会产生办法的修改程序

行政长官和立法会产生办法是特别行政区政治体制的重要组成部分。

《澳门基本法》第四十七条、第六十八条和附件一、附件二关于行政长官和立法会产生办法的规定，体现了澳门特别行政区政治体制必须符合澳门特别行政区法律地位、符合澳门实际情况、保持基本政治制度稳定等重要原则。考虑到随着澳门社会发展进步，可能需要对行政长官和立法会产生办法做出修改的情况，《澳门基本法》附件一第七条和附件二第三条分别规定，2009 年及以后行政长官的产生办法和立法会的产生办法如需修改，可以依照经立法会全体议员三分之二多数通过、行政长官同意，并报全国人大常委会批准或备案的法定程序进行修改。

澳门第三届特区政府成立的时候，正是基本法及其附件一和附件二所规定的行政长官和立法会产生办法保持稳定未做任何修改的十年之后。面对社会发展的变化，第三届特区政府一开始就注意到了政制发展的问题，其第一份施政报告即 2010 年财政年度施政报告便明确提出："对于社会中一些有关政治体制发展的诉求，特区政府将广泛听取公众意见，严格依照《澳门基本法》有关规定妥善进行相关工作。" 2011 年财政年度施政报告继续强调："严格执行《基本法》的相关规定，在广泛听取各界及居民意见，充分考虑澳门特别行政区的整体利益和长远发展，并形成社会广泛共识的基础上，积极而又审慎地处理好澳门特区未来的政制发展问题。"

鉴于 2013 年立法会换届选举以及 2014 年举行行政长官选举的实际情况，以及澳门社会各界普遍认为有需要对行政长官和立法会产生办法做出适当修改，以更好地适应社会的发展进步，第三届特区政府 2011 年 11 月 15 日在发表 2012 年财政年度施政报告时，决定把处理《澳门基本法》附件一和附件二规定的行政长官和立法会产生办法是否修改问题，作为 2012 年施政的一项重要内容。由于对于如何理解《澳门基本法》附件一和附件二规定的行政长官和立法会产生办法"如需修改"以及"如需修改"应由谁确定和应由谁提出修改法案的问题，在理解上仍有不同意见，特区政府决定先提请全国人大常委会就行政长官和立法会产生办法的修改程序做出解释。2011 年 11 月 17 日，行政长官崔世安致函全国人大常委会吴邦国委员长，就是否需要对《澳门基本法》附件一第七条和附件二第三条的规定做出解释，以明确修改行政长官产生办法和立法会产生办法的程序，谨请全国人大常委会酌定。

2011 年 12 月 31 日，全国人大常委会通过《关于<中华人民共和国澳门特别行政区基本法>附件一第七条和附件二第三条的解释》，明确了澳门特别行政区行政长官和立法会产生办法修改应遵循的“五步曲”程序：行政长官就行政长官和立法会产生办法是否需要修改向全国人大常委会提出报告；全国人大常委会依照《澳门基本法》并根据澳门的实际情况确定是否需要修改；在全国人大常委会确定可以进行修改后，政府向立法会提出修改的法案获立法会全体议员三分之二多数通过；行政长官同意；全国人大常委会批准或者备案。上述解释充分说明：澳门特别行政区的政治体制是地方行政区域政治体制，其决定权在中央；作为澳门特别行政区政治体制重要组成部分的行政长官和立法会产生办法，是否修改及如何修改，主导权及决定权在中央。

严格依法适时修改行政长官和立法会产生办法

明确修改行政长官和立法会产生办法的修改程序后，第三届特区政府严格按照基本法以及全国人大常委会的有关解释，稳步推进行政长官和立法会产生办法的修改工作。

首先，行政长官及时向全国人大常会提交有关 2013 年立法会产生办法和 2014 年行政长官产生办法是否需要修改的报告。2012 年 2 月 7 日，经过特区政府 2012 年 1 月 1 日至 1 月 31 日就 2013 年立法会产生办法和 2014 年行政长官产生办法是否需要修改、修改的方向以及如何修改等集中听取社会各界意见后，行政长官崔世安向全国人大常委会提交了《关于澳门特别行政区 2013 年立法会产生办法和 2014 年行政长官产生办法是否需要修改的报告》，报请全国人大常委会确定对 2013 年立法会产生办法和 2014 年行政长官产生办法进行修改。至此，完成了政改“五步曲”的第一步。

然后，特区政府根据全国人大常委会的相关决定有序推进有关 2013 年立法会产生办法和 2014 年行政长官产生办法的修改工作。2012 年 2 月 29 日，全国人大常委会通过《关于澳门特别行政区 2013 年立法会产生办法和2014年行政长官产生办法有关问题的决定》，明确指出：在《澳门基本法》附件一第一条关于行政长官由一个具有广泛代表性的选举委员会选举产生的规定维持不变，《澳门基本法》附件二第一条关于第三届及以后各届立法会由直接选举的议员、间接选举的议员和委任的议员三部分组成的规定维持不变的前提下，2013年立法会产生办法和2014年行政长官产生办法，可按照《澳门基本法》第四十七条、第六十八条和附件一第七条、附件二第三条的规定做出适当修改。

根据全国人大常委会的上述决定，结合首阶段听取意见中的主要意见，特区政府于2012年3月10日发表了《政制发展咨询文件》，就修改2013年立法会产生办法、2014年行政长官产生办法及本地区选举法相关规定，展开为期45日（2012年3月10日至4月23日）的公开咨询。经过充分广泛咨询，在进一步凝聚社会共识的基础上，特区政府于2012年5月2日，以议案方式，向立法会提交了《中华人民共和国澳门特别行政区基本法附件一澳门特别行政区行政长官的产生办法修正案（草案）》及说明、《中华人民共和国澳门特别行政区基本法附件二澳门特别行政区立法会的产生办法修正案（草案）》及说明。2012年6月5日，立法会全体会议对两个修正案（草案）分别进行细则性讨论和表决，并且均获得全体议员三分之二多数通过。同日，行政长官崔世安依据基本法附件一第七条和附件二第三条对两个修正案（草案）签署了同意书，并报请全国人大常委会批准或者备案。

2012年6月30日，全国人大常委会批准《〈中华人民共和国澳门特别行政区基本法〉附件一澳门特别行政区行政长官的产生办法修正案》，并通过《〈中华人民共和国澳门特别行政区基本法〉附件二澳门特别行政区立法会的产生办法修正案》予以备案，为澳门特别行政区修改《行政长官选举法》和《立法会选举》的相关条文奠定了宪制基础。根据批准或备案的修正案，2013年第五届立法会的组成人员由29人增加至33人。增加的4人中，2人为直接选举的议员，2人为间接选举的议员。2014年第四任行政长官选举委员会成员由300人增加100人至400人。这就是人们通常所说的“2+2+100”方案。2012年9月11日，经立法会修订后的《行政长官选举法》和《立法会选举法》正式生效，标志着澳门特区

2013 年立法会产生办法和 2014 年行政长官产生办法的修改工作圆满完成。

澳门特区政制发展迈进新里程

《澳门基本法》附件一和附件二规定的行政长官和立法会产生办法修改的顺利完成，标志着澳门的政制发展进入了一个新的阶段。为了巩固政制发展的成果，第三届特区政府在 2013 年和 2014 年务实推进政制发展。在全社会和居民的高度关注与积极参与下，根据澳门回归后首次修改的立法会和行政长官产生办法，2013 年 9 月成功进行了第五届立法会的选举工作，选举和委任了新一届立法会议员；2014 年 8 月 31 日，又成功举行了第四任行政长官的选举，产生了第四任行政长候任人。

根据 2012 年修订后的《立法会选举法》，由 2013 年第五届立法会开始，直接选举产生的议员由 12 名增加至 14 名；间接选举产生的议员由 10 名加至 12 名；委任议员维持 7 名。第五届澳门特别行政区立法会议员人数共 33 名。此外，新的间选制度响应了社会认为应适当增加法人选民投票人数的普遍诉求，投票人人数增加一倍，即法人选民的投票人数由原来的 11 人增加至最多 22 人，加强了民主参与成份，保证了候选人具有必要的界别代表性和认受性；取消了“自动当选”机制，体现选举的完整性，提高当选议员的认受性。同时，提名门槛由 25% 降低至 20%，即提名委员会只须由该选举组别被登载于选举日期公布尔日前最后一个已完成展示的选民登记册的法人总数的 20% 组成。

根据 2012 年修订后的《行政长官选举法》，由 2014 年第四任行政长官选举开始，行政长官选举委员会由原来 300 人组成，增加至 400 人组成，进一步扩大选委会的代表性；适当分配选委会各界别或界别分组的委员名额，兼顾社会各阶层各界别的利益以符合澳门的实际情况，并实现均衡参与的需要；在选委会人数增加至 400 人的情况下，行政长官候选人的提名人数由 50 名选委会委员增加至 66 人，以维持原规定六分之一的提名比例；将选委会委员选举中法人选民的投票人数由 11 人增至 22 人，以增强选举的代表性及民主参与成份；取消选委会委员选举中的“自动当选”机制，以体现选举的完整性，并提高选委会委员的认受性。

由于澳门特别行政区严格按照澳门基本法和全国人大常委会的有关决定，并结合澳门的实际情况，稳步推进政制向前发展，澳门居民的政治参与程度不断提高。以立法会的选举为例，选民人数从1999年的不足13万人，增加到2013年特区第五届时超过27万人；参与投票的选民亦从2001年第二届立法会选举时的83644人，增加至2013年第五届时的151000多人。2001年第二届立法会的直选候选名单数目为15张，参加直选的候选人总数为96人。2013年第五届立法会选举时，直选候选名单数目为20张，参加直选的候选人总数为145人。投票人数及参选名单均不断增加，反映澳门居民的政治参与程度正不断提高。

得益于政制发展的稳步推进，《澳门基本法》规定的澳门特别行政区政治体制的功效得到了充分发挥。第三届特区政府施政的五年，社会继续保持了稳定，经济仍然保持了较快发展。与2009年相比，2013年澳门人均本地生产总值由317575澳门元增长至697502澳门元，增幅近1.2倍；澳门月工作收入中位数由8500澳门元增长至12000澳门元，增幅为41%多；失业率由3.5%降至1.8%。上述成就的取得，得益于“一国两制”方针和对《澳门基本法》的正确理解与贯彻实施，也与坚持政制发展应有利于特别行政区基本政治制度保持稳定的大原则密不可分。随着民主政治沿着基本法轨道持续健康发展，澳门各界人士爱国爱澳等核心价值观受到越来越广泛认同，一条符合澳门实际的“一国两制”实践模式正在形成中。在未来的岁月，前进路上可能仍会有风有雨，但验证“一国两制”科学性与生命力的澳门成功实践必将继续添写新的华章。

（本文原载于《澳门月刊》2014年12月号）

－求真务实推民主　和平理性促和谐－

最近，澳门社会上有人对将要进行的澳门第四任行政长官的选举横加指责，根本无视《澳门基本法》以及全国人大常委会的有关决定，在基本法规定的轨道外不切实际地大谈“全民普选特首”，并且不负责任地将一切澳门社会民生问题完全归咎于现行的行政长官选举制度，还扬言要对行政长官选举委员会的选举进行抗议。这就不仅涉及到如何正确认识将要进行的第四任行政长官的选举工作以及公众参与社会事务的适当方式，更事关基本法权威的尊重与维护，直接关系到澳门社会能否真正实现依法治澳、能否保持长期繁荣稳定，不能不引起全社会的高度重视和深思。

现行选举制度行之有效

行政长官担负着领导特区政府和落实基本法以及特区其他法律的重任，并肩负着对中央人民政府和澳门特别行政区负责的重担，因此，行政长官的选举历来就是澳门特区政治生活中的一件大事情。为使行政长官的选举有法可依，《澳门基本法》不仅在正文中就行政长官的产生办法做出原则性规定，还专门以附件一的形式就行政长官的具体产生办法做出系统规定，特区立法会也于 2004 年通过了第 3/2004 号法律《行政长官选举法》，目的就是要为行政长官的选举提供一个良好的法制环境，确保行政长官的选举合法、有序地进行。

除第一任行政长官按全国人大的相关决定产生外，澳门回归后近 15 年来，已进行了二任行政长官的选举。实践证明，基本法所确立的由一个具有广泛代表性的选举委员会选举行政长官，再报中央人民政府任命的基本制度安排，符合澳门的实际情况。在这一基本制度安排下产生的行政长官带领特区政府，与澳门各界人士共同努力，保持了社会稳定和经济发展，社会各项事业取得长足进步。对于这一客观事实，只要不带任何偏见的人，都不会否认的。那种动辄就以行政长官不普选产生就没有认受性，并以此否定现行行政长官产生办法的人，要不就是别有用心，要不就是罔顾事实。行政长官有无认受性，关键要看其产生是否符合法律规定，因为法律是全社会共同遵守的规则。撇开法律规定去谈行政长官产生的认受性，在法治社会里，既很不恰当，更不负责任。

适应澳门社会发展进步，2012 年 2 月 29 日，全国人大常委会通过有关决定，规定在维持由一个具有广泛代表性的选举委员会选举产生行政长官的规定不变的基础上，可对行政长官的产生办法依法做出适当修改，以循序渐进推进澳门政制发展。2012 年 6 月 30 日，全国人大常委会批准的基本法附件一修正案规定澳门特区第四任行政长官选举委员会委员由 300 人扩大到 400 人。随后，特区立法会根据全国人大常委会通过的上述修正案修改了《行政长官选举法》，适当分配选委会各界别或界别分组的委员名额，兼顾社会各阶层各界别的利益以符合澳门的实际情况，并实现均衡参与的需要；在选委会人数增加至 400 人的情况下，行政长官候选人的提名人数由 50 名选委会委员增加至 66 人，以维持原规定六分之一的提名比例；将选委会委员选举中法人选民的投票人数由 11 人增至 22 人，以增强选举的代表性及民主参与成份；取消选委会委员选举中的“自动当选”机制，以体现选举的完整性，并提高选委会委员的认受性。行政长官产生办法的上述修改，是澳门政制发展的重要体现，有利于澳门的长期繁荣稳定和发展。

尊重依法进行的选举活动

澳门目前进行的第四任行政长官选举委员会选举的工作，就是按照基本法和全国人大常委会的相关决定以及澳门特区《行政长官选举法》

的规定进行的。对于这样一项依法进行的选举活动，全体澳门居民都应给予应有的尊重和维护，这也是身处法治社会的每个人应尽的责任和义务。《澳门基本法》第四十四条明确规定，澳门居民有遵守澳门特区实行的法律的义务。居民的这一义务，既是法定的，也是神圣的，在范围上当然包括了遵守澳门基本法、全国人大常委会的相关决定以及《行政长官选举法》关于行政长官选举委员会选举以及行政长官选举的相关规定。

尊重澳门依法进行的行政长官选举活动，也是建设和发展澳门民主政治的应有之义。的确，民主是个好东西，它是人类文明进步的一个重要标志，也是个最能挑动人心的名词。谁要是说民主的不好，就会变成另类。谈到民主，人们说的最多的又是选举，似乎民主除了选举别无其他。民主与选举结合得是这样紧，以至于人们将民主就看作是选票民主。其实，除选举外，公共政策的咨询以及公众的参与，还有公众对政府的监督等，都是民主的形式。即使从选举的角度谈民主，民主在不同的国家或地区有着不同的形式，最终选择何种形式的选举制度，完全根据不同国家或地区的实际情况来决定。只有适合一个国家或地区实际情况的选举制度，才是这个国家或地区好的制度。近年来一些国家如乌克兰、埃及、泰国等上演的所谓“民主戏法”，由于不完全适合国情，实际效果却走向了最初设计民主制度的对立面，造成社会动荡，最终遭殃的是老百姓。这些都是活生生的现实，我们不能不对此做出深思。

在民主社会里，个人对某一法律的内容可能会有不同的看法甚至意见，这是很正常的现象，但在法律没有被依法修改之前，人们都必须遵从法律的规定，不能根据自己的个人爱好选择性地遵守法律，更不能根据个人的厌恶任意地攻击甚至违反法律。否则，如果人人都这样，那这个社会就会陷入无秩序、无止境的纷争之中。对于澳门特区行政长官产生办法的法律规定，任何人无论其出于何种考虑，即使有不同意见，在法律规定没有被依法修改之前，必须严格遵守法律的规定。我们努力追求民主，但我们追求的民主绝不是那些完全不顾法治精神的民主。我们尊重个人的言论自由，但言论自由必须守法，并不得侵犯他人依法享有的权利和自由，这是法治社会里最起码的基本常识。

维护基本法的权威

澳门要实现长期繁荣稳定并保持和谐，首先必须要有一个良好的法律秩序，因为和谐社会首先是一个有秩序的社会。所谓秩序，是指一种有规律、可预见、和谐稳定的状态。一个社会要做到有序运行，必须形成一套良好的法律秩序，人们和睦相处，出现任何纠纷，都能够通过法律的途径来表达并寻求解决。然而，任何一个社会中，法律秩序的形成不会天上掉下来。一方面，要有法律规则，以指引、预测、评价人的行为；另一方面，必须要建立起法律的权威，使法律能为人们所信仰，并建立起严格依法办事的机制，每个人的一切行为都要按法律规定办。

要实现全社会对法律的信仰，就必须在全社会形成法律至上的理念。法治这一概念的内容十分广泛，但法律至上是法治的要义。一个国家或地区的法律都是按照严格的程序来制定的，以最大限度地反映这个国家或地区人民的共同意志和利益。因此，一个国家或地区的法律至上也就体现为这个国家或地区的人民意志和利益至上。尊重一个国家或地区的法律在社会治理中的至上地位，也就是最大限度地尊重这个国家或地区人民的意志和利益。从这个意义上说，尊重适用于澳门的法律在社会治理中的至上地位，就是尊重澳门地区广大居民的意志和利益。

澳门基本法是全国人民代表大会以宪法为依据，以“一国两制”方针为指导，在澳门同胞广泛参与下制定的全国性法律，是各方面都要一体遵循的行为规范。澳门要实现依法治澳，首先就是要按照《澳门基本法》办事，坚决维护《澳门基本法》的权威，因为基本法在澳门特别行政区具有宪制性地位，特区的任何制度、政策以及法律、法令、行政法规和其他规范性文件都必须以基本法的规定为依据，且不得抵触基本法的规定。除此之外，依法治澳也要求必须遵从澳门特别行政区适用的其他法律，这些法律同样反映了澳门社会广大居民的共同意志和利益。

具体到澳门特区行政长官选举委员会的选举以及行政长官的选举，就是必须遵从基本法、全国人大常委会的相关决定以及特区《行政长官选举法》的规定内容。基本法是在澳门同胞广泛参与下，并经多次全面咨询后制定的，体现了包括澳门同胞在内的全国各族人民的共同意志。全国人大常委会就澳门特区行政长官产生办法的修改所做的相关决定，是在充分听取澳门社会各界意见，并在澳门社会就2014年行政长官产生办法的修改形成广泛共识的基础上，根据《澳门基本法》的规定做出的，符合澳门的实际情况，全面准确地反映了澳门社会对于政制发展问题的诉求和意见，求真务实。特区立法会根据基本法以及全国人大常委会的相关决定及时修订《行政长官选举法》，正是在严格落实基本法和全国人大常委会的相关决定，以维护基本法的权威。

营造良好的社会氛围

对于基本法以及《行政长官选举法》就行政长官的选举所做的安排，居民存有不同意见，完全可以通过合法的方式来和平理性表达，这也是公众参与社会事务的应有之义。就现行行政长官产生办法的制度安排，居民在遵守法律规定的前提下，当然可以当家作主的主人翁身份，务实理性发表意见。既不把问题简单政治化，又要以建设性的态度来来参与公共事务，这样才是一个负责任的参与者。

《澳门基本法》规定了居民广泛的基本权利和自由，包括了言论、新闻、出版等政治方面的基本权利和自由。不仅如此，特区政府为居民基本权利的行使提供社会保障，特区终审法院也通过行使独立的司法权和终审权来为居民行使基本权利依法提供司法保障。应该说，在澳门，居民的基本权利和自由有切实的法律保障，任何人都可以表达其诉求。但任何权利的行使必须在法律许可的范围内进行，基本权利的行使同样不例外。对于行政长官选举委员会的选举以及行政长官的选举，表达不同意见的人士须以合法的方式进行，要尊重并维护选举活动，不能对选举活动任意使用污蔑甚至攻击性的不当言词，也不能以不合法的形式干扰选举活动的进行，更不能有阻止投票人行使投票权的不当行为。这既是法治社会一个守法人遵守法律的基本要求，也是民主社会一个文明人参与社会事务的适当要求。

维护好澳门社会来之不易的社会和谐氛围，既是保持澳门稳定发展民主的必要条件，又是发展民主的目的，这也是我们所说的“一国两制”下的“澳人治澳”应以爱国者为主体来管理澳门的意义所在。世人对澳门这座海滨小城令人称羡的地方，是它的宁静与和谐的社会氛围。在澳门，没有政党纷争，有的是社团合作；没有族群纠葛，有的是和睦互助；没有阶层分化，有的是社会共融。在澳门，“讲团结、谋发展、求稳定、促和谐”的时代呼声，和“识大局、顾大体、求大同、存小异”的协商精神有机融合在一起。这些都是澳门政制发展的有利条件，也是开展行政长官选举工作的有利条件，广大澳门居民要竭力维护，并善用这种有利条件，努力营造一个良好的社会氛围。

总之，对澳门正在进行的行政长官选举活动，乃至将来的政制发展，要在基本法规定的轨道内，理性讨论，不要纷争对抗，这才是对澳门高度负责的态度，才是对广大澳门居民的根本福祉高度负责的态度。用这种态度，就能正确看待澳门进行的行政长官选举委员会的选举以及行政长官的选举，就能保证澳门社会的稳定与和谐，就能形成相互理解、和衷共济的良好社会氛围，各方面都把力量真正凝聚到建设澳门、发展澳门、繁荣澳门的共同事业上来。

（本文原载于《濠江日报》2014 年 7 月 1 日，使用“益言”笔名）

-规范竞选活动　打击违规宣传-

澳门特别行政区第六届立法会2017年将如期依法举行。为给2017年立法会选举提供良好制度，特区政府近期公布了修订《澳门特别行政区立法会选举法》咨询文本。咨询文本针对以往立法会选举特别是2013年立法会选举中出现的问题，提出了完善《立法会选举法》的方案。其中，完善竞选宣传活动规范是这次修法咨询的一个重要方向，旨在有效打击违法竞选宣传，维护选举的公平、公开、公正和廉洁。

疑违规宣传现新招

澳门特区立法会的直接选举采取普遍、直接、不记名方式由具有选举权的选民依法投票，并根据选民投票结果产生议员，因而具有鲜明的对抗性和竞争性。候选人为在选举中胜出，必然要在选举前进行竞选活动。为防止有的候选人或其助选人、助选团体在竞选活动中采取诸如贿选等不正当手段，《澳门特别行政区立法会选举法》设专章就竞选活动予以规范，不仅打击贿选行为，还从法律上规定竞选活动期及选举的宣传。每次立法会选举时，选举管理委员会也会根据实际情况发出竞选活动期前后不得违法竞选宣传的规范指引。然而，澳门立法会直接选举的实践中，竞选宣传的表现形式总会有一些新的情况出现，其中借社团活动进行社会上俗称为“擦边球”式的竞选宣传较为突出。例如：有意参选的人士在法定竞选活动期开始前借助社团活动形式直接或者间接表明如果参选希望寻求支持；或于法定竞选宣传期间，支持某位候选人的社团或候选人为机关成员的社团趁社团举办活动之机，虽未公开呼吁支持某位候选人，但给社团成员提供餐饮、娱乐或派发津贴、礼物等，以较隐性的方式进行竞选宣传等。对于这种社团活动中的竞选宣传是否涉嫌违规有时难以监察，有时甚至能否将社团活动中的上述行为认定为竞选宣传都存在疑问。因为实际运作中，如何准确区分社团活动和竞选活动容易存在灰色地带，这大概也是涉嫌借社团活动进行违规竞选宣传的人所看中并可加以利用的地方。为使社团活动中的竞选宣传合法有序，咨询文本建议在《立法会选举法》中清晰何者属于竞选宣传和选举活动的规定：为促使或阻碍一名或多于一名候选人在选举中当选而发布的任何通知或公告，都可被视为竞选宣传或选举广告；为促使或阻碍一名或多于一名候选人在选举中当选而举行的任何聚会，可被视为选举活动。

咨询文本提出的上述建议虽仍属原则性，但毕竟为如何准确区分社团活动和竞选宣传活动提供了一个判断标准。根据咨询文本的上述建议，如果要以社团活动的形式来竞选宣传的话，首先必须在是法定竞选活动期内进行，不能在法定竞选活动期开始前后进行任何与竞选宣传相关的活动，特别是不能在法定竞选活动期开始前进行“偷步宣传”；在法定竞选活动期内，以社团活动形式开展竞选宣传定要严守法律的规定和选举管理委员会的规范指引。社团举办的活动中，如果有为促使或阻碍一名或多于一名候选人在选举中当选的言语或行动表达，则必须以竞选宣传去看待这次社团活动，并以法律和选管会的规范指引严格约束，不能将平时社团活动中可以进行的给社团成员提供餐饮、娱乐、旅游或派发津贴、礼物等活动，安排在带有竞选宣传性质的社团活动中，因为这时的社团活动已不是通常意义上恒常的社团活动了，而是以社团活动形式出现的竞选宣传了。

社团活动防擦边球

澳门虽小，但社团繁荣，素有“社团社会”美誉。早在 2013 年 10 月底，本澳社团总量就突破六千大关。每逢选举年或接近选举年，结社之风明显高涨。澳门众多的社团中，真正以参政议政为成立宗旨的不多，大部分社团属于联谊性质，主要起联络会员、促进会员共同从事与社团成立宗旨相关的活动。然而，随着澳门经济社会的发展，社团开始参政议政的情形有所增加，参政议政的方式也多种多样，除代表会员向政府反映意见、与政府部门进行协商、对政府施政进行监督外，参加立法会选举也是一种参政的重要途径。由于社团在联络会员方面有其独特的功能和作用，近年来的立法会直接选举中，不少候选人特别是担任社团机关成员的候选人重视借助社团的形式进行竞选宣传，由此也引发了一些是否属于涉嫌违规竞选宣传的争议。对此，负责2013年立法会选举的选举管理委员会在其编制的《选举活动总结报告》中曾专门分析：考虑到本澳社团文化深厚、社团数目众多的具体情况，并考虑相当部分社团恒常运作且介入诸如照顾老人或办理同乡会与社团会员活动等涉及市民日常生活的客观事实，选举年规范竞选行为的规定事实上不宜阻碍相关社团的正常或恒常活动，故此，对于具有候选人身份的社团成员借社团活动凸显其候选人身份的活动，由于法律上难以界定相关候选人借社团活动直接进行竞选活动的性质，为此选管会只能根据具体情况约谈相关社团的领导层或直接约谈相关候选人，透过说服劝喻形式阻止相关借社团活动进行"擦边球"式的违规宣传。

区分社团竞选活动

这次咨询文本力图通过对竞选宣传和选举活动的清晰界定，以便能对社团活动和竞选活动相区分。只要是正常或恒常的社团活动，就应按社团活动本身的要求去做；只要社团活动中有涉及竞选宣传或选举活动的情形，就应按竞选宣传或选举活动的要求去做，不能模糊两者的界限和要求，更不能利用社团活动违规进行竞选宣传或选举活动。

实践中，要辨别社团活动和竞选活动确实有些不好把握，特别是以社团活动形式出现的隐性竞选宣传行为更是难以区分。不过，在目的性上，社团活动和竞选活动是不同的，这也是它们二者最主要的区别。如果是正常或恒常的社团活动，不管活动内容的形式如何，通常都是按照社团的成立宗旨来开展的，例如开展同乡联谊、支持家乡建设、进行学术研讨、就改善或监督政府施政或就政府的政策措施咨询收集意见等。按照澳门社团活动的惯常做法，正常或恒常社团活动中给社团成员提供餐饮、娱乐、旅游或派发津贴、礼物等是可以的。如果社团活动中的内容形式偏离了其成立宗旨，而是带有竞选宣传的话，那就应严格按法律对竞选宣传的要求来规范，若再以社团活动的形式给社团成员提供餐饮、娱乐、旅游或派发津贴、礼物等，则是不允许的，涉嫌贿选。例如在社团活动中有介绍候选人或候选名单、推介参选政纲、要求社团成员支持候选人或候选名单并发动他人支持等，这时的社团活动已不是正常或恒常的社团活动了，而是利用社团进行竞选宣传的竞选活动了。对于那些候选人担任机关成员的社团，以及明确支持某一候选人的社团，在开展的社团活动中虽不直接明确要求支持某一候选人或候选名单，但在活动中给社团成员提供餐饮、娱乐、旅游或派发津贴、礼物等，则要从社团活动举办的时机和频率上加以综合观察。如果往年都很少或不举办类似的活动，只是选举年才临时举办，或者往年虽举办，但选举年举办时在时间安排上一改往年做法，在竞选活动期内或靠近竞选活动期举行社团活动，那就有利用社团活动进行竞选宣传的成份，就应按竞选活动的要求来规范。如果社团活动历年来都举行，而且每年的活动包括选举年的活动都是按前一年的计划进行，有关的社团活动虽在竞选活动期内或接近竞选活动期开展，只要没有以明示或暗示的方式促使或阻碍任何候选人当选，则仍应作为正常或恒常的社团活动。不过，咨询文本对于有关组织或团体举行的正常职能活动或依当地习俗而经常举行的活动中，发布的物品即使刊登参与筹办活动的候选人的姓名或照片，也不会被视为竞选宣传。对此，要广泛听取社会的咨询意见。从严格竞选活动的要求出发，如果这类活动发生在选举年的竞选活动期内，有关组织或团体发放的物品中刊有候选人的姓名或照片，很难说没有竞选宣传的成份，因为这很容易让人感觉有宣传之嫌。

如果参选人或其助选团不能确定有关的社团活动是否与竞选活动有关，咨询文本建议引入竞选活动申报制度，即事先通报选举管理委员会，在取得选举管理委员会意见后才进行有关活动。若无事先通报而有关社团活动中又存在违规竞选宣传的，则要依法承担相关的法律后果。

（本文原载于《澳门日报》2016 年 5 月 21 日）

三

科学立法与依法治澳

－谈谈市民对新一届立法会的期望－

澳门特别行政区第五届立法会的选举即将举行。这是澳门回归后首次对《澳门基本法》附件二做出修改后进行的换届选举，也是新形势下贯彻落实“一国两制”方针和《澳门基本法》的一个重要举措。目前，报名参选的期限已届满，参选的人员正在紧张地做着最后的准备工作。市民们对新一届的立法会有什么期望？相信这是参选新一届立法会的人们，尤其是参加直接选举的人们较为关切的问题。澳门理工学院一国两制研究中心今年5月份做的一次“一国两制”综合指标民意调查，便设计了一道问题，收集市民对即将产生的新一届立法会有何期望的意见。在列举的八个具体选项中，市民回答的选项处于前三位的依次是关注草根阶层利益（占受访人员的74.59%）、充分反映民意（占受访人员的72.43%）、认真监督政府（占受访人员的70.53%）。这一调查结果充分表明并印证了澳门特别行政区立法会作为澳门特别行政区的立法机关，除具有依法行使立法权的立法功能外，同时还有维权、代表、监督等功能。尽管这些功能有时会相互重叠，但它们毕竟反映了人们对新产生的一届立法会的殷切期待。下面，作者结合上述民调的结果，谈谈市民对新一届立法会在发挥维权、代表和监督功能方面的期望。

一、维护市民合法权益

通常而言，市民的合法权益受到侵犯时，受害人均可向法院提起诉讼，通过法律的途径来寻求救济。《澳门基本法》和澳门特别行政区的法律也赋予了澳门居民提起诉讼的权利。但民调结果表明，市明对新一届立法会的众多期望中，排在最前列的却是“维护市民合法权益”。这表明人们希望立法会议员除履行职责参与立法会的立法工作外，更希望他们能够运用其议员的独特身份，通过适当的途径和方式来从事维护市民合法权益的一些具体工作。虽然立法会议员依据立法会的议事规则，行使立法会的立法权限，做好立法工作，从广义上来说，也是在维护市民的合法权益，不过，从市民对新一届立法会的期望来看，市民仍迫切希望立法会议员能更多地关注草根阶层的合法权益，特别是草根阶层市民的合法权益受到来自政府部门或者其工作人员的侵害时，立法会议员能为他们提供一些看得见、体会到的有效帮助。市民们有这样的期望，自然是看中了立法会负有监察政府的权限和职责，由立法会议员来为市民维护合法权益，不仅多了一条管道，而且市民心里也更为放心一些。

澳门回归以来，特别是赌权开放后，经济发展走上了快车道。就是在世界经济形势仍有很大不确定性的当今环境下，澳门依靠博彩业的发展，依然保持了较高的经济增速。然而，在经济快速发展的同时，普通市民，也即我们通常所说的普罗大众、草根阶层，他们分享博彩业的发展成果，远远赶不上房价、物价的飞涨速度，以致社会上贫富两极分化的现象有加剧之势。由于受自身条件所限，普通市民尤其是那些弱势群体表达利益诉求的机会通常都较少，渠道也较有限，有时甚至会出现无法全面有效表达诉求的情形。虽然政府开辟有相关的途径来听取市民的意见，社团组织也可向政府反映市民的相关诉求，甚至市民也可依据基本法赋予居民的基本权利和自由以适当方式来表达自己的愿望，但不容否认的是，普通市民在与政府相关部门打交道时，有时面对政府部门及其工作人员的不作为或乱作为，会有一种无可奈何的感觉，无力去阻止，以致自己的合法权益受到影响甚至侵犯。其中的原因固然复杂，但相关的政府部门及其工作人员高高在上、漠视普通市民的诉求、缺乏责任感、不严格依法按章办事等应是主要的因素。这样一来，对普通市民尤其是弱势群体的利益表达方式加以特别的关注，甚至提供一些力所能及的帮助，以维护他们的合法权益就显得格外重要。这其中，立法会议员运用其特殊的身份所提供的帮助就是一种非常有效的形式。

目前，不少议员在一些小区都设立了“议员办事处”或“议员服务处”，直接受理市民提出的个案，帮助他们维护自身的合法权益，并将他们提出的问题作为议员监督政府依法施政的重要线索来源。这实际上既可能帮助了有需要的市民，也有助于议员开展监察政府的工作，真可谓一举两得。其实，立法会作为负有职责监督政府依法行政的机关，其组成人员同样有责任协助有需要的居民来保护他们的合法权益免受政府部门及其工作人员的不当侵害。因此，立法会议员应当有维护市民合法权益的责任感，以更加积极的姿态，协助市民解决实际问题。特别是要帮助市民在与政府部门及其工作人员打交道时，全面了解自己的权利有哪些，并且知道政府部门及其工作人员的职责所在，以便更好地维护自身的合法权益，这不仅对市民是有益的，对政府依法行政也能起到一种很好的促进作用。

当然，议员在接到居民的申诉或投诉时，首先要对居民的申诉或投诉做一个客观公正的分析，认为其申诉或投诉有理据的，方可运用其议员的身份向政府相关部门反映，并要求及时依法处理。如果认为居民的申诉或投诉没有理据的，则应向居民说明和解释，因为议员要维护的是市民的合法权益，亦即法律上获保护的正当权益。

二、充分反映民意

立法会作为立法机关，其制定法律时必须充分听取民意，并反映民意。唯有如此，法律才会符合当地的实际情况，才能得到切实有效的实施，也才会有生命力。因此，立法会议员在讨论辩论法案时，应该将市民的心声和愿望表达出来，各种不同的利益诉求经过博弈，最终达致一种平衡。经过平衡各方利益的法律，其实施的社会基础才会宽广和稳定。正因为如此，市民在接受澳门理工学院一国两制研究中心进行的相关民意调查时，其中对新一届立法会的期望中，“充分反映民意”位列第二。这也充分说明，立法的过程实际上也是一个表明和记载利益的过程。立法机关在制定法律的过程中要充分考虑到各利益主体的需求，并兼顾各方的利益。这样一来，不同利益主体的利益诉求获得了立法者的尊重，即使利益博弈、协调的最终结果可能并不符合或不完全符合有关利益主体的愿望，但他仍然会接受，这对增加法律的科学性和认受性是有益无害的。相反，如果立法会讨论法案时相关的民意没有得到充分体现和反映，那法案即使通过了，执行起来时也会阻力重重。例如，澳门今年7月1日生效的《房地产中介业务法》，其本意是要规范房地产中介业、保护投资者的合法权益，但一开始执行，便遇有业主不配合、中小房地产中介企业上街游行的情形。业主表示按新法所增加的一些手续既不方便，又涉及个人隐私。澳门一部分中小房地产中介企业则认为适应新法有困难，从事房地产中介的大企业与中小企业之间的竞争优势进一步拉开，不利于从事房地产中介的中小企业的生存和发展。由此看来，政府和参与立法的各方，切实应当思考各方利益的平衡，而这又离不开立法会议员对民意的了解及充分反映。

立法会议员在立法过程中要充分反映民意，除要求畅通利益的表达方式，让不同的利益主体能够充分交涉、沟通、协商，最后达至相互妥协外，还要求立法会议员在立法的过程中真正了解并掌握民意。为此，立法会议员应重视与市民的接触，时时保持与市民的联系，注意倾听市民的声音。尤其是直接选举产生的议员，在这方面更是责任重大。间接选举产生的议员也有这方面的责任，只是其在反映民意时，会较多地会受到其所属界别的影响。委任的议员其实也可以发挥反映民意的作用。从权限的享有以及义务的履行来看，议员无论是选举产生还是委任产生，都应该是平等的。从这个意义上来说，议员在反映民意的责任承担上，应该也是平等要求的。获委任的议员虽然不是通过选举产生，但这并不影响他们获取民意，他们在讨论辩论法案时，同样要考虑到民意。

立法会作为立法机关，不仅要在制定法律时充分反映民意，其在履行监察政府的职责时，同样要反映民意。澳门回归以来，特区政府在施政中对民意的听取还是比较重视的。历年的施政报告中，几乎每年都会提及完善政府咨询机制，推动公众对公共事务的民主参与，目的就在于要将公众的意见纳入公共政策的制定过程。然而，仅仅依靠政府咨询的渠道来获取民意是不足够的，而且就是政府咨询本身也有一个如何保障获取真实民意的问题。这个时候，立法会作为负有职责监督政府依法施政的机关，在向政府反映民意时便可发挥作用。尤其是选举产生的议员，在这方面承担着重要的责任。一方面，选举产生的议员可以利用他们自身的条件，广泛接触市民，听取市民的意见。有些议员设立“议员办事处”或“议员服务处”，其实也是他们获取民意的一个很好的方式。因为在“议员办事处”或“议员服务处”，通过接受一些市民反映的个案，其中也会透露出市民对政府相关政策或具体措施的一些想法或意见。另一方面，选举产生的议员也可主动开展一些与社会热点问题相关的社会调查活动，采用包括电话访问、上门问卷调查、座谈会、辩论会等形式，深入了解居民的愿望和诉求。立法会议员对于收集到的居民的想法、看法、观点等，在综合分析整理后，应原汁原味地向政府相关部门反映，以供政府决策时参考。

当然，委任的议员同样可发挥向政府部门反映民意的作用。而且，在某种程度上来讲，委任的议员更容易与政府部门沟通。因为在民主社会里，立法会中往往可能存在着政府的反对派，这些反对派的议员通常都是通过选举的形式产生的。有时候对于反对派议员提出的意见或者建议，由于所持立场不同或其他原因，双方沟通有时会颇为周折。对于委任的议员来讲，则不存在这个问题，双方沟通的社会氛围会比较融洽。一方面，委任的议员出于维护政府威信、帮助政府更好施政的善意，而向政府反映民意，甚至提出一些改进的意见或措施，供政府参考，他们不会以所谓民意相逼，要求政府下台或追究责任等；另一方面，政府对于委任的议员也是抱着信任的态度听取其意见，对委任的议员不会抱有成见或者戒心，而是将精力和注意力集中于倾听委任议员所反映的问题上。这样看来，委任的议员在反映民意这一方面，有时候反倒具备比选举产生的议员所不具备的某些优势。

三、认真监督政府

监察政府既是立法会的一项权限，也是其职责所在。对此，《澳门基本法》所确立的政治体制有着充分的体现，其中，行政与立法之间既相互配合又相互制衡的一面，表达的就是这个意思。可以说，在保障行政主导权的行使合法、合理的同时，强化立法机关对行政机关的监督，建立一个良性互动的行政立法关系，仍是特区未来工作的重点之一。正因为如此，市民对于新一届立法会的期望中，“认真监督政府”位列第三，与位列前二项的“维护市民合法权益”“充分反映民意”均获得了70%以上受访市民的高比例认同。

从实践的情况来看，立法会监督功能的发挥很大程度上依赖于议员监督的积极性。根据《澳门基本法》和《澳门特别行政区立法会议事规则》的规定，议员监督政府主要通过质询、议程前发言、公共利益辩论等形式。其中，质询已经逐渐成为立法会议员监督政府的最活跃的方式。

根据立法会通过的《对政府工作的质询程序》的规定，在澳门，议员的质询分为口头质询和书面质询。质询的内容则是政府的相关工作，特别是政府已采取或将采取的政策性、立法性或规范性的事项，以及有必要采取该等措施的事项。实践中，议员的质询以书面质询为主。这其中，又以直接选举产生的议员提出的书面质询为最多。之所以会如此，是因为质询所指向的可能是公共利益事项，也可能只是某个界别的利益事项。作为直接选举产生的议员，如果他过多地放弃行使质询权，置其所代表的选民的利益不顾的话，那么选民可能会认为他不负责任或者不称职，他将失去选民的信任与支持，下次再想连任便没有保障。相反，间接选举的议员和委任的议员提出质询的情况比较少，特别是委任的议员，有的几乎从不提出质询。这不仅会影响立法会对政府监察职能的发挥，也会影响人们对间接选举的议员和委任的议员的评价。对此，澳门理工学院一国两制研究中心最近所做的“一国两制”综合指标民意调查中亦有所反映。市民对议员过去四年的总体表现，满意率最高的是直接选举产生的议员，达57%，而对间接选举产生的议员和委任的议员，满意率分别为47%和44%。由此看来，如何加强议员在质询方面的监察功能，更好地发挥监督政府依法施政的积极作用，是所有新任立法会议员所共同面临的一个问题。

当然，要更好地发挥质询的监察功能，一方面，立法会议员要很好地把握民意，及时掌握社会上反应较为强烈又较为迫切的问题，通过质询、立法会会议议程前的发言、公共利益辩论等方式向政府部门提出，以便政府部门制定政策或采取相关措施时最大限度地符合澳门的实际情况；另一方面，政府部门也要认真对待议员们的质询，并依法履行好答复质询的职责。根据《对政府工作的质询程序》的规定，对于议员提出的书面质询，政府应在行政长官收到书面质询之日起三十日内做出书面答复。但实际情况并不理想，不少政府部门对于质询并没有严格按照上述规定的期限予以答复。对此，实有必要完善质询制度，尤其是要健全质询答复的责任追究制度，促使政府严格履行其答复质询的职责。这样做，既可激发立法会议员行使质询权的积极性和主动性，又能强化政府部门及有关官员的责任意识，还可满足议员及市民对政府施政情况的知情权和监督权，可谓一举多得。

总之，从市民对新一届立法会的期望看，新一届立法会议员既肩负着做好立法工作的重担，又担负着维护市民合法权益、充分反映民意、认真监督政府等重任。

（本文原载于《澳门月刊》2013 年 8 月号）

议员应重视立法会立法职能的发挥

澳门回归后第五届立法会的选举拉开序幕后，参加直接选举的侯选人大都纷纷举起了监察政府的大旗，以争取选民的支持。确实，回归后的澳门，基本法所设定的行政主导体制功能得到了较好的发挥，客观上也使得政府享有较大的权力，能较灵活地制定政策。相比较之下，基本法所设定的立法对行政的监督功能，则发挥得不尽理想，以致如何强化立法机关对行政的监督，建立一个良性互动的行政立法关系一直是澳门特别行政区成立后乃至未来的工作重点之一。不过，立法会除肩负监察政府的功能外，还担当着立法的重任。因此，澳门特别行政区新一届立法会组成后，当选的议员们在履行其竞选期间承诺的监察政府职能的同时，还应积极参与并切实做好立法会的立法工作。

立法是立法会的首要职能

立法是指拥有立法权的主体依据一定职权和程序，运用一定技术规则，制定、认可、修改或者废止法律的活动。因此，立法通常是与拥有立法权的主体紧密联系在一起的。从狭义上来讲，只有拥有立法权的主体才能进行立法活动，立法是专属于拥有立法权的主体的一项职权。

根据《澳门基本法》的规定，澳门特别行政区作为国家的一个实行高度自治的地方行政区域，享有立法权，其立法权的行使主体是澳门特别行政区立法会，而且立法会是澳门特别行政区唯一的行使立法权的主体。因此，在澳门特别行政区的政治体制架构中，立法会是作为行使特别行政区立法权的机关而设立并存在的，立法是立法会的一项重要职能。事实上，立法会的名称本身就说明了这一机关的职能定位与立法的关系，《澳门基本法》在其有关政治体制部分的规定内容上也是将立法会定位为立法机关并进行具体规定的。

立法不仅是立法会的一项重要职能，而且是首要职能。根据澳门基本法的规定，立法会除负有立法的重要职能外，还具有监察政府的职能。在这两种重要职能中，立法居于首要地位，这从《澳门基本法》关于立法会职权规定的顺序上也可得到充分证明。从《澳门基本法》的规定来看，其所列举的立法会的职权中，第一项便是依照基本法规定和法定程序制定、修改、暂停实施和废除法律，立法会的这一职权正是立法权。基本法将立法权作为立法会的首项职权，正是基于立法会在澳门政权机关的设置中主要担负立法任务的这一定位，体现的正是立法会的立法职能。除立法职能外，基本法还赋予立法会以监察政府的职能，具体规定了立法会享有审核、通过政府提出财政预算案；审议政府提出的预算执行情况报告；根据政府提案决定税收，批准由政府承担的债务；听取行政长官的施政报告并进行辩论等职权。相较于立法职能来讲，体现监察政府的职能应该是第二位的。如果立法会的首要职能或者主要职能是监察政府，那与立法会的名称不相符合，与立法会作为立法机关的定位也不相符。

事实上，《澳门特别行政区立法会议事规则》关于议员职务上的权力以及立法会工作程序的规定顺序也进一步体现出立法职能是立法会的首要职能。根据议事规则的规定，议员所享的第一项权力是立法的权力；第二项是监察的权力，第三项是辅助性权力。议事规则规定议员所享有权力的这种先后顺序并不是任意设定的，它反映的正是立法会职能的内在逻辑关系。此外，议事规则在规定立法会的工作程序时，也是首先规定立法程序，然后才规定监察程序和紧急程序。这种规定上的先后位置也不是随意的，它同样是立法会立法职能和监察职能二者内在逻辑关联的反映，充分表明立法职能是第一位的，监察政府的职能是第二位的。

当然，我们说立法会的立法职能是第一位的，监察政府的职能是第二位的，只是就二者的相对关系而言，丝毫不意味着这一项职能重要，另外一项职能就不重要了。实际上，立法职能与监察职能有着内在的有机联系，不能把它们完全割裂开来。立法会履行立法职能，做好立法工作，通过法律来规范政府的行为，这其实也是一种有效监督。立法会通过履行监察职能，发现政府行为的不规范，或者居民权益易受政府行政行为侵犯的情形，则可通过立法活动来完善相关的法律，规范并引导政府依法行政。因此，立法与监察只是我们便于区分立法会的职能而做的一种区别而已，它们二者实际上还有相联系的一面，二者共同统一于立法会的职能之中，成为立法会发挥重要作用的两个主要途径。立法会的议员在履行自己的职责时，切不可只看到监察政府的一面，而忽视立法的一面，也不应只看到立法的一面，而忽视监察政府的一面。正确的做法是应把立法和监察两种职能有机统一起来，根据自身的条件和情况，妥善处理好立法与监察的关系。

立法事关特区法制建设

法治是澳门特别行政区的核心价值观之一。澳门理工学院一国两制研究中心近三年来连续所做的“一国两制”综合指针民意调查显示，在选择澳门社会的核心价值观时，有四成左右受访居民选择“公正、法治”，表明法治是澳门居民核心价值的重要元素。而且受访居民在对澳门社会的法治与公平程度以 10 分做出评价时，结果通常都接近 6 分，处于较佳水平。这一结果说明，一方面澳门的法律体系从构成上来看，基本完备，主要的社会经济关系都有法可依，加上基本法规定并保障的司法独立体制，使得人们对澳门的法治状况有信心。

然而，由于历史的原因，澳门居民对于法律的认知还相当有限，法律在社会经济生活中的规范调节作用还有待加强。这其中的突出问题有两个：一是澳门现行法律中的大部分法律是回归前制定的被采用为特别行政区法律的澳门原有法律，不少规定面临适应化的修订问题。由于这些法律由当时的澳葡政府以葡文制定后再翻译成中文，不仅文字的意思不好理解，关键是不少内容并不符合澳门的实际情况。例如，商法典关于公司的制度规定，在回归后一生效，便面临紧急修改的窘境，现在也还一直处于修改状态中。虽然在世界各国或地区，公司法的修订活动呈现出恒常化的态势，但这些修订活动大都是基于经济活动的剧烈多变而发生，但澳门公司法律制度的修订有不少内容是“拔乱反正”，使其符合澳门本地商事活动的实际情况。鉴此，回归后的澳门，法律改革一直成为社会公众关注的焦点之一，特区政府也始终在推进法律改革工作，其中，摸清家底，并提出针对性的修改意见这些复杂又具体的事务，政府正在按计划实施。

回归后澳门法制建设的另一个突出问题是，面对急速发展变化的社会，需要制定新的法律来加以规范调整，尤其是涉及民生领域的法律规范更是如此。但在这方面，澳门的立法工作进展不仅与社会经济的发展不相适应，与人们的要求和期望更是有少的距离。例如，关乎澳门整体和长远发展利益的土地法、城规法、文遗保护法也是在社会的广泛关注下，千呼万唤始出来。此外，一些关乎社会民生的法律制定也未见长足进展，如涉及大厦公共地方管理、与居民切身利益相关的楼宇管理等法律制度，也久久未见公布完成。对此，身为立法会议员的一些居民都多次力促政府要加强法制建设工作，应制订中、长期发展规划。

澳门法制建设中的上述突出问题，其成因固然复杂，有澳葡政府不重视本地法律人才培养等历史原因，也有政府提交法案进度和质量不理想等现实因素。为解决上述突出问题，除需要加快本地法律人才的培养和使用，以及改善政府法案草拟等工作外，加强立法会的立法功能也是一个不容忽视的问题。可以说，在澳门的法制建设中，立法会有着不可替代的地位和作用。澳门要维护法治的核心价值观，首先必须要有完善的法律体系。而法律体系的建构，又离不开立法会的立法活动。因为澳门回归后，特别行政区的内部法律规范所构成的体系中，立法会制定通过的法律居于主导地位。可以说，无论是有关法律的修改，还是新的法律的制订，立法会都负有重大的责任。因此，新一届的立法会组成后，无论是新当选的立法会议员，还是继任的立法会议员，也无论是直选产生的议员，还是间选或委任产生的议员，作为立法会的一员，除履行好监察好政府职能外，还必须同等地充分行使立法的权力，履行立法会的立法职责，以更好地发生立法会的立法职能，推进澳门的法制建设不断完善。

议员了解必要的法律知识有助立法职能的更好发挥

立法会为开展立法工作，虽然设有辅助部门提供技术等援助，其中也包括了法律方面的支持，但归根到底，立法会在进行立法活动时，最终是由议员们对法案进行讨论和表决的。尽管一个国家或地区的法律要反映这个国家或地区大多数人的意志和利益，这样的法律才能算是良法，但一部好的法律同时也是讲究技术规则的法律。因为立法是一项专业性很强的活动，有其自身的规律和要求。正因为如此，很多国家或地区都规定立法机关的组成上要求有适当的法律界人士。澳门回归后，历届立法会的组成人员中，都会有法律界的人员，这其实也是澳门保留委任议员产生方式的一个结果。因为议员全部通过选举的方式产生的话，不能保证会有法律界的人员进入立法会，在这种情况下，通过委任的方式便可使得一些法律界人士进入立法会，便于立法会开展相关的立法工作。

事实上，不仅澳门立法会的组成上要求有法律界的人士，而且立法会将议员分成不同的工作委员会时，也会尽量考虑每个工作委员会能有法律界的人士，以利于各个工作委员会的工作开展。这些来自法律界的立法会议员由于大多是通过委任的方式或者间接选举的方式产生的，在向政府提出质询等监察政府方面，相较于直选议员而言，给公众留下的印象确实有"作为不多"或者"作为有限"的感觉，但他们在立法会讨论一些重大法案中所发挥的重要作用却是不容否认和忽视的。

在澳门，人们对立法会议员的表现，容易看到的都是一些外在化的行为，如提出质询、议程前的发言等，议员们的这些行为也确实能吸引人们的眼球，但对议员们尤其法律界议员在法案讨论中所做的很多不为外人所知的工作，却鲜有提起，以致人们在对立法会议员的表现做出评价时，直选议员的得分通常都较间选和委任议员要高。当然，公众对直选、间选和委任议员评分的高低差别，表明间选和委任的议员在监察政府方面有需要加以改善甚至强化，但看问题仍需客观和全面。立法会除了有监察政府的职能外，还有立法的职能，而且相比较而言，立法的职能应该是首要的。在立法会的立法工作中，法律界的议员常常能从专业的角度来审视政府提交的法案，并提出一些专业性的修改意见，这不仅有助政府改善提交法案的质量，对于其他议员更好更快地理解相关法案所涉法律专业问题也是有益的。当然，法律界的议员就法案发表专业性意见时，也要充分反映民众对法案的意见。由于立法会内有法律专业背景的议员毕竟人数非常有限，如果立法会的其他议员既注重广泛听取民众对法案的意见，自己又能了解甚至掌握必要的一些法律专业知识，那在立法会讨论法案时，议员所起的作用就会更大一些，立法会的立法职能就能发挥得更充分一些。这实际上是对立法会议员提出了更高的要求，既要充分反映民意，又能了解必要法律知识，如果能做到这样，那就能有效促进新一届立法会在立法职能和监察职能方面都发挥应有的重要作用。在澳门当前法制建设显得滞后的情况下，议员在发挥监察职能的同时，重视立法会立法职能的发挥有着重大的现实意义。

（本文原载于《澳门月刊》2013 年 10 月号）

- 立法应有适度超前理念 -

前不久，有立法会议员就本澳近几年楼价飙升现象指出，除经济发展、人口增加带动供需紧张外，更因法制建设缓慢滞后，其中更直指俗称“楼花法”的《承诺转让在建楼宇的法律制度》虽已进入立法会细则性审议，但为时似乎已晚。的确，回归后的澳门，法律改革工作从来都是社会公众关注的焦点之一，虽然历届特区政府也一直将法律改革工作作为着力推进的一项重要事情来做，但进展与社会各界的愿望和广大市民的呼声仍有相当的差距，法制建设滞后仍是特区发展面临的一项重大挑战。这个中的原因固然是多方面的，如新型的特别行政区法律体系构建的固有复杂性和艰巨性、本地法律人才特别是双语立法人才的缺乏等，但对立法适度超前的理念认识不足甚至匮乏却是不可忽视的一个重要原因。

立法超前的必要性

立法是人的一种实践活动，因而离不开一定的理念。只有科学地确立了立法理念，才能有效地指导立法活动。例如，立法应当尊重法所规范对象自身的规律，合理调整和划分社会利益格局；立法应当遵循和符合法自身的逻辑体系，严格维护法制的统一等。此外，立法中还应当有超前的理念。

立法是否应当超前？对此，法学界以至立法活动中是有争议的。第一种观点是滞后性观点，认为法律应当成熟一个制定一个，甚至有人还进一步表述为成熟一条制定一条。其基本理由是：对于没有经验的事物，要先经过社会实践的摸索，取得了经验并成为成熟的事物时，才把这种成熟的、肯定的经验用法律的形式固定下来。所以，法律应该是滞后的。这种观点在内地曾被认为是一个传统的立法基本原则，也是内地改革开放早期的立法实践中占主导地位的立法基本原则。第二种观点是同步性观点，认为立法既不能超前，也不能滞后，而应该与社会发展相同步。其基本理由是：滞后立法不能发挥法律应有的作用，不利于法制建设；超前立法不符合客观实际，法律难以贯彻执行。第三种观点是超前性观点，认为立法不应仅仅依制定法律时的客观条件为依据，而应对社会发展做出预测。主要依通过预测获得的未来的社会条件为依据，在法律中充分反映将来法律实施时的社会条件，做出一定程度的超前规定。其基本理由是：社会发展是有规律的，而且这种规律是可知的。所以，超前立法是可能的。同时，法律不是施行于制定时的社会，而是施行于制定后的未来社会，所以，法律应该以未来社会条件为依据，超前立法是应该的。

上述三种观点的争论，涉及到了法对社会的作用这一问题的认识。就法的本体来说，法产生于社会经济生活的需要，推动法律产生的主要是经济关系的发展。从法的创制来看，立法者不是在发明法律而只是在表述法律。因此，立法者应当把客观事物的内在规律当作自己的认识对象，并反映这种客观事物的内在规律。立法的主要目的在于通过为人们设定法定行为模式和法定后果来调整一定的社会关系。一般情况下，没有一定社会关系的存在，便没有一定立法的前提和必要性存在。这既是法理常识，也是立法实践经验的总结。然而，立法不应只是反映或者确立某种社会关系，而且还应引导和促进社会关系的发展。在这个意义上来说，法又只不过是促进社会发展的一种工具。尤其在社会变迁时期，法的促进作用更为明显。

现代社会科学认为每一社会都是其成员间的重复性互动所界定的，一个社会的变迁即为那些重复性互动的变迁，亦即重复性行为方式的变迁，而法正是通过规范并改变重复性行为方式以促进社会的变迁和发展的。很显然，立法的滞后性与同步性观点虽然都注意到了法的规范性作用，但却忽视了法的促进作用，而立法超前性观点则在坚持法必须反映社会关系的基础上较好地体现和反映了法的促进作用。超前立法其实并不是完全脱离社会现实的，否定超前立法的观点，主要的理由就是认为超前就是超越现实总体，而法恰巧在总体上丝毫不能超越现实，客观实际是一切立法工作的出发点。其实，超前立法与从实际出发并不矛盾。超前也只能是建立在从实际出发的基础之上。在这个意义上说，立法的超前性与现实性是统一的，作为立法原则的超前性不能脱离于现实，它必须是在现实中孕育着"应该"与"可能"的超前性。事实上，科学发展到今天，我们完全可以通过对社会发展的趋势和规律加以正确地认识与预见，并将其转化为明确的法律规范，以引导并规范人们行为的活动。立法超前是社会基本矛盾运动和法律规范之社会功能的题中之义，是立法活动整体内容的组成部分，是法律运行的规律之一，也是当代信息社会发展的必然要求。因此，对于超前立法不能全盘否定，简单地将其拒之于可供采行的立法方法或形式之外，特别是经济领域的立法，超前立法更是有其不可替代的一席之地，因为社会经济关系的多变性需要超前经济立法。按以往的经验，法律仅调整现有经济关系，这样一来，就很可能会出现这种情况：新的经济关系出现了，因无法律调整，客观上会引起某种无序状态，导致一定的社会矛盾和冲突，于是仓促立法，这就是所谓的滞后立法；同时，该法一经颁布，其调整的经济关系可能又发生了变化，如果要使该法律充分发挥作用，又得做相应的修改，修改的频率和经济关系的变化程度成正比，而频繁的修改又与法律的稳定性相冲突。要有效解决上述问题，从积极意义上讲，就是要对经济关系的发展做出预测，把握和预见其发展的趋势，对可能会出现的经济关系超前立法，对可能会发生变化的经济关系设有超前条款。内地很多涉外经济立法就是在法律所规制的涉外经济关系形成之前完成的，并且取得了较好的效果，这便是一种很好的左证。其实，港澳两部基本法就是超前立法的典型体现。在港澳尚未回归、"一国两制"方针政策尚未开始实践之前，先把特别行政区内实行的制度通过立法以基本法的形式规定下来，而不是等港澳回归后根据"一国两制"方针政策实践的实际情况再来制定基本法，这其中便充分体现了超前立法的理念。总的来说，科学的立法总是具有一定超前性的立法。法律不仅是对现存的社会关系的确认和保障，而且还可以根据已经认识到的客观规律和社会发展的需要，有预见、有规划地建立新的社会关系，形成新的行为模式和规则。

立法超前的适度性

强调立法超前的必要性，并不意味着“无度超前”“盲目超前”，更不意味着对立法规律的否定。相反，任何立法都是立法者所处的那个时代的社会物质生活条件的反映。法律正是根源于社会的物质生活条件，有什么样的物质生活条件就会有什么样的立法，任何立法活动都不能脱离社会现实，超前立法同样如此。我们强调超前立法，一方面是以法律必须及时正确地反映社会现实生活为前提的，另一方面又是立足于社会现实对社会发展做出前瞻，反对那种完全脱离现实性的超前性。因此，超前立法之超前是有限度的，也就是说，立法超前有一个适度性的问题，不能超之太前，否则，法律便不能发挥其应有的对社会的促进作用，反而可能会对社会的进步形成阻碍。

要确立立法适度超前的意识，必须正确理解法反映的到底是理性还是经验这一立法的认识论基础问题。法是人的主观对客观事物的内在规律的表达，对于这种立法者对客观事物所做的表达，历来存在理性主义法观念和经验主义法观念的对立。理性主义法观念把法看作是人类理性的表现，认为法是理性的一种表现，法借助于权威性的理性宣言而实现正义；经验主义法观念则把法看作是人类经验的表现，是经验的条理化。事实上，在立法过程中，理性和经验都是密不可分的。立法是对客观事物内在规律的理性把握，只有在理性的层面上，立法活动才能得以科学地进行。但是，立法活动同样也离不开经验，理性的立法认识本身就来自于对客观事物的反映。理性主义法观念强调立法活动中理性的重要性，这无疑是正确的，但如果完全排斥经验认识，那么人类理性就会成为无源之水，无本之木。而经验主义法观念否认理性在立法活动中的作用，片面依赖经验，甚至以此作为否定制定法的理由，显然也是十分偏颇的。正确的观点应该是，在立法活动中，理性与经验是统一的。从某种意义上来说，立法是将人类对客观事物的经验认识通过理性加工而上升为法律。只有从理性与经验的辩证统一上，才能正确阐明法的认识论。明白到了理性与经验在立法中的辩证统一关系，就容易理解立法适度超前的理念。适度的超前立法既不纯然以理性为基础，也不否定经验在立法中的作用，而是将两者有机地结合起来。它既立足于社会现实，又对社会发展做出预判。与早期的立法观念不同，现在的立法已经不是仅仅局限于对经验的总结、对现实社会管理的描述了。那种与早期社会发展滞缓、经济形态有限、人际关系简单、社会管理单一的状态相吻合的立法观念，在当今社会迅猛发展、经济形态多样、人际关系日益复杂、社会管理综合化的历史发展阶段上显得如此苍白无力。人们如果不在法律中对尚未展开但又必然展开和发生的行为事先给予法律界定，提供诉讼手段，那么，人们将在实施法律中遇到无数个无法可依的困境。历史呼唤着法律的深层介入，社会的发展需要稳定的法律引导，法律规范本身也要其长久。为此，经验性立法、总结性立法之中逐渐加入了超前性立法的内容，超前性立法在社会总立法中的比重得到了长足的发展。从法律个别条款的超前内容到整部法律的超前设定；从注重于过去和当前转变为注重于现在和未来。超前立法的观念、移植立法的观念作为经验性立法观念的补充，日益在当代立法实践中得以体现。可以预见的是，随着立法活动的发展，由经验立法向理性立法的发展，是一个必然的趋势。当然，以超前为特征的理性立法也不能离开对现实社会的经验认识。只有正确地认识经验和理性的关系，才能使立法既能植根于现实社会，又对社会发展做出科学预测，从而使立法活动在推动社会发展中起到重要作用。

立法适度超前理念对于当下澳门的现实意义

立法适度超前的理念要求立法活动既要了解、熟悉事物的现实情况，并建基于这一基础上，又要正确把握事物的发展方向和规律，并将其与社会现实情况有机地结合起来。这一立法理念对于当下澳门的立法活动，尤其是法律改革工作具有非常强的现实意义。

澳门回归以来，历年行政长官施政报告都会涉及法律改革工作。之所以如此，是因为澳门特别行政区的法律体系中，有很大一部分是采用为特别行政区法律的澳门原有法律。这些制定于澳门回归前的法律，在澳门回归后便必然要面对一个适应澳门的社会现状和需求的问题，包括适应政治、经济、文化等各领域的现状和需求。为此，一方面必须对采用为特别行政区法律的澳门原有法律中不适应澳门社会现状和发展需要的内容进行修订，强化其服务社会并促进社会发展的功能；另一方面，还必须根据澳门社会的发展变化，及时制定新的法律，满足人们渴望获得法律保护的现实需求。而不论是修订法律还是创制法律，都必须要有适度超前立法的理念。对此，2008 年的行政长官施政报告中曾提出过明确的要求："我们在创制或修订有关法律的过程中，将进一步相容国际的通行性和本地的适应性、可执行性。为此，将进一步深入听取民意，从市民的生活经验中寻找立法的智慧，使法律改革切合社会日常运作的实况，同时具备社会发展务实可靠的前瞻性。"

然而，澳门法律改革的进展却不理想，与广大市民的期盼更是有巨大的差距。不仅适度超前的理念没有充分体现出来，就是及时反映社会现实生活的迫切要求有时也往往没有得到很好的落实，以至于法制滞后成为制约澳门发展的一个制度瓶颈。这次立法会议员所提及的分层所有权制度以及俗称"楼花"的《承诺转让在建楼宇的法律制度》便是其中突出的例证。此外，澳门的发展早就急需城市规划方面的法律，但回归后十多年的时间，相关的法律如今仍在走立法程序。还有，澳门虽然是弹丸之地，但却有数量不少的高等学校，然而，高等教育法却长时间不能出台。还有，经济领域的大量原有法律，都是在十几前由当时的澳葡政府制订的，况且不论法律制定时是否符合澳门的实际情况都可能存在问题，就是当时符合澳门的实际情况，在澳门回归后也有一个适应澳门新情况的需要。更何况，澳门自赌权开放以来，博彩业的高速发展已引发了澳门产业格局的大变化，经济适度多元化的任务由此而生并日显迫切，并由此形成了利益诉求的日益多元化。这些变化都是澳门回归前所没有甚至也不可能预见到的，当时的很多法律制度更不可能对此做出前瞻性的规制。这就更加要求特别行政区的立法工作既要满足社会生活的现实需要，对过去的一些不符合实际的规定做出修订，同时，还要准确把握社会发展的方向和规律，并做出必要的预判，在法律的修订时体现出应有的适度超前性。不仅如此，对于澳门社会发展中尚缺乏的法律，同样要抓紧制定，既立足实际情况，又要有一定的前瞻性。总之，不论是修订法律还是创制法律，要用动态的眼光来看待立法工作，要有适度超前的理念，尤其是经济领域的立法，更是如此。

从立法的实践来看，立法工作尤其是经济领域的立法活动中容易出现“应急型”及“成熟型”的思维方式：现实经济生活中遇到了问题，想用法律去调整，研究这些问题的特征，考虑怎样制定法律，为法的名称、结构、内容等争论若干年，以求一步到位，结果法出台之时，其调整的经济关系也发生了变化，于是又希望制定新的法，以至一拖再拖，最后极易造成滞后立法的局面。如果有了适度超前的立法理念，立法活动中的思维方式就应该是这样的：现实生活中还有哪些经济关系需要法律调整？或者已有的法律调整是否符合实际情况？不久又会出现哪些新的经济关系？这些经济关系的特点是什么？什么时候给予调整最为合适？给予法律调整后，它还会发生哪些变化？然后再考虑法律的具体形式和内容。有时候基于经济关系的多变性，甚至搞一些短期立法也未偿不可。例如，特区立法会通过的《关于移转居住用途不动产之特别印花税》法案便是生动的范例。

总之，结合澳门正在进行的法律改革工作，以及澳门社会经济的发展，立法工作中秉持适度超前的理念，合理地做出前瞻性、预期性的制度安排，有助于改变目前法制滞后被动局面，并使法律本身也走向如德沃金所言的更高境界——“法律的观念是建设性的：它以阐释的精神，旨在使原则高于实践，以指明通往更美好的未来的最佳道路”。

（本文原载于《澳门月刊》2013 年 4 月号）

“开门立法”：解决法律滞后的有效途径

澳门特区的立法工作与社会诉求存有差距，长期以来为人诟病。现时社会对民生相关的法律滞后意见甚大，如有媒体近来报道，对法律滞后声音最多的有醉驾毒驾、非法旅馆、打击黑工等，亟待立法或修法。如何急民之所急，提高立法效率，同时又要确保立法质量，是特区立法和行政当局所要面对并加以妥善解决的现实问题。对此，早已有资深议员提议在立法会内常设“法律跟进委员会”，专责跟进法律执行情况，尤其是新法，以适时主动向政府反映或提出要求。这一提议确实值得立法会加以研究。其实，要及时立法或修法，并有效提高立法质量，实行“开门立法”不失为一种有效途径。所谓“开门立法”，简单讲，就是指立法机关采取多种形式，让公众参与立法。这是立法反映公众意愿、维护公众利益的必然要求，同时也是推进科学立法、民主立法的有效途径。

立法的民主性和科学性决定了公众参与立法的必要性

立法活动无疑具有非常强的专业性，但如果因此认为只要配备足够的专业人员便可完成这项工作，公众参与的必要性不大，那就太过片面了。这种观念将具体立法工作的专业性与立法活动中公众参与的民主性完全割裂开来，背离了立法民主性、科学性的规律和要求。实际上，由专业人员从事具体立法工作与公众参与立法活动并不是相互对立的，更不是相互排斥的，而是可以有机统一的，而且也必须有机地统一起来，才能确保立法的质量。这是因为，法律作为最重要的一种社会行为规范，其文本的字里行间，处处昭示着立法者的价值追求、利益取向、行为要求、秩序安排等。如果不让受到法律约束的公众参与立法活动，姑且不论法律的质量如何，起码法律的认受性就将大打折扣。立法机关制定法律的目的之一就是为了让人们遵守法律、维护法律，如果法律的认受性大打折扣，甚至不复存在，那怎么能够奢望公众自觉地遵守并维护法律呢？因此，要保证立法的质量，使法律能够得到人们自觉的一体遵循，最好的途径之一莫过于保障并扩大公众对立法活动的参与程度。立法的民主性和科学性决定了公众参与立法的必要性，立法过程中的公众参与决不是可有可无的，而是一定要有的。而且公众参与的程度越深，立法过程就越民主，法律的认受性也就越高，法律的质量自然也就越有保障。

其实，公众参与立法的过程，实际上就是立法者将其立法意图或者立法目的传导给社会和公众的过程；就是将法律规范的具体要求大众化、社会化的过程；就是公众关注立法、了解立法、参与立法、认同立法、掌握法律精神的过程；就是将法律潜移默化地融入民众观念，让民众学习法律知识、接受法律观念、认可法律规范的过程。鉴此，在澳门，要改变法律滞后的状况，无论是立法会立法或修法也好，还是政府部门草拟并提出法案也罢，都离不开公众的参与。这既是提高立法的科学性和增强法律的稳定性的需要，也是确保法律能够获得广泛认同并得到普遍遵守的需要，同时还是立法民主的发展需要。

澳门特区成立以来，公众参与法律改革早已成为政府和社会的共识。近年来，民间关注并要求参与法律改革的呼声始终高涨，特区政府的施政报告也一以贯之地强调法律改革中的公众参与，认为法律改革必须具备深厚的民意基础，法规的草拟要得到全社会的全程参与，以便让法规在生效之后具备广泛、真实的权威，并获得市民的普遍遵守。为此，特区政府提出，将进一步深入听取民意，从市民的生活经验中寻找立法的智慧，使法律改革切合社会日常运作的情况，同时具备社会发展务实可靠的前瞻性。政府和社会关于公众参与法律改革的共识，充分表明公众参与法律改革的必要性，它要求政府在进行法律改革工作时，改什么、如何改，一定要广开言路，注重集民智、聚民心、汇民力，绝不是仅仅依靠一些法律专家关起门来苦思冥想就能妥善解决好的。与此相适应，特区立法机关在进行立法活动时，同样要打开大门，实行“开门立法”。除及时公布法律草案征求社会意见外，要采取多种形式，促进和保障公众有序参与立法。

引入立法听证面对面听取多方意见

立法听证是推进科学立法、民主立法的一种重要形式。所谓立法听证，就是让那些与一部即将出台的法律有直接或间接利益关系的公众，积极参与了解该法律的立法背景、宗旨、体例及具体内容，并发现、质疑该法律中存在的问题，以监督、保障该法律趋于完善的一种立法程序，它是立法民主的一种具体体现形式。

立法听证制度首先是由美国将英国的司法听证制度进行改造后，运用于立法活动之中而形成一项程序性法律制度。作为一种程序性民主，立法听证是指立法机关在制定涉及公民、法人或其他组织权益的法律时，赋予利益相关人表达自身利益的权利和机会，并将这种利益表达作为立法依据或参考的制度形式和实践。立法中之所以要引进听证，是因为立法是一种涉及个人利益与社会公共利益、不同利益群体间利益的平衡与倾斜的公共决策问题，立法决策的结果往往是一个各方利益平衡和妥协的方案，所以，其决策过程必然是一个各方利益协商与协调的过程，而立法听证程序则在制度上为各种利益群体提供了一个表达群体利益的场所和机会。在听证会上，听证参加人可以基于其代表的利益群体之利益，通过阐述自己的观点、反驳他人的主张，使决策者充分了解各种利益之间的矛盾，从而为立法者的最终决策提供重要的参考。在当代法治国家或地区，听证制度已经成为公民参与立法的一种日常化的渠道，它不仅能促使当权者关心人民的切身利益，而且能给予每个人参与立法的可能，从而使人们都有同样的途径进入到宪法所建立的政治秩序中。在西方立法实践中，议会立法必须由议会下辖的不同事务委员会或法案委员会举行听证会，通过立法听证会广开言路、集思广益，立法机构在听证意见的基础上对法案做出取舍，以达到各种权利和利益的平衡。

内地2000年制定的《立法法》第34条规定：“列入常委会会议议程的法律案，法律委员会、有关的专门委员会和常务委员会工作机构应当听取各方面的意见。听取意见可以采取座谈会、论证会、听证会等多种形式。”至此，内地正式将听证制度引入立法领域。《立法法》颁行后，内地许多地方的人大常委会在制定地方性法规过程中纷纷尝试通过立法听证会推进科学立法、民主立法，取得了比较好的效果。

澳门特区成立后，立法会虽然制定了《听证规章》，但这主要是为落实《澳门基本法》第71条关于立法会行使传召和要求有关人士作证和提供证据的权力的相关规定。而且立法会行使传召和要求有关人士作证和提供证据的职权并不能独立存在，只有立法会在行使《澳门基本法》第71条规定的其他职权如有需要时才能行使，因而这一制度的适用本身也受到很大的限制。鉴此，为了扩大公众有序参与立法，澳门特区有必要将听证制度引入立法领域，通过制定相关规则，建立并完善立法听证制度。具体内容上，特别要注意以下三方面的制度建设：一是立法听证主体，即立法者、听证主持人、听证参加者；二是立法听证客体，即需要进行立法听证的法律，就是需要听证的规范的范围；三是立法听证程序，包括听证准备工作程序、听证会进行程序，还包括立法听证效力规定，即听证会记录如何使用的问题。

当然，要让立法听证制度充分发挥作用，还必须结合公民教育活动，在全社会提高人们对立法听证制度的认识，并鼓励人们参与立法听证。否则，公众对立法听证不了解，也不感兴趣，自然就很少参加立法听证会。甚至在一部关系自己的切身利益的法律、法规即将制定出台前，不要求立法者召开立法听证会，或者在立法者举行立法听证会时也不积极参与立法听证会，那这项制度的功效自然就会受到影响。

善用立法论证会广泛征求专家意见

立法论证会是立法过程中，邀请有关专家和有关方面就专业性、业务性较强，分歧意见又较大的问题进行专门研究和论证，使立法决策科学化、民主化。从立法实践来看，立法机关组成人员的代表性和广泛性决定了其组成人员中专家不会太多，当立法的内容涉及某一专业性事务时，立法机关的成员包括立法机关的工作人员中可能缺乏相应的专家，这时往往需要专家参与立法。我们通常所说的专家立法更多指的是专家参与立法，即专家以居民个人身份参与立法，它是公众参与立法的一种重要形式。

内地2000年制定的《立法法》规定了论证会这种公众参与立法的形式，全国人大常委会也多次举行过立法论证会，认真听取和研究专家学者的意见，解决立法中专业性、业务性强的难题，取得了良好的效果。例如，2008年食品安全法草案向社会公布征求意见时，有关方面对草案规定的对食品、食品添加剂和食品相关产品实行监管码制度反应强烈，提出了很多意见且分歧较大。为贯彻科学立法、民主立法，解决立法难题，全国人大法律委员会、常委会法制工作委员会邀请全国人大代表、地方人大常委会有关人士、专家学者、企业联合会、食品行业协会、食品及电子信息技术企业的有关人员以及有关部门的人员召开立法论证会，对相关问题进行充分论证。根据立法论证会和常委会的审议意见，最后通过的食品安全法删去了监管码制度。可以预见，随着社会的发展，利益主体日益多元化，人们维权的意识普遍得到提高，立法将进入攻坚克难阶段，专业性问题越来越多，通过立法论证会解决立法中的专业性难题的路子将越来越宽广。

澳门特区的立法工作要跟上社会发展的步伐，解决公众对法律保障的诉求，善用立法论证会的形式将是非常值得尝试的一种途径。例如，去年立法会讨论《处理医疗事故争议的法律制度》法案时，涉及对医疗事故是否采用过错责任原则、如何确保医疗事故鉴定委员会的独立性和公正性、如何运用调解方式解决医疗事故赔偿等专业性很强的问题。对这些问题，仅凭立法会议员的知识，恐怕难以全面把握。这时，如果能够适当召开立法论证会，邀请相关领域的专家学者以及普通市民发表意见，可能就会及时并更好地平衡相关各方的利益，特别是医患双方的利益冲突。

当然，召开立法论证会时，专家的意见固然要重视，但也一定要处理好专家意见与普通公众意见的关系。具体来说，就是立法工作中即使涉及专业性、业务性强的事项，都要注意兼顾专家参与和普通公众参与的关系，切不可只强调一方而忽视另一方，尤其是要避免只注重专家意见而轻视普通公众意见的现象。虽然专家较之普通公众来讲具有专业知识丰富等优势，但专家毕竟也受知识、观念及认识等方面的限制，不可能代替其他公众的意愿和利益，而且实践中也不能完全排除一些专家被特定利益集团利用而成为这些特定利益集团的代言人的可能性。因此，我们既要发挥专家在立法中的优势，又要注重普通公众参与立法的制度建设，为普通公众表达利益诉求提供途径。其实，即使专家参与立法，其本身也是离不开听取民意并吸取其中合理的成份的。从这个角度看，专家立法与普通公众参与并不矛盾，更不是相互对立的，而是可以有机统一起来。

（本文原载于《澳门月刊》2014 年 3 月号）

立法评估制度：提高立法质量的有效途径

根据《澳门基本法》第64条的规定，向立法会提出法案是特区政府的一项职权。立法会制定的法律质量如何，与政府草拟法案的质量密切相关。为此，行政长官崔世安博士在向立法会所做的《2014年财政年度施政报告》中提出，政府将继续从制度、程序、部门相互配合等方面进行检讨，不断提高立法质量和效率。虽然报告中未就具体制度的构建做出说明，但从世界各国或地区的立法实践来看，构建立法评估制度无疑是提高立法质量的一种有效途径，它既是科学立法的有效举措，也是科学立法的重要保证。澳门特区政府草拟法案以至推进法律改革工作的进程中，应当重视立法评估制度的构建。

立法评估制度有助完善立法

立法评估制度包括立法前评估和立法后评估两种情形。立法前评估是指立法机关或者其他机构，按照一定的程序、标准和方法，对某项立法所要达到的目标、所要规范的内容的必要性以及对社会和公众的影响等所进行的评估。立法后评估则是指立法机关或者其他机构，在某项法律、法规实施一段时间后，对该项法律、法规实施的实际效果、社会影响以及存在的不足和问题等所进行的评估。

无论是立法前评估还是立法后评估，都具有完善立法的功能。某一法律是否具有制定的必要性和可行性，需要通过做立法前评估来判断。

立法前评估在当今世界各国的立法实践中已经被广泛地加以运用。实践证明，立法前评估对于编制立法规划和做出立法决策具有重要作用。古语中所说的“凡事预则立，不预则废”，讲的就是这个道理，充分表明了立法评估的指导意义。事实上，一个国家或地区，要真正实现科学立法，首先要做好立法前的评估工作。如果不进行立法前评估，贸然仓促地进行立法，所制定出来的法律在实施中容易出现与社会实际情况不相适应的情形，结果可能不仅难以促进经济社会的发展，反而可能阻碍其发展。如果做了立法前的评估，情形就不一样了。因为立法前评估，就是要根据本国或本地区经济和社会发展的目标，结合自身的具体情况和实际需要，在广泛搜集资料和信息的基础上，通过深入调查研究和科学论证，恰当地评估本国或本地区在立法方面的需要，并做出预见性的分析判断，为立法决策和编制立法规划提供切实可行的科学依据，为提高和完善立法创造有利条件，使立法更好地为本国或本地区的经济社会发展服务，进而达到立法的预期目的和社会效果。

除立法前评估有助完善立法外，立法后评估对于立法的完善同样有着不可替代的作用。法律制定出来以后，它的实施效果如何，需要通过做立法后评估来判明。如果不进行立法后评估，人们难以客观、准确地加以把握法律的实际功效，这其实也会影响法律实施的效果。因为法律毕竟是人们基于自身的判断而制定出来的，它是否符合实际情况，要通过实施后的评估才能做出判断。而且，即使法律制定时是符合实际情况的，也不代表以后什么时候都是符合实际情况的，因为任何一个国家或地区的经济生活条件都是处于不断的发展变化之中。若这种变化导致日后的经济生活条件与法律制定时的经济生活条件存在比较大的差异，以致法律无法或难以满足经济社会的发展需要，则要考虑通过修改法律甚至制定新的法律来加以代替等。而要实现上述这些目的，科学的态度就是以对法律的实施做出评估为前提。从立法后评估的实践来看，由于有了立法后评估，人们对法律法规的实施效果、所取得的社会和经济效益有了一本明白帐，这就促使立法者或者其他机构进一步加强责任心，改进工作方法，更加注重立法前评估和立法规划等工作，努力增强立法实效。不仅如此，立法后评估还能发挥资源分配、公众参与以及法律宣传等功效。因为立法后评估制度有以下两个方面的作用：一方面，立法后评估可以使立法者或者其他机构从整体和全局的角度考虑问题，使有限的资源产生更大的效益；另一方面，可以防止因过多部门或地方利益所带来的资源过度投入。同时，公众也可以通过参与立法后评估对立法机关或者其他机构进行社会资源尤其是立法资源分配的正当性进行拷问，因而对这些机关的公信力、基本责任能力等做出合理评判，这无疑有助于加强立法机关或者其他机构的责任约束。同时，公众广泛参与立法后评估，不仅可以让立法机关或者其他机构有效获得法律实施效果的真实、客观信息，而且它也是有效的法律宣传手段。在立法后评估活动中，公众将其自己对法律实施的真实感受表达出来，并希望能与不同的看法与观点进行交流，同时还希望自己的看法能够得到立法机关或者其他机构的积极响应，进而对自己的参与形成一种自豪感。在这样的过程中，可以说是公众广泛地学习了法律，这十分有助于提高公众的法律意识水平。

域外立法评估制度对澳门的有益启示

立法评估制度在国外是最近二三十年发展起来的。欧洲议会在其法律合作与协助项目的框架内，于1999年9月在希腊举办了立法评估多边研讨会，欧盟大部分成员国都派代表参加了会议。其后，欧盟许多成员国和成员候选国就立法评估问题组织了几个双边和多边会议。由于提高立法质量是各国普遍的诉求，立法评估制度一经提出便在各国得到普遍的实践，并逐渐推广到政府政策制定的领域。例如，日本在2002年便制定并实施了《政府政策评估法》，规定凡是重要的决策都要在出台前进行必要性、效率性和有效性的评估。内地近年来有些地方人大也开展了形式多样的立法后评估实践，对其制定的地方性法规的实施情况，包括取得的成效、存在的问题等，进行评价，以便更好地实施、修改被评估的法规，并从中总结经验，为以后展开相关立法提供借鉴和指导。

欧洲部分国家，例如法国、西班牙、波兰等国，其立法机估工作开展得比较早，制度也比较完善，有些经验对于澳门构建立法评估制度有一定的启示意义。从这些国家多年的实践来看，实行立法前评估制度，不仅有利于减少不必要的立法项目，节约资源，而且有利于对法律草案进行审议，提高立法的效率和质量。例如法国，政府提交议会审议的每一个法律草案都必须有一个影响评估报告，要对立法所要达到的目标、法律适用的成本、对社会和公众的影响以及用什么方式来实施法律等进行评估。由于要求立法前评估，政府对所提交的立法项目和法律草案也就必须深思熟虑。如果经过评估，某项立法的理由和依据不够充分，政府不敢轻易向议会提交有关法律草案，这也就自然减少了不必要的立法项目。同时，通过立法前评估，对实际情况和具体问题有了更为客观和全面的把握，也有利于提高法律草案具体条文的针对性和操作性。为了做好立法评估工作，法国议会还设立了立法评估监控委员会，研究政府提交的评估报告是否充分，并通过互相沟通，了解情况，提出意见。议会中的各常设委员会也对各自相关领域的立法进行评估，这对提高立法质量起到了很好的把关作用。

在澳门，向立法会提交法案是特区政府的一项重要职责。虽然政府也会编制立法计划，在立法计划中以及向立法会提交的法案中，通常也有一些对立法必要性和可行性以及所规范具体问题的说明，但总的来看，政府部门较少专门就立法项目和有关具体问题开展立法前评估，因此，法案对具体问题的说明往往有时显得比较简单、原则，缺乏说服力，对法律的适用成本以及法律对社会和公众的影响等更少做出经过充分论证的具体说明，以致立法会在讨论法案时，既影响立法的进程，还会影响立法的质量。有鉴于此，适当借鉴法国等国家的经验，实行立法前评估制度，有利于法案内容的完善，这对于提高立法质量有着现实意义。

除立法前评估制度，法国、西班牙、波兰等国家还建立了立法后评估制度，亦有一定的参考借鉴价值。在这些国家，通过立法后评估，发现法律实施过程中存在的不足和问题，以适时对法律加以修改和完善，或对不适当的法律或者法律中的某些条款予以废止。这些国家的立法评估制度有以下一些特点：一是立法后评估的形式多样化，既有政府评估，也有议会评估，还有宪法法院、审计法院、行政法院评估等；既有内部评估，由议会或者政府自己开展的评估，也有外部评估，如议会限于自身的力量，有时会把一些立法评估项目委托给独立的私营评估机构进行评估。二是立法后评估的内容具有多样性，既有综合性的评估，也有专项性的评估。如西班牙有的地区除设立高规格的立法质量评估委员会外，还设立了妇女协会等机构开展专项评估，对于政府起草的涉及妇女权益方面的每个法律草案，都要送交妇女协会，由其做出评估，并征求意见。三是立法后评估的标准精细化。例如，法国议会立法后评估的一项重要内容，就是指定两名议员在法律生效之后对政府是否在六个月内制定了相关配套性的实施法规进行评估，目的是为了监督政府按照法律的要求及时制定配套的实施法规，更好地实施法律。波兰政府从 2009 年开始对所有经济方面立法进行评估，要求经济部通过评估对环保、土地开发规划、经济活动、旅游、社会保险等七个方面法律进行修改，使企业所负担的社会成本下降 25%，以提高企业的竞争力。为了实现这一目标，政府制定了评估的具体标准和专门统计模型，具有很强的可操作性。

因缺乏法律专业人才，尤其是懂中葡双语法律专业人才，澳门开展立法后评估工作的成效还比较有限。除核准《澳门商法典》的第 44/99/M 号法令第八条明确规定设立由法律工作者及企业主组成的委员会，于法典生效首五年内跟进其适用情况，以便提出有利于完善《澳门商法典》的建议外，其他法律较少规定对法律生效后的实施情况进行评估。特区政府 2010 年设立的法律改革及国际法事务局，其所担负的职责中有一项便是就澳门特别行政区法制的完善进行研究及提出建议，其中的研究应包括了立法后的评估，因为该局下辖的法制研究厅有一项职责为：跟进重大法典、主要法律制度及其他重要法规生效后的实施情况，以便适时进行评估及跟进。根据法定职责的要求，澳门政府相关部门可借鉴欧洲等国家开展立法评估的有益做法，尽快建立并健全自己的立法评估制度。特别是对那些经济民生领域的已有法律，不论是采用为特别行政区法律的澳门原有法律，还是澳门特别行政区成立后制定的法律，都要根据社会经济发展变化的新情况及时进行检讨、评估，该修订的尽快修订，该废止的尽快废止。通过评估，发现有需要制定新的法律的，抓紧制定，以满足公众及社会对立法工作的新需求。当然，政府也要舍得投放更多的资源，从人力、信息、办公条件等多方面给予有力保障。

澳门法律适应化中的立法后评估工作

澳门特区政府正在进行的法律适用化工作，实际上涉及到了立法后评估制度。因为政府相关部门在进行法律适应化过程中，不仅要对澳门原有法律的数量和效力状况进行一个清理，还要提出相应的处理建议，这其中当然就包括了关于一些原有法律已经不适应经济社会发展要求而提出的一些修订建议，甚至用新法予以取代，这实际上已经是在做立法后的评估工作了。因此，特区政府要完成好法律适应化工作，同样应重视立法后评估制度的构建。具体来说，特别要注意以下几点：

首先，要从整体上把握对澳门原有法律进行评估的标准。关于澳门原有法律采用为特别行政区法律，《澳门基本法》第八条和第一百四十五条、全国人民代表大会常务委员会《关于根据 < 中华人民共和国澳门特别行政区基本法 > 第一百四十五条处理澳门原有法律的决定》，以及澳门特别行政区第 1/1999 号法律《回归法》均做了相应的规定。特区政府在进行法律适应化工作时，有关的评估工作必须遵循上述法律所规定的原则，以符合中华人民共和国对澳门恢复行使主权后澳门的地位和《澳门基本法》的有关规定。评估中，发现原有法律中有不符合上述法律规定要求的，应及时提出处理建议，依法妥善处理。

其次，要突出重点，统筹兼顾。澳门特区政府的法律适应化工作起步较晚，加上澳门原有法律数量多、效力状况复杂、本地法律人才尤其是懂中葡双语法律人才的匮乏，要对所有清理出的原有法律做仔细深入的评估，既不现实，也不可能，唯有突出重点、统筹兼顾，才是可行的做法。目前来看，应将重点放在与民生密切相关的原有法律的评估上。特别是要配合澳门特区政府《2014 年财政年度施政报告》中所提出的教育、社会保障系统、医疗卫生、住屋保障方面的施政要求，对原有法律中涉及上述相关领域的法律、法令，认真评估，发现在内容上已经不适应社会发展的要求和广大市民的期望的，要及时提出处理建议，并与立法会保持沟通，依法解决好存在的问题，为政府科学施政创造良好的法制环境。

再次，要区分情况，分类处理。对在法律适应化过程中发现的原有法律所存在的问题，要根据不同情况，采取废止、修改或重新立法取代等方式分类解决。有些原有法律的许多条文被多次废止，法律原先的基本内容不复存在，而且法律当初制定的社会经济条件已经发生了很大变化的，可考虑予以废止；有些原有法律的内容虽有些被废止，但仍有存在必要的，可考虑修改或者以新的法律取代；有些原有法律的内容虽较完整，也仍有保留价值，但与变化后的社会经济条件不相符的，则要考虑通过修改的方式来加以完善。至于最终的具体解决方式，政府要从立法程序、立法技术、立法效率等方面，与立法会进行协调。

最后，要注意多种方式广泛听取意见。澳门原有法律的适应化工作是一项系统工程，仅仅依靠特区政府某一部门的力量是难以甚至不可能完成的，需要协同推进。鉴此，在对原有法律进行相关评估工作时，要运用多种方式，广泛听取意见。澳门特区法务局在这方面做了有益探索，利用法律改革咨询委员会这个平台，充分发挥本地法律专业人才的作用，广泛听取包括司法官、律师、高等院校的专家学者以及其他法律专业人士的意见。同时，法务局还请来自中国内地、香港以及葡萄牙方面的专家学者或法律工作者，介绍各自有关法律清理、法律简化以及法律适应化工作方面的经验，这对于更好地完成澳门原有法律的适应化工作是有促进作用的。

总之，特区政府有必要认真总结多年来实际从事法律适应化及法律改革中立法评估工作的经验与不足，适当借鉴参考域外立法评估制度的合理之处，结合澳门的具体情况，加快形成完整的立法评估制度，这对于提高政府草拟法律草案的质量，推进澳门的法律适应化和法律改革工作，进而提高澳门的立法质量和效率是十分必要和有益的。

（本文原载于《澳门月刊》2013 年 12 月号）

立法会应强化对施政报告的辩论功能

澳门特区第五届立法会产生并开始运作后，注重发挥立法会的监督职能，其中的一项新措施是在对政府施政报告进行辩论时增加追问补答环节。澳门回归以来，基本法所确立的行政主导政治体制确实发挥了制度体制功效，使得特区政府能较灵活地制定符合社会发展及社情民意的政策，并及时纠正在施政中可能出现的缺陷与不足，从而提高施政效率。也正因为行政机关享有较大的权力，基本法要求在体制上必须完善各种监督制衡机制，立法机关对行政的监督便是其中的一种重要监督机制。为体现立法对行政的监督，《澳门基本法》第71条规定的立法会行使的职权中，便包括了听取行政长官的施政报告并进行辩论。为充分发挥立法会的监督作用，建立一个良性互动的行政立法关系，立法会仍应探索如何更好强化立法会对施政报告的辩论功能。

立法会对施政报告进行辩论的制度设计旨在发挥立法监督职能

根据《澳门基本法》的规定，立法会对行政机关具有监督职能，这种职能除了体现在立法会议员的质询权外，还体现在对施政报告进行辩论等方面。

行政长官依照《澳门基本法》的规定要定期向立法会做新的一个财政年度施政报告。施政报告体现了特区政府在新的财政年度里施政的理念，同时，施政报告也会提出政府施政的目标和相关的具体措施。所有这些都不仅直接事关特区政府各部门的工作安排，同时与澳门居民的切身利益密切相关，因而行政长官每年所做的施政报告都受到澳门社会各界的普遍关注。基本法规定行政长官要定期向立法会做施政报告，并由立法会进行辩论，目的就在于发挥立法会的立法监督职能。

立法会就行政长官的施政报告进行辩论的制度设计，既体现了特区政府向立法会负责的一面，又彰显了立法对行政依法进行监督的要求。在澳门特别行政区的政治体制构架中，特区政府向立法会负责与立法对行政依法进行监督是有机联系在一起的。根据《澳门基本法》第65条的规定，特区政府向立法会负责是有特定范围的，那就是特区政府在以下三个方面向立法会负责：执行立法会通过的法律；定期向立法会做施政报告；答复立法会议员的质询。其中，行政长官定期向立法会做施政报告无疑反映了政府向立法会负责并接受立法会监督的要求。但是，如果仅仅停留于此，特区政府向立法会负责所要达到的目的以及立法对行政的监督效果仍然会相对有限，因为政府和立法会双方还需要围绕施政报告的内容产生互动，这种互动的有效形式就是辩论。

行政长官的施政报告虽然建基于政府所做的调查和分析之上，但它要获得全社会成员的普遍一致肯定显然不现实，也做不到，因为政府掌握的资源相对有限而居民的利益诉求则是多元化的，政府唯有根据问题的轻重缓急来安排施政，对有关的安排有的居民可能赞成，有的居民则不怎么赞成甚至反对，这在民主社会是非常普遍和正常的现象。由于立法会议员大多数是通过选举产生的，代表着不同界别的利益诉求，对于行政长官的施政报告，议员们会基于自己的界别利益及本人的判断来提出意见，对施政报告的内容进行评判，发表意见，甚至可以要求政府的相关工作人员进行解释和说明。不仅有的议员的取态和政府立场可能不同，就是议员间的取态也会有所不同。各种不同的意见在立法会内通过全体大会的形式进行辩论，相信有助于双方或多方之间形成共识。通过辩论，政府可以将自己施政的理念及计划、措施很好地向议员们推介，议员们则从多方面提出自己的意见和建议。对于议员们的意见和建议，政府方面认为合理的，当然要听，并要吸收到自己的施政中去。政府方面认为不合理或不合制度的，也要尽力说明解释。通过多次甚至反复的碰撞，双方或多方之间总会找到共同点，进而寻求到解决问题的方法。通过这样的辩论过程，既可实现政府向立法会负责的目的，又可达至立法对行政的依法监督。因此，对行政长官的施政报告进行辩论是必不可少的，而且辩论得越充分，越有利于立法与行政既相互配合又相互制衡关系的良性健康发展。

立法会对施政报告进行辩论的功能有待强化

《澳门基本法》虽赋予了立法会就行政长官的施政报告进行辩论的职权，但在实践中，立法会行使上述辩论职权时仍面临一些困境，这集中体现为官员针对立法会议员就施政报告的提问缺少直面交锋。

“辩论”一词，按照《现代汉语词典》的解释，其意指：“彼此用一定的理由来做说明自己对事物或问题的见解，揭露对方的矛盾，以便最后得到正确的认识或共同的意见。”其中，“揭露对方的矛盾”指的就是辩论的双方要有交锋，否则就不是辩论了，而是简单的“情况说明”了。实际上，在立法会就施政报告的辩论中，议员们就报告中一些内容提出的问题还是比较尖锐的，对此，出席辩论会的政府官员都有赶考的压力。对于议员们提出的问题，出席的官员如果觉得有道理，自然不存在反驳；如果觉得政府的做法或设想没有问题，那就要据理力争，针锋相对。这好比在法庭上进行辩论一样，你不同意对方的观点，当然要拿事实与理据进行反驳。对于政府官员的说法，立法会议员不认同的话，同样可以反驳。这些看似对立的交锋，并不是要达到使什么人难堪的效果，关键是要把争辩的问题搞清楚，进而达到最后得到正确的认识或者共同的意见。当然，如果出席辩论会的官员不熟悉自身执行政策的情况，不能很好地回答立法会议员的问题，那自然会出现比较尴尬的情形。这是官员自身的原因所致，并非是辩论制度本身必然导致的。

通常情况下，政府提出的施政报告是经过多次调研和咨询社会意见后形成的，加上政府各部门的官员对本身领域的工作又较熟悉，因此，对立法会议员就施政报告提出的问题，通常情况下，相关的政府官员应该不难加以解答，甚至还可借辩论的机会很好地推介政府的意图。当然，囿于各自认识不同的原因，加之澳门又是一个利益多元的社会，政府的施政安排不可能使人人都满意，立法会议员就施政报告提出的一些意见并不一定就妥当，大家只要本着解决问题的态度，认真倾听对方的意见，加之适度的辩论，就一定能形成共识。因此，政府官员不要怕交锋，就施政的安排，官员有官员的优势，应该注意充分发挥自身的优势。不少官员面对立法会议员的提问不敢交锋，有的可能是不太熟悉业务，有的可能是怕得罪人。这样一来，辩论会上，政府官员和立法会议员有时会虽有互动但力度不足，虽有接触但难有交集，形式多于实质。人们看到的情景更多的是“你问你的，我说我的”，辩论的味儿没有了，法律设计辩论制度的效果也因此大打折扣。

特区第五届立法会组成后，针对过往就施政报告的辩论未能更好地发挥其应有的作用，今年的施政报告辩论在方式上做了调整，即增加追问补答环节。按以往施政方针辩论惯例，议员在要开始时抢时间按掣，因为立法会辩论是依按掣的先后来安排发问顺序，先按先问，第一轮每人发问十分钟。五名议员问完后，由司长或其他官员一次过回答，答毕另五名议员再问，如此类推。过去不少议员抱怨这种安排徒有辩论之名，无辩论之实，屡有官员“游花园”、答非所问或选择性回应。今年增加追问补答环节后，议员仍旧要按掣决定第一轮发问次序，五名议员为一组，但每人发言时间由十分钟减至八分钟，五人发言后便由官员作答，限时二十分钟。若发问议员未满意官员响应，各可有两分钟追问，官员则共有十分钟补答时间，如此类推。待第一轮议员全部问完，可开始第二轮发问，但要重新按掣定次序。由于议员提问和官员响应的总时间变化不大，因此，施政报告的辩论虽增加了追问补答环节，增添了一点辩论味，但要更好发挥立法会对施政报告的辩论功能，还值得继续探索其他好办法。

立法会辩论施政报告的制度完善

针对立法会行使辩论职权存在的问题，有必要修订立法会的《议事规则》，以充分发挥立法会辩论的功能，强化辩论制度的功效。具体来说，可从以下几个方面来完善立法会辩论施政报告的制度：

一是赋予主持会议的立法会主席或副主席相应权限。现行《议事规则》虽就立法会辩论施政报告的程序做了规定，但辩论的职能未能充分体现出来。尤其是关于施政报告的辩论程序的规定，过于简单，仅就一个条文。由于规则过于简略，导致实践中辩论的功能发挥受到限制。目前，立法会就施政报告进行辩论时，就是因为缺少一种机制来约束发言的内容，导致出现"你有你讲，我有我说"的现象，辩论的味儿看不到，这与设立辩论制度的宗旨不相吻合。鉴此，有必要通过修订《议事规则》，强化辩论的职能。可考虑赋予主持立法会全体会议的立法会主席或副主席以相应权限，引导发言人围绕辩论的主题来进行。如果发言人的发言内容偏离辩论主题，或者回避辩论主题，主持会议的主席有权做出提示；如果发言人仍不纠正，主持人可中止发言人的发言，并可要求其回到辩论的主题上来。

具体来说，辩论施政报告时，出席辩论会的政府官员对于立法会议员的提问应直接明确做出回答和解释，不能回避，也不能避重就轻，或转移视线，否则，主持人有权做出提示并要求发言人纠正。如果赋予主持会议的立法会主席或副主席上述相应的权限，便能及时改变发言人没有针对性的自说自话的局面，发言人发言时也会有所顾忌，这非常有利于营造一种辩论的氛围。

二是赋予立法会有权限要求相关政府官员须出席立法会的辩论会议。《澳门基本法》规定立法会享有辩论的职权，意在发挥立法对行政的监督作用，特别是立法会就行政长官施政报告所进行的辩论，其监督的意旨十分明显。议员们通过对施政报告进行辩论，以便让不够完善的政策加以完善，不太符合实际情况的政策得到修改。经过修改、补充、完善，使得政府的政策能贴近区情民意，进而有利于社会的稳定和发展。鉴此，立法会辩论施政报告内容时，负责有关工作范畴的政府官员有责任依时出席，包括司长、局长等。因为司长、局长既负有协助政府制定政策的责任，同时又负有执行政府政策的责任，由他们出席辩论会并回答议员的问题是非常适宜的。司长、局长不能随意找其他人替代其出席辩论，否则，就施政报告进行辩论的目的和效果就难以达到。虽然目前立法会辩论施政报告时，司长及相关的局长均会出席，但仍有必要从制度上加以规定，使得司长及相关局长出席施政报告辩论会作为其应尽的一项责任。将来可考虑修改《议事规则》，赋予立法会有权限要求相关政府官员出席立法会的辩论会议，被要求出席的政府官员不能借故不出席，也不得临时找他人代替出席。对于不按规定出席辩论会议的政府官员，《议事规则》可规定适当的法律后果，例如建议政府给予相应的行政处分等。

三是将政府官员出席辩论会议的情况及表现与绩效考核挂钩。政府官员不愿意出席立法会召开的辩论会议，或者出席会议时不认真履行自己的职责，与没有相应的责任追究机制密切相关。反正参加不参加，或者参加时表现好与坏都一样。如果政府官员出席辩论会议的情况及表现，与对政府官员的绩效考核直接挂钩的话，那情形就完全不一样了。因此，要改变目前立法会辩论制度功能发挥不好的现状，有必要将政府官员出席立法会辩论会议的情况及表现，直接与其绩效考核挂钩，这对促使政府官员认真对等出席辩论会议及履行好自己的职责是有作用和效果的。行政长官崔世安博士在特区政府2014年财政年度的施政报告中明确提出，政府高度重视“官员问责”，并将其与公共行政绩效管理，特别是已经实施的领导官员绩效评审制度结合起来，通过绩效管理、领导官员评审和官员问责三个不同层面的评价制度，实现政府接受监督、自我监督和自我完善。如果能将政府官员出席立法会辩论会议的情况及表现纳入公共行政绩效管理，那无疑有助于政府科学决策和依法施政。

（本文原载于《澳门月刊》2014年1月号）

- 政府应强化立法计划的执行力 -

刚刚结束的立法会期，未能完成早期政府提出的立法计划目标，这其中当然有行政与立法需进一步加强沟通、合作的问题。不过，就政府而言，其落实立法计划的力度仍有检讨完善的空间。虽然政府部门认为其绝不会刻意拖延立法进度，但多份计划中的法案仍积压在立法会以及政府仍在准备计划中的法案这一客观事实，还是容易让人感觉到要不就是政府的立法计划科学性仍不够，要不就是立法计划的执行力仍有待强化。从科学施政的角度而言，政府在制订好立法计划后，如果计划没有什么不妥且没有做出相应调整的话，应该强化立法计划的执行力，有序推进法案在立法会的审议和通过。

立法计划的执行力事关依法施政

执行力本是企业管理中较为常用的术语，通常指有效利用资源，保质保量达成目标的能力。执行力一般包含完成任务的意愿、完成任务的能力、完成任务的程度。执行力又可分为个人执行力和团队执行力。对个人而言，执行力就是办事能力；对团队而言，执行力就是战斗力。衡量执行力的标准，对个人而言就是按时按质按量完成自己的工作任务；对团队而言就是在规定的时间内完成团队的预定任务和目标。

立法计划的执行力是指政府部门在编制好立法计划后，必须严格按照计划所预定的任务和目标，精心组织，合理安排，有序推进相关工作的进程，以确保立法计划的如期实现。这其中，既有赖政府部门相关人员的努力及配合，也与相关政府部门的统筹及合作关系密切。

政府部门实施立法计划的执行力如何直接事关政府的工作质量和效率。如果政府部门严格按照立法计划的要求完成预先确定的任务和目标，人们就会认可政府的工作质量和效率。相反，如果政府部门制订好立法计划后，没有完成原先预计好的工作任务，人们就会对政府的相关工作成效发生质疑，进而影响到人们对政府部门的看法和评价。不仅如此，立法计划的执行力还会直接影响到政府依法施政。因为在任何法治社会里，法治的前提条件是首先要有法可依。政府部门在制订立法计划时，其中的重要目的之一就是根据社会发展的实际需要和可能提出立法计划，以便能够依靠法律的手段来调整相关的利益关系，及时有效地为经济发展和社会稳定服务。因此，凡是政府部门计划的立法项目，可以说都是社会发展中急需解决的事项。对于计划好的立法项目，政府部门如果不能严格落实推进，以致法案不能顺利通过的话，这势必会造成相关社会管理的法律空白，进而影响到政府的依法施政。鉴此，政府部门除了从实际出发，根据需要和可能来科学合理地编制立法计划外，还必须强化立法计划的执行力，把立法计划的落实和推进与依法施政直接联系起来。从政府诚信的角度而言，政府部门也要做到言必行，行必果。一旦推出相关的立法计划，除非情形有所变化而需及时适度调整外，必须全力以赴去完成。如果有的立法计划在预定的时间内确实难以完成，也要及时分析原因。若是立法的条件还不够成熟或具备，需要调整的应及时调整，以免给人形成开空头支票的感觉。

立法计划的执行力重在统筹与细化相结合

行政长官在2010年的施政报告中就曾明确提出，要“加大力度响应社会要求，统筹法规草拟，加强法律人才培训”。这表明作为实施立法计划重要步骤的法规草拟工作离不开统筹。其中的统筹，既包括了对立法计划的编制总体上要统筹，即草拟法规应当在尊重实际、反映需要的情况下，突出重点，分清轻重缓急，统筹兼顾，也包括了实施立法计划时具体草拟法规的统筹，即某一具体法规草拟应该由哪个政府部门或哪几个政府部门负责，涉及多个政府部门草拟时，要明确以谁为主，以谁为辅。之所以要对法规草拟进行统筹，是因为政府的施政是一个整体，立法计划要服从施政整体，应该从整体上考虑法规的草拟。而且由于资源的相对有限性，在编制立法计划时，必须要在实际需要和可能之间进行平衡。如果只强调对立法的需要，而不考虑可能，结果立法计划安排的立法项目很多，而立法和法的实施条件尚不具备，致使一些立法项目在预定的时间内难以完成，结果往往落空，或者即使有的法律勉强制定出来，也难以实施。这样不仅会给实际工作带来损失，而且可能由此产生一些本来可以避免的矛盾，需要耗费更多的时间和精力去妥善处理，同时还可能会挫伤有关方面的工作积极性。反之，如果过分强调立法上的可行性，过分强调立法所需要的人力、物力和时间等条件，而对经济社会发展的需要考虑不足，有可能对一些本应在立法计划上列上的重要立法项目而没有安排上，结果使一些本来可以经过努力完成的立法项目而未能按照经济社会生活的需求适时制定出来，由此给社会管理工作也会带来困难甚至损失。因此，在编制立法计划时需要做好整体统筹，以便很好地将需要与可能辩证地统一在立法实践中去。例如，澳门特区本届立法会余下最后一年会期，要在有限的时间里完成大量的立法工作会有困难，可行办法就是将社会迫切急需而又有条件制订的法案尽力安排并通过。对此，立法会有议员提出，可将《土地法》《城市规划法》及《文化遗产保护法》三部法案作为重中之重的法案优先安排，抓紧时间处理，因这三个法案与民生、社会未来发展及澳门世遗城市地位有关，有需要在下个会期内赶紧完成，其他无法按时完成的法案，要在认真检讨分析原因的基础上，向社会做出解释，并适度调整。上述意见确实值得政府部门认真对待，以便务实推进立法计划。

确定法规草案的具体草拟部门后，负有草拟任务的政府部门同样要进行统筹，其中的关键是要落实承担具体任务的相关内部组织甚至人员，这就涉及到法规草拟任务的具体细化了，必须要将有关的法规草拟任务落实到具体的个人头上。在具体细化时，必须根据本单位的人员构成状况，结合每个人的专业才能，突出重点，合理分工。同时，分担不同任务的内部组织乃至个人之间又要相互协作，共同构成一个承担法规草拟任务的整体，做到既有分工又有协作且重在协作。这就要求统筹人员要有比较高的组织和协调能力，而且还要知人善用，充分发挥每个人的专业特长和工作积极性。如果只有统筹而没有相应的细化，工作上就难以合理安排，也就不可能真正形成力量，因而也就谈不上执行力了。因为立法工作的性质和特点决定了它不能采用那种分散的各自为战的小工业者式的做法，同时也不可能采取大家一齐上的“人海战术”，它需要灵活巧妙地采取个人和集体时而分工、时而合作的办法，将个人钻研和集体合作有机地结合起来，做到真正集思广益和多谋善断。在具体草拟过程中，要注意突出重点，在一定的条件下可相对集中人力和时间，就法规草拟中的难点问题或重大问题进行攻克，以推动法规草拟工作不断地向前推进。

在细化法规草拟的任务时，其中当然包括了具体的工作进程，即到什么阶段和时点应完成哪些具体任务，这就尤如工程施工必须要明确相应工期和施工任务一样。细化方案做得越具体，其操作性就更强。当然，细化方案也要量力而行，合理妥当，有时还要留有余地，最好还有适当的补救机制。总之，细化方案要多考虑些可能出现的情况，甚至最坏的情况，做到环环相扣。除此之外，细化方案还要有相关的责任机制，承担具体任务的组织或个人没有完成相应任务的，可根据实际情况，规定相应的责任承担方式，例如内部通报等。有了责任追究机制，承担相应任务的人员便会有紧迫感和责任感，这对工作任务的完成是一种有效保障。

立法计划的执行力关键在于经常性的监督检查

立法计划经批准和下达后，对其实施情况需要做好经常性的监督检查工作。实践证明，如果监督检查工作做得及时得力，便能及时地解除实施立法计划中的障碍和困难。反之，会影响到立法计划的顺利实施。监督检查不仅有助了解和掌握立法计划实施的进度和落实情况，而且有利于及时发现问题和帮助有关部门研究找出解决问题的办法和出路。一般而言，只要能把问题搞清楚了，解决问题的方法也就变得容易得多了，俗话中所说的“对症下药”讲的就是这个道理。因此，按照立法计划所确定的目标，通过经常性的监督检查工作，不仅能保障和推进立法计划的有效实施，使立法计划所确定的目标得到较好的实现，而且能为日后编制和实施立法计划积累经验、提供依据，从而使编制和实施立法计划逐步走上规范化和科学化，这是澳门特别行政区进行法律改革和法律完善工作的有效保障。正是从这个角度上说，做好对立法计划的实施情况的经常性监督检查工作，具有非常重要的现实意义。

为了统筹及监督法规草拟工作，澳门特区政府新成立了法律改革及国际法事务局，其重要职责之一就是负责协助政府统筹立法计划的制定并监督其执行。该局成立以来，克服了一些不利因素和困难，政府的法案草拟工作取得了相应的成效。不过，与澳门回归后急速发展变化的社会对法律的需求相比，政府的法案草拟工作仍面临严峻的挑战。不仅已有的采用为特别行政区法律的一些澳门原有法律面临修订完善的需要，而且还有不少新的法律需要立法会制定。特区政府新设立法律改革及国际法事务局，也是想从组织构架和人力资源上来响应法律领域工作的新情况。

根据第22/2010号行政法规的规定，各公共部门及实体必须严格落实立法计划内由其负责的项目；公共部门及实体须就立法计划内由其负责的立法项目进度，于法律改革及国际法事务局指定的期限内向该局提交工作报告书；法律改革及国际法事务局亦有权要求负责预备或研究项目的公共部门及实体提交报告书以监督其工作进度；公共部门及实体如未能依时完成计划内的工作，应向其监督实体及法律改革及国际法事务局提交附理由说明的报告；法律改革及国际法事务局应将延误的情况及原因通知其监督实体，以便提请行政长官采取适当措施。从上述法规的内容看，有关立法计划的实施，特区政府其实是有监督检查措施的。然而，有关立法计划不能如期实现，表明有关的监督检查工作仍然力度不够，还不能有效保障立法计划按期实施。这其中，对不能及时完成立法计划任务的部门甚至个人缺乏实质性的问责恐怕是重要原因之一。试设想，任务没完成，在没有合理理由和说明的情况下，若不存在有效的责任追究机制的话，即使法律法规做出可以采取适当措施的规定，最后也落不到实处，久而久之，有关的规定也就起不到应有的作用。如果建立并健全有效的责任追究机制，如将任务的完成情况与公务人员的业绩考核直接挂钩，严格责任追究制度，便能促使有关的公务人员时时保持警醒，带着适度的压力做好自己的本职工作。此外，监督检查的措施在周期上是否可以考虑进一步缩短，在频率上进一步增加，以形成早期、中期和末期的多重连续监督检查，保持监督检查措施覆盖全程的态势，因为越早越多监督检查，对于及早发现并解决问题还是有益的。

强调加强立法计划的执行力，是建基于保证法案质量的基础上的。如果法案质量不高，即使按期出台了，也会延误法案在立法会的审议和通过的。相反，法案的质量较高，在立法会审议和通过的时间就会缩短。当然，政府提交的法案质量如何，在立法会议员看来，观点会不尽相同。这就要求行政与立法之间相互要有好的沟通和合作机制。对于立法会审议法案中所提出的意见，政府部门要及时跟进，并向立法会做好解释和说明工作，以更加开放的态度和立法会合作。而要确保法案的质量，就必须加强法律人才的培养和使用，尤其是懂得中文和葡文法律人才的培养和使用。由于历史的原因，澳门的法学教育起步较晚，本地法律人才尤其是懂中文和葡文的法律人才严重不足，这在一定程度上制约了法规草拟工作。不过，我们相信，只要政府正视现实，立足本地，充分利用澳门社会现有的法律人才资源，不断完善立法计划编制的科学性和合理性，同时加大立法计划的执行力，政府提交法案的工作一定会做得越来越好，澳门法律的改革及其适应化工作也一定会到达一个新的阶段。

（本文原载于《澳门月刊》2012 年 11 月号）

政府提交法案应重视利益的表达与协调

根据《澳门基本法》的规定，特区政府负责向立法会提出法案。如何确保政府所提法案的科学性，是特区政府开展依法施政必须要面对和解决的一个重要现实问题。

正视利益主体多元

利益是人类社会生活中的一种重要社会现象。追求利益是人类一切社会活动的动因，无论个人还是组织甚至地区乃至国家莫不如此。中国古语中的“无利不起早”“天下熙熙，皆为利来；天下攘攘，皆为利往”说的就是这个意思。从历史的跨度看，利益正是社会历史变迁的内在动力。因此，站在利益的角度可以透视整个人类社会。当今风云突变的国际形势，其实都是利益左右的产物。澳门作为国家的一个特别行政区，其社会发展同样离不开利益的追求。这其中，既有澳门居民的个人利益诉求，也有社会组织包括商业组织、社团等的利益要求。此外，澳门作为一个地区也有其整体利益的需求。

由于利益来源于对资源的控制，因此，利益的大小自然取决于对资源控制的多少。而资源的有限性又决定了不同主体间的利益必然会发生冲突，这是不以人的意志为转移的客观存在。因此，利益冲突是普遍存在的人类社会问题。随着时代的发展，利益冲突还会不断加剧，甚至有可能在一定时期、一定条件下出现激化。

在澳门，资源的短缺更加突显了利益的冲突性。加之澳门本身就是一个多元化的资本主义社会，不仅居民的国籍、文化等多元，利益更是日趋多元。对此，行政长官崔世安在向全国人大常委会提交的有关澳门2013年立法会产生办法和2014年行政长官产生办法是否需要修改的报告中也明确提到，“基于近年来澳门经济快速发展……社会不同阶层的利益诉求日趋多元。”利益诉求日趋多元正是澳门近年来利益主体多元化的真实生动写照。

利益主体日趋多元，实际上反映的就是利益冲突性的一面。对于澳门社会发展中的这种新情况，特区政府在施政中必须要有清醒的认识。一切政府的公共决策都必须注重不同利益主体的利益表达与协调，以期使政府的公共政策能最大限度地建基于民意基础之上，并获得广泛的认受性。这其中，政府向立法会提交法案时，更是要重视利益的表达与协调。这是因为，政府依法施政的一个重要方面就是通过向立法会提交法案，由立法会通过法律后再由政府去负责执行。因此，政府是否重视利益的表达与协调，直接事关政府向立法会提交法案的质量。政府对不同利益主体的利益表达与协调工作做得好，法案的质量就有一定的保障。尽管立法会是由不同界别和阶层的代表组成，每个议员各自的利益属向不一定完全相同，但只要关注了不同利益主体的诉求，并做了适当的协调工作，相信法案是能获多数市民的支持，或者符合澳门特别行政区的整体利益，绝大多数立法会议员不会去逆民意而阻止法案的通过。

畅通利益表达方式

由于立法是对利益和资源的有效配置方式之一，在市场经济条件下，各个不同的利益主体都希望自己的利益诉求能在立法中得到反映和体现，因此，立法的过程实际上也是一个表明和记载利益的过程。立法机关在创制法律的过程中要充分考虑到各利益主体的需求，并兼顾各方的利益。为此，特区政府在向立法会提交法案时，要关注不同利益主体的诉求。而要做到这一点，首先就是要畅通利益的表达方式，让不同的利益主体能够充分发表自己的意见，使不同的利益主体充分交涉、沟通、协商，最后达至妥协。由此所产生的法律规范也才能为社会利益主体所认可和接受，从而树立法律的权威。如果没有自由、畅通的利益表达机制和渠道，不同利益主体真实的利益诉求就无从为社会所掌握，也无从传达到立法机关和立法者，所谓的利益协调也就无从谈起。而一个没有很好地协调和平衡各方利益的立法，就无法用来规范社会生活，也难以在实践中得到有效的实施。因此，畅通利益表达方式，有利于利益主体公开、公平、公正地表达利益诉求，有利于实现立法过程中的有序博弈，也有利于立法者用“看得见”的方式吸纳民意，制定出兼顾不同利益主体合理要求的法律。为此，特区政府在制定法案时应着重做好以下工作：

一是拓宽和规范利益表达渠道。政府要做好法案的咨询工作，适时提供与法案相关的信息给社会公众，以便公众有准备地参与咨询，并充分发表自己的意见。为此，政府部门要不断拓宽并规范公众参与的渠道，增加参与的有效形式，并充分利用新科技，不断创新参与形式，提高公众参与的兴趣与能力，保证参众参与的数量和质量。要综合运用多种方式，包括讲解会、座谈会、研讨会、小册子、互联网、多媒体及其他有助社会公众参与的方式。同时，还可因应环境及资源条件的许可，采用其他互动形式，如落区探访、民意调查、电台与电视台节目、市民论坛等。有时候甚至可以考虑让不同意见的公众分成正反两方进行辩论与台下公众问答相结合的形式来开展相关的法案咨询活动。总之，只要有需要和必要，都可因时制宜地开展形式多样的咨询活动，以便最广泛和深入地收集各种意见。

二是构建公众咨询与专家、社团咨询相结合的机制，提高法案的科学成分。在大多数情况下，由公众中的个体汇集而成的公众的意见，能够反映他们的真实需要和利益取向。但是，现代社会是一个复杂的系统，公众的意见和态度有时很容易受到其他因素的影响，加之公从表达意见时的功利性及表达意见的个体的素质参差各异，有时大多数认同和接受的方案并不一定就是最佳和最好的方案，是否合符理性和科学专业的需要同样重要，尤其是具有重大深远影响的法案更是如此，政府必须在法案的科学性与民主性之间妥善地加以协调和平衡。如果绝对地认为多数人的意见就一定是正确和科学的话，就很有可能产生“多数人的暴政”。

因此，政府在进行法案咨询时，对通过向公众咨询所获得的结果，一定要结合专家咨询和社团咨询的结果，以科学务实的态度，进行综合分析和分析。尤其在澳门这样社团众多的社会环境中，更是要注重社团这一公众表达诉求的重要平台。

三是要强化弱势群体的利益表达。社会分层是一种隐藏在社会结构内部的关系，它反映的是社会资源在各群体之间的一种分配。社会分层过程中出现的两极分化导致了强势群体对利益资源形成垄断，而弱势群体的利益资源相对匮乏。澳门回归后，随着博彩业的开放，经济发展非常迅猛，但普通市民享受博彩业的发展成果却远远赶不上房价、物价的飞涨速度，以致贫富两极分化的现象有加剧之势。由于对资源的享用有限，弱势群体表达利益的机会通常都较少，渠道也较有限，有时甚至出现弱势群体无法充分、全面、有效地表达利益诉求的情形，更遑论利益的维护和实现。为此，需要从制度上加以保障，对弱势群体的利益表达方式加以特别的关注，破除社会强势群体的利益表达垄断局面。

建立利益协调机制

在一个利益分化且多元的时代，立法作为分配社会资源的最重要方式必然会导致各利益主体希望自己的利益要求能够在立法中体现。但是，几乎不存在有利于或促进所有人的福利的法律。在大多数情况下，基于社会资源的有限性，法律为一个阶层居民提供了利益，很有可能会影响甚至剥夺其他阶层居民的利益。从这个角度讲，立法表明和记载利益的过程同时也是一个各利益主体表达利益、立法者协调利益的博弈过程。制定法律的过程，实际上就是在认识各种利益的基础上协调各种利益的过程。

澳门特区步入第二个十年发展的里程后，政府在向立法会提交法案时，构建完善的利益协调机制更是有着重大的现实意义。众所周知，公众参与法案咨询的直接动力来源于其关注自身的利益。参与的公众由于各自的物质生活条件及知识、文化等各方面的差异，其利益是不尽相同的，呈现出多元化的格局，这其中便不乏可能处于对立状态的利益诉求。

对于他们所表达出来的利益诉求，政府在制定法案时不可能全部采纳，必然会有所取舍。如何进行取舍？这便要求负责法案咨询的政府部门要有一套准则和机制去进行综合和协调。具体来说，就是要建立一套规则，拓宽利益表达的渠道，为各种利益群体搭建表达意愿、主张诉求的平台，形成法案咨询中的博弈，让各种利益群体充分表达自己的意见，通过利益博弈，实现利益平衡，最终形成大家或大多数人可以接受的方案。如果不同的利益诉求没有经过充分的表达和碰撞的话，很难去判断哪一种意见就是主流民意或大多数的意见。同时，仅有公众意见表达平台而缺乏对这种表达如何予以考虑甚至在决策中采纳的机制，会导致公众参与所发表的意见对决策结果难以甚至不能产生机制性的影响，而这又势必会影响到公众对法案咨询的看法和态度，降低公众对咨询作用的认同度。

如果有了畅通的利益表达方式，又有完善的利益协调机制，使利益主体的利益诉求获得了法案制定者乃至立法者的尊重，即使利益协调的最终结果可能并不符合有关利益主体的愿望，他可能也会接受。如果这样的话，将大大增强政府施政的科学性和认受性。正如美国政治学者阿尔蒙所指出的那样：“如果某一社会中的公民都愿意遵守当权者制定和实施的法规，而且还不仅仅因为若不遵守就会受到惩罚，而是因为他们确信遵守是应该的，那么，这个政治权威就是合法的。”

（本文原载于《澳门月刊》2012 年 9 月号）

公共利益的界定需有适当程序保障

立法会近期讨论《土地法》修订案时，就草案中有关容许政府以公共利益为由，免土地公开招标的内容争议激烈，这也引发了人们对此问题的关注。修订案虽获立法会一般性通过，料立法会细则性讨论时会就此问题议员们将继续角力。确实，土地资源对澳门来说特别稀缺，因而显得格外珍贵，人们对《土地法》修订案赋予政府以公共利益的理由免土地公开招标表示出高度的关注并非杞人忧天，这其中涉及到公共利益如何界定这一重大的复杂问题，不能不牵动澳门社会人们的敏感神经。

公共利益客观存在

公共利益是公共管理中的核心目标，也是人们工作和生活中会经常触及的一个重要话题。由于公共利益的概念包含了“公共”和“利益”两个始终有争议的元素，因而使得人们对公共利益的理解困难重重。西方学者普遍认为，公共利益是一个含糊的术语，难以对它进行明确的界定。甚至有学者更直接地表明公共利益概念的不确定性，认为“在什么是公共利益的问题上，永远不能达成一个广泛的共识。公共利益有如一个空盒，每个人都可以往其中注入自身的理解”。的确，从不同的角度和价值观出发，人们可以对公共利益进行不同的解读。迄今为止，世界上绝大多数国家或地区的法律很少对公共利益的内涵和外延做出系统明确的规定，就是学术界对于公共利益的界定也充满着各种争论和歧见。对公共利益认识的这种巨大分歧，使得有些人在思索什么是公共利益之后甚至怀疑公共利益是否真正存在？如国外有学者认为，所谓公共利益只能被看作是在特殊利益中进行讨价还价所产生出来的非个人的结果，根本不存在与构成社会的各种特殊利益泾渭分明的客观的公共利益。

诚然，公共利益的界定在理论界和实务界一直都是十分令人困扰的问题，但如果因此而否定公共利益的客观存在则显然与事实不符，是一种过于激进的观点。确实，要对公共利益进行清晰的界定是困难的，但是，世界上不能清晰界定的事情很多，我们不能因为这种认识论的原因就因噎废食，完全无视现实生活中公共利益的客观存在。事实上，人的社会化决定了人的利益的二分法——个人利益与公共利益，社会的发展也正是在二者关系的不断调整中前进的，因此，公共利益是同人类社会形成与生俱来的产物。任何国家或地区，只要是有人共同生活的地方，就会存在公共利益问题，特别是在现代社会，一些人所占有的个人利益如此之大以至于可以支配另一些人的利益，而公权力又不会袖手旁观市民社会这种弱肉强食，于是，在公权力的介入下，利益的公共领域——公共利益也就自然产生了，因为公权力介入的依据就是公共利益的需要，也只能是公共利益的需要。

在澳门，公共利益的客观存在也为《澳门基本法》所确认。《澳门基本法》第71条在规定立法会的职权时，其中有一项正是就公共利益问题进行辩论。此外，《澳门基本法》第50条在规定行政长官的职权时，其中有一项就是根据国家和澳门特别行政区的安全或重大公共利益的需要，决定政府官员或其他负责政府公务的人员是否向立法会或其所属的委员会作证和提供证据。另外，《澳门基本法》第51条、第52条和第118条规定中的“整体利益”实际上指的就是涉及整个澳门的公共利益。除《澳门基本法》外，澳门自身制定的法律中亦有关于公共利益的规定，如采用为特别行政区法律的第12/92/M号法律便有关于因公共利益而征用的规定内容等。这次，特区政府起草的《土地法》修订案中出现“公共利益”的表述，也是公共利益客观存在的体现。对此，我们应理性对待，不能因为公共利益的难以界定而否定《土地法》修订案中引入“公共利益”的正当性，至于将其作为政府免土地公开招标的理由是否可取则当然是仁者见仁、智者见智。笔者认为，对《土地法》修订案将“公共利益”作为政府免土地公开招标的理由，公众应该关注的倒是如何来界定公共利益这一问题，以保障公共利益真正得到合法合理的实现，而不应太过执着于是否要将“公共利益”作为免土地公开招标的依据上。

公共利益的界定应遵循正当程序原则

公共利益本身所固有的复杂性，使得仅仅依靠给公共利益下定义、设定标准或者找特征的方式，都难以合理地保障公共利益的界定及实现。鉴此，需要综合运用概念、原则、程序等方法来判断公共利益。在判断公共利益的原则中，正当程序原则便是其中的重要一项。

法律原则是规则和价值观念的汇合点，厘定判断公共利益的原则虽然对于公共利益的界定和实现可能具有一定的抽象性，但这些原则可以有助于人们把握公共利益实现的大方向，甚至能够在最基本的层面上避免公共利益的实现“走样”，因而它在事实上对于公共利益的实现起一个规则或者标准的作用。关于公共利益判断的原则，不同国家或地区的法律有不同的规定，学者间的意见也是多样化。不过，综合起来看，公共利益的判断应遵循正当程序原则则是一个基本的共识。所谓正当程序原则，就行政法意义上而言，其基本内涵是指行政机关做出影响行政相对人权益的行政行为，必须遵循正当法律程序，包括事先先知相对人，向相对人说明行为的根据、理由，听取相对人陈述、申辩，事后为相对人提供相应的救济途径等。具体到土地利用中公共利益的判断，正当程序原则要求确保每一利益界别都有充分的话语权来表达自己的意见，在公共利益判断与实现的整个过程中，所有的利益相关人应有实质性的平等机会发表自己的看法，表达自己的利益诉求，政府对所有利益相关方的诉求要给予平等关注等。对此，有学者将正当程序描述为：通过构建一种复合的对话机制——包括不当干扰排除机制（主要通过否定自我裁决实现）、异质诉求表达机制（各当事人可以充分表达自己的意见）、运作过程披露机制（通过当事人的充分参与实现）、专业性判断机制（通过程序主持者的职业技能实现）、心理游说机制（主要通过程序的仪式性来达到）——以达成最终的共识性结果。

正当程序原则之所以成为判断和实现公共利益的原则，关键在于这两者之间具有内在的契合性。由于公共利益的判断和实现深受法律、体制、文化等方面的影响，使得我们要直接并明确地说出什么是公共利益并非易事，有时甚至是困难重重。因此，对于公共利益这样高度复杂的问题，解决之道不是单纯依靠下定义或者找特征，尽管这些也是必要的，而是必须要依靠程序，依靠正当程序，将正当程序作为我们判断和实现公共利益的重要原则，而且是首要原则。任何一个国家或者地区要想在实现公共利益这一目标上得到民众的同意和支持，正当程序就是一个最基本的也是最重要的要求。因为正当程序原则有助于提升利害关系人在公共利益实现进程中的安全感，有助于人们服从公共利益的需要，有助于保障实现公共利益过程中的正义性。因此，如果在公共利益的实现中要以正义为取向，要保障法治社会珍视的基本法律价值，遵守正当程序原则就是必然的抉择。

特区政府这次提交的《土地法》修订案中，将有利于澳门特别行政区社会发展的公共利益的土地批给作为可豁免公开招标的理由之一。修订案对公共利益做了特别列举规定，即尤其以下四项属于公共利益范畴：发展不牟利的教育、文化、卫生、体育事业和社会服务；兴建公用事业设施；配合政府政策的建设；参与由行政当局发起的城市建设计划。诚然，修订案做出这样的界定有助于人们理解什么样的利益是公共利益。但即使如此，政府就土地批给中公共利益的界定仍要遵循正当程序原则，修订案应该就公共利益的判断和实现规定适当的程序，尤其是涉及重大的土地批给时更加应该有适当的程序来保障。何况，修订案中还出现了诸如“配合政府政策的建设”以及“参与由行政当局发起的城市建设计划”这些容易引发争议的内容。特区政府在日后立法会细则性讨论《土地法》修订案前，有必要在修订案中设置相关规定以体现公共利益判断的正当程序原则。

正当程序的最佳载体——听证

公共利益的判断既然要遵循正当程序原则，表明公共利益的实现离不开一定的程序。公共利益的实现与程序的这种内在契合性，使得人们开始思考从程序的角度来判断公共利益，于是，听证便走进了人们的视野，并认为是公共利益实现中正当程序的最佳载体。对此，甚至有人认为公共利益的实现必须以程序为中心，或者更确切地讲是以听证程序为中心。

听证，顾名思义，就是听取利害关系人意见的程序，其核心意思就是给当事人一个辩解的机会。就行政法意义上来说，听证至少具有以下作用：一是保证权力运作的透明性；二是吸纳当事人的意见，使得行政机关能够与当事人有效地沟通；三是保障当事人对处理过程的了解。正因为如此，听证具有强大的生命力，成为解决现代社会许多社会性难题最有效的手段之一。

在判断和实现公共利益的过程中，听证同样能够发挥不可替代的积极作用，这集中体现为以下五个方面：

一是能遏制行政权力的恣意。公共利益的实现离不开权力的作用，要使公共利益实现中的权力变得可以接受和容忍，变得为社会所需，就必须进行过程控制，这种程序的最佳载体就是听证。尽管具体确认公共利益的权力通常在行政机关，但行政机关并不能完全按照自己的意志决定，相反，行政机关认定某一利益是否属于公共利益的范围，必须听取他人的意见，特别是利益相关人的意见。行政机关要通过广泛征求公众和利益相关人的意见，最终判断是否符合公共利益。这既符合法治原则的要求，也是保证行政权力不被滥用的有效手段。更重要的是，听证程序不仅能够控制公共利益实现中权力的恣意，而且还能使当事人对于这种由程序所带来的公正与正义产生依赖感，而这往往也会产生法律得到良好运行的法治效果。

二是能调动市民社会的力量。公共利益的实现是一个社会性的难题，实有必要调动社会的力量。市民社会是各种利益交错的场所，但也蕴藏着丰富的力量与智慧。在公共利益的实现中，听证程序的介入，将使得我们可以有效地调动市民社会在实现公共利益中的力量。有人认为，现代社会是一个复杂的系统，公众对私利的过度追求不利于公共利益的实现，而且公众的意见和态度有时很容易被其他的因素影响甚至误导。这种观点并不正确，公众基于自身利益的关注而参与公共利益界定与实现的听证活动，这本身无可厚非，虽然这会令公共利益的界定与实现呈现出复杂化的局面，但公共利益的实现却离不开不同利益间的相互博弈与妥协，也只有这样才能最终达成公共利益的广泛共识。

三是能克服知识偏在的问题。在公共利益的实现过程中，虽然行政机关的作用不可或缺，但其掌握知识和信息必然是有限的。因此，要克服行政机关知识偏在的问题，以使公共利益的实现符合公平正义的要求，就必须要构建一种行政机关、社会及当事人之间的对话机制，以探求实现公共利益的各种可能性，并寻求最大公约数。而听证制度的引入，就非常有利于我们在实现公共利益的过程中探索各种可能性的问题，从而避免在一定程度上由于知识偏在所带来的不利影响。因为在听证程序中，各方都必须言之有据，而且参与的各方基于各自利益的考虑都会最大限度地发挥各自的知识、信息优势，从而有效地推动公共利益的实现。这样一来，公共利益的界定与实现应该就是一个"多赢"的结果。

四是有助于平息当事人的情绪。公共利益的界定与个人利益直接相关，如果处理不当极易引发并激化当事人的对立情绪，这从内地折迁工程中爆发的一些典型案例中可见一斑。在公共利益的实现中，要平息当事人的对立情绪，听证程序就是一个不错的选择。一方面，听证程序通过赋予行政机关特定的义务以消解当事人的对抗情绪。在听证程序中，作为实现公共利益主体的行政机关要承担向相关当事人甚至公众说明公共利益的义务，就自己的行为进行解释。如果行政机关的行为涉及对相关当事人财产等权益的处理，行政机关还必须表明相关的法律依据。听证程序所营造的这种慎重氛围，使得当事人对在公共利益实现中所产生的对立情绪能得到适当程度的消弭。另一方面，听证程序为公共利益的实现提供了一个合理的论坛。由于听证程序的开放性，使得实现公共利益的参与主体尤其是行政机关在实现公共利益上的自由裁量权变得清晰可见，这有效地消解了民众对公共利益实现中行政权力自由裁量权的担忧与对抗性情绪。

五是有助于公民社会的构建和完善。公民社会是凸显公民权利与自由的社会，也是强调公民参民、公民责任的社会。无疑，公民社会的构建能够激发公民参与公共事务的热情和积极性，能够培养和强化公民的主体意识、民主意识、权利意识、责任意识等，使其积极地、负责任地参与社会公共活动，自觉履行公民责任，从而推动公共事务的发展。公共利益实现中的听证程序，正是公众参与社会公共活动的典型表现，也是公共利益实现中民主价值的体现过程。由于听证程序保障了相关主体尤其是公众的充分参与，因而听证程序的运作过程实际上就是一个民主的过程。因此，公共利益实现中听证程序的引入，又反过来有助于公民社会的构建和完善。

由此看来，公共利益实现中引入听证程序，既能很好地体现正当程序的要求，又能保障民主价值，促进公民社会的建设。特区政府这次提交的《土地法》修订案中，就公共利益的界定没有引入听证程序，不能不说是一个不足。虽然不能要求所有公共利益的界定都要引入听证程序，但一些特别重大的公共利益事项，只要不涉及国家或澳门特别行政区的安全而依法应予保密的范畴，引入听证程序是可以考虑的。其实，《澳门基本法》赋予立法会就公共利益问题进行辩论，就是对公共利益问题展开听证程序的一个很好平台。《澳门特别行政区立法会议事规则》也专门规定了公共利益问题的辩论程序，但特区成立这么多年来，立法会为公共利益问题进行辩论的功能和作用并未得到有效发挥。这次立法会讨论《土地法》修订案以及《城市规划法》草案时，不少议员要求法案的内容应增加公众的知情权和参与权，甚至有议员提出总体规划要经立法会审批。来自立法会的这些声音表明，在澳门，公共利益的界定及实现，亟待规制，并需要有适当程序来保障，听证便是一个不错的选择。

（本文原载于《澳门月刊》2013 年 3 月号）

-完善法律规章　提升政府效能-

一、部分公共行政服务领域效率低下较为突出

澳门回归十六年多来，虽然经济快速增长，但民众对特区政府的施政仍有不少批评，有些还比较尖锐。其中，部分公共行政服务领域效率低下就是一个较为突出的问题。

任何组织，在实际运作中都会考虑到效率问题，以最小的成本投入获得同样的效益产出，或者以同样的成本投入获得最大的效益产出。在公共行政管理方面，同样提倡效率原则，目的在于尽可能减少不必要的行政耗费（包括时间、人力、财物等），以实现管理效益的最大化。因此，提高行政效率是公共行政管理的方向和宗旨，也是检查和衡量公共组织和公共行政管理活动的有效性的一个重要标准。

澳门回归后，特区政府针对澳葡政府时期公共行政的明显陋习与缺陷如官僚作风、效率低下等问题，持续进行了有力度的改革，努力转变服务态度，提升公共服务效率。例如，推行“服务承诺计划”和“一站式服务”；针对市民投诉事项的复杂性与特殊性，组成跨部门、跨范围的专责小组加快处理；通过“行政服务协议”整合不同管辖范围的政府服务，减少政出多门、各自为政的现象，使政府服务更贴近社会与民众的需要；重塑政府工作流程，积极推行质量管理体系认证工作；推动“电子政府”建设，简化市民申请公共服务的程序与手续；推行执法服务责任制、过错责任追究制、执法服务水平考核等制度。这些措施使民众受益，也获得了社会的好评。

然而，澳门部分公共行政服务领域效率低下的问题仍较为突出，并且饱受民众的批评。据澳门理工学院一国两制研究中心 2009 年 6 月发布的《澳门特区十年发展进步大型民意调查报告》显示，受访居民对特区政府施政最不满意的地方，除“发生欧文龙事件”位列第一，有近 72% 的受访居民选择这一选项外，位居第二位的选项就是“行政效率低下”，有超过 43% 的受访居民不满政府行政效率低下，尤其在土地工务运输领域，工作效率低下的问题最为突出。澳门廉政公署 2010 年工作报告也严厉批评澳门特区的公共行政效率低，未能配合澳门社会发展的进度，其中居民的行政申诉个案有约一成涉及土地工务运输局。2012 年廉政公署工作报告更是直指，治安执法、卫生医疗、交通事务、经屋与社屋及市政等是引起投诉最多的领域，引起投诉的原因包括精简行政流程依然未见起色、该作为而不作为、该决定而拖延决定等，其中该作为而不作为、该决定而拖延决定的现象颇为常见。针对不作为、迟作为的现象，时任廉政专员冯文庄表示廉政公署将在提升行政效率及依法行政方面发挥应有的监督作用。

随着澳门社会和经济的发展，利益多元化是一个客观的现实。如何平衡多元的利益，对特区政府是一大考验，特别是如何保障处于社会底层的居民的根本利益，并及时响应来自社会底层的诉求，关系到社会的稳定。政府制定并推行重大公共政策，在寻求各方利益最大公约数同时，要兼顾效率。否则，一个拖延的政策即使最终落实，也会影响其作用的发挥。最为典型的是旧区重整和集体运输系统建设这两项重大的民生工程，其进展缓慢已严重影响到了澳门的进一步发展。此外，轻轨工程的建设也已经是严重滞后，不能满足居民及游客出行的需求。

2014 年，澳门第四任行政长官选举期间，对于行政效率低下较为突出的问题，不少选举委员会成员发炮批评。当时的候选人也表示，已听到不少意见，认为政府公共行政的效率与要求有落差，承诺若当选，会加大力度解决行政效率低问题，落实一个政府的概念，更好服务市民。

二、部分公共行政服务领域效率低下的原因分析

澳门特区政府施政中存在的部分公共行政服务领域效率低下的现象，成因较为复杂，既有沿袭澳葡政府时期制度的因素，也有特区政府公共行政改革的制度建设仍有不足的因素等。综合来看，以下两个方面的原因值得重视：

（一）有的法律制度、行政规章滞后影响了行政效率的提升

澳门行政效率低下的一个重要因素是法律制度、行政规章滞后。回归都十多年了，但澳门不少的法律规定，特别是行政规章仍是澳葡政府管治时期制定并留下来的，不少规定早就时过境迁了。例如，政府、议员均有感数十年前订定的采购相关法律制度不合时宜，且难保证公帑用得其所，有完善必要。如20世纪80年代订定的法令规定，若工程估价超过250万元，便必须公开招标。有立法会议员便直指：“按现在算，250万元算得系咩呢?”称不但招标程序费时，更有可能因此支出的行政费用已较工程本身昂贵。此外，回归前的行政规章所设定的政府部门支出审批标准，回归后没做什么大的调整，例如，在免除竞投、咨询或订立书面合同程序的方式取得资产及劳务，超过澳门币25万元的支出时，仍需司长审批，结果是司长除要负责范畴内的决策事宜外，还要忙于审批相关的费用支出，效率自然就受到影响。在回归前，澳门经济连续多年出现负增长，加上当时博彩业专营，澳门的经济规模总量有限，当时的澳门币25万元是一个不小的数目。如今，澳门的经济规模大了，加之物价上涨等因素，25万元澳门币的支出早就不再属于大数目的支出了。

澳门现在适用的不少涉及民生领域的重大法律，是回归前制定后适用至今。法律制定时的社会条件如今早就发生了巨大变化，但法律的适应化工作却因受制于法律人才的缺乏等因素而进步缓慢。在法律没有修改前，政府部门只能按照法律规定的条件和程序处理具体事务，想要快也快不了，有时甚至是想做可能都做不了。例如，涉及旧区重整的工作，就受到原有法律的限制。根据《民法典》相关规定，旧楼重建项

目必须得到百分之百业权人的同意，但本澳只有少数楼宇是单一业权做登记。大部分低层楼宇均采取分层登记制度做登记，业权分散，加上有的业权继承人已移居国外，若要得到百分百业权人同意或取得共识，重建工作推动存在很大困难。因此，有社团建议政府创设条件，降低相关重建项目的启动门坎，容许只需八成业权人同意后便可启动重建。但这要修订法律才可达成，相关的法律没有修订的话，政府也不可能违法去推进。

澳门目前适用的法律，包括行政规章，很大一部分是保留下来的原有的规范性档。这些保留的原有的规范性档中，到底有多少不再适应澳门的实际情况，目前政府仍在清理、分析、处理中。不过，限于人员的缺乏等因素，政府目前集中力量优先处理法律的适应化，而对于行政规章的适应化不一定能够兼顾。为了提高行政效率，不仅法律的适应化要抓紧，行政规章的适应化同样在全力推进。

（二）有些公务人员缺乏担当精神和责任意识，导致行政执行力弱化，影响行政效率

政府施政主要是通过行政管理活动来进行，而行政执行活动在整个行政管理活动中又处于十分重要的地位。除行政决策外，行政机关的绝大部分工作都是行政执行。一个政府的执政执行力强，就能高效地贯彻落实所制定的政策，满足公众利益的需求。反之，缺乏行政执行力的政府，执行政策时要不采取不执行的态度，要不就是不完全、不适当执行，政府的行政管理工作便难以甚至无法实现既定公共政策设置的目标。而要打造一支有行政执行力的公务员队伍，首先就必须要求公务人员有担当精神和责任意识。既敢于做事，积极进取，又不怕承担责任。因为只要做事，就有做错的风险，就可能会有责任的追究。如果因怕做错事而承担责任，那自然就会采取该做不做，或等等看再慢慢做的消极方式，行政执行力当然会弱化，行政效率也会因此而受影响。

澳门特区政府成立以来，公共行政改革工作一直是历届政府施政的重要内容，其中也包括了加强行政执行力的建设。然而，由于负责政策执行的公务人员素质参差不齐，特别是缺乏担当精神和责任意识，削弱了行政执行力。就是政府领导及主管级公务人员中，有些人的政策水平及执行能力仍然有限，不少人抱有“多做多错、少做少错、不做不错”的心态，表现在实际工作中，就是对政策执行事务不积极主动，而是采取犹豫观望、拖泥带水、久拖不执的态度和方式。有的见困难就绕，见责任就推。公务人员中的这些消极现象，无疑会对行政执行力造成负面影响。

此外，由于公务人员缺乏担当精神和责任意识，执行政策的方式容易陷入简单机械的境地。有些政府部门及其公务人员在执行政策时，习惯于把政策执行理解为照搬、照抄、照转，很少去抓落实、抓检查、抓监督，呈现出一种典型的应付型、被动型执行，最终使得政策难以落实，或落实起来走样，致使政策执行缺乏实效。还有，涉及多部门的政策执行，一些政府部门及其公务人员缺乏政府施政一盘棋的观念，缺乏必要的协调、沟通、配合，导致政策执行的整体效果不尽如人意，这同样会影响政策的实施效果。再有，政策执行缺乏评估、反馈与修正机制，政府执行政策工作透明度不够，政策执行中公众参与监督的不足等，都会影响政策实施的效果。

对于公务人员缺乏担当精神和责任意识，澳门社会上的批评之声从未停过。曾有人对这种不正常现象尖锐地指出，一些机构因不依法办事而导致矛盾或纠纷后，自身不愿承担责任，却简单地将问题和矛盾推给司法机关，美其名曰“依法处理”。特区政府要在行政改革方面取得成效，就必须通过培训、考核、职务升降、责任追究等方式，使得公务人员尤其是领导及主管级公务人员具备担当精神和责任意识。

三、完善法律及行政规章，着力提升政府行政执行力

政府行政执行力的提升是一项复杂的系统工程，必须着眼于一个国家或地区的政府存在的执行力问题和实际情况，依照行政执行力建设自身的规律，在提高政府政策执行人员素质、优化和重塑政府的组织架构、创设良好的执行文化环境等方面下大功夫。澳门特区政府要提升政府行政执行力，同样要着眼于本身在政策执行方面存在的问题，对症下药，从制度建设上全力推进。

（一）加紧法律行政规章的清理及其适应化工作，简化并完善行政程序

特区政府成立以来，法律适应化工作一直都在做。尽管进展不尽如人意，但目前已进入与立法会协调如何妥善解决的阶段，预计2016年能完成相关工作。不过，即使完成了适应化处理的法律，也不意味着就万事大吉了，今后仍要根据澳门社会发展的变化，特别是公共行政改革的需要及时做出修订。

对于大量的行政规章，特别是保留下来的涉及政府内部运作的一些程序性行政规章，虽然政府也在不断清理完善中，但还没有从整体上象法律适应化那样进行系统清理，这项工作要抓紧进行。2015年11月，行政公职局高炳坤局长曾表示，局方今年完成检讨行政程序，发现不少涉及跨部门的行政程序出现问题，未来将重点检讨跨部门流程，针对性订定程序标准，并设定系统监控，有效监督部门是否按承诺的时间、程序开展工作。

（二）强化政策执行监督机制建设

政策执行监督就是要通过对政府部门及公务员的政策执行过程进行监控，及时发现和纠正政策执行过程中的不良情况，保证政府执行任务的有效和顺利进行。特区政府强化政策执行监督机制建设时，一方面要注重强化监督机构的权威性，例如廉政公署对所有政府部门及公务员政策执行不力的监督，以及政府上级部门对下级部门政策执行不力的监督，其权威性要强化，以确保对政府政策执行活动的有效监；另一方面，也要强化社会公众和新闻媒体对政府政策执行活动的监督，将政府的政策执行活动置于公众和新闻媒体的关注和监督之下，充分发挥公众、社团组织、大众传媒等社会力量对政府政策执行活动的监督作用，及时纠正政府在执行政策过程中的偏差。此外，要建立和完善政策执行问责制，并作为特区政府正在构建的行政绩效治理制度的重要组成部分，以促进和增强政府部门及公务员在政策执行中的责任感、服务意识和职业伦理修养。

（三）继续加强公务员培训工作，不断提高公务员综合素质

行政机关的所有职责最终要依靠公务员来履行完成，公务员素质的

高低对于行政执行力的强弱具有很大的影响。因此，培训与提高公务员的素质就成为提高政府行政执行力的一个重要途径。澳门特区政府成立以来，虽然也持续在进行公务员的培训工作，但为行政执行力的提升计，公务员的培训工作仍要常抓不懈，并加大力度，以不断提高公务员的综合素质。一方面，应加强有关法律知识的培训，尤其是基本法知识的培训。公务员执法，首要的是依法行政。公务员掌握、了解相关法律知识，依照法律的要求执法，是提高公务员素质的第一步。法律知识的培训中，基本法知识的培训又居于重中之重。因为在澳门，基本法具有宪制性法律地位，依法行政首先必须要依照基本法的规定来进行。要通过基本法知识的培训，使公务员尤其是领导及主管级公务员熟悉基本法，忠于基本法，遵守基本法，自觉维护基本法，全心全意为澳门贡献自己的聪明才智。另一方面，应加强职责意识教育。特别是要让公务员正确认识并处理权力与责任的关系，树立责任本位意识。政府首先是一个责任主体，是为了履行公共责任而设置的公共管理组织，政府所拥有的权力是政府履行责任需要而配置的一种必要工具。政府及其公务员拥有一份权力，同时就有一份责任在身。政府及公务员既不能不行使权力，否则就是行政不作为；也不能行使权力时不依法，否则就是行政乱作为。责任本位意识要求政府及公务员警醒地履行自己的职责，并通过及时高效依法行使自己的职权，更好地服务社会大众，最大限度地谋求公众的利益。此外，还要注重开展对公务员相关专业知识的培训，以及激发公务员在政策执行活动中的积极性、创造性方面的训练。

（四）重视对行政机关行政执行力文化的建设

要提高行政执行力，除要有一套科学合理的行政规章制度外，还离不开一个良好的文化环境。一个讲究工作效率和强调一丝不苟的执行精神的社会更有利于提升政府的行政执行力。相对而言，一个组织内的文化环境可能会比组织外部的社会文化环境更能直接地影响组织的执行氛围，在一个拥有好的组织文化的政府组织内，其“执行”的氛围浓厚，执行者会全力以赴执行各种任务，讲究执行的速度、质量和纪律，注重执行的效益。在这样的执行环境中，政策决策会较容易得到彻底的贯彻执行，执行力也比较高。澳门特区政府要提升行政执行力，除在社会上营造良好的行政执行力文化氛围外，更要注重政府内部行政执行力文化的建设。“执行力文化”是企业界较为流行的一种企业文化，其主要内容为：培养员工的积极性、主动性和创造性；强调严格执行各项规章制度，对于已经确定的发展战略、发展目标狠抓落实；倡导有令则行、有禁则止和真抓实干、求实务效的工作作风，以实实在在的效益和工作成绩考核和奖励员工。简言之，所谓“执行力文化”就是把执行力作为所有行为的最高准则和终极目标的文化。构建政府行政执行力文化就是要运用企业管理的思维方式和理念来营造政府有利于行政执行力的文化环境，包括公务员的执行原则、执行价值观、执行态度等方面的文化感染，以促进政府工作效率的提高。

除上述四个主要方面外，澳门特区还可在加强立法对政府执行政策的监督工作、创新公务员激励机制等方面来提升政府行政执行力，以达至全面提高行政效率的目标。总之，强化行政执行力，将特区政府的有关政策落实到行动中去，使政策及时有效发挥其应有的作用，让社会大众因此而受益。这样，不仅会提高政府的工作效率，也会提高政府的公信力，而且有助于将特区政府打造成廉洁高效的政府。

（本文原载于《九鼎》2016年第4期）

四

科学施政与制度化建设

政府施政贵在始终坚持加强制度建设

澳门特区政府2013年财政年度的施政报告发表后，社会的评价总会是多元的。但有一点是非常值得肯定的，那就是这份施政报告虽是针对2013年财政年度的政府工作安排，但却在顾及短期施政成效的同时，特别注重施政长效机制的构建，多次强调加强制度建设，具有前瞻性，有利于澳门保持可持续发展。

一、制度安排具规范性、稳定性和长期性作用

制度安排是指通过确立一套人们必须共同遵守的行为规则，以实现某一目标。制度安排在任何一个国家或地区的经济社会生活中都具有非常重要的地位，它往往起根本性、全局性、稳定性和长期性的作用。试设想，一个国家或地区，如果没有相应的制度来规制，不仅施政者的行为会失去目标和约束，就是生活在这个国家或地区的人们也会没有保障。因此，制度安排不是可有可无，它是一个国家或地区社会稳定和健康发展的必然要求和可靠保证。

当然，一个国家或地区的制度一定要切合当地的实际情况，切实可行，才能发挥它的作用。否则，制度是有，但不符合当地的实际情况，反而可能会起反作用。对此，邓小平曾有过精辟论述。他在谈及党和国家领导制度的改革时曾说："我们过去发生的各种错误，固然与某些领导人的思想、作风有关，但是组织制度、工作制度方面的问题更重要。这

些方面的制度好可以使坏人无法任意横行，制度不好可以使好人无法充分做好事，甚至会走向反面。”

一个好的制度安排，不仅可以有效调节社会矛盾和冲突，减低社会运行的成本，而且对于社会的和谐构建同样具有多方面的价值。这首先体现为制度的规范功能。在一个竞争开放的现代社会中，透明公正的制度可以为行为主体确定竞争规范，减少人们行为预期的不确定性。因此，制度主义者认为现代政府最重要的公共服务就是通过提供优良的制度尤其是法律制度，来为社会行为主体确定行动的边界，确定他们的权利与义务。其次体现为制度的凝聚功能。制度背后无疑都承载着特定的精神观念与意识形态。因此，一个得到贯彻的良好制度的背后，本身就反映着社会共同体成员对某种价值观念的承认与尊重。共同的制度精神及其价值观，会强化社会成员彼此之间的认同感，从而起到凝聚社会力量的作用，特别是将大大增强社会在面临危机和挑战时的能力。最后还体现为制度的协调功能。制度不仅协调个人间的行为，也协调政府和个人间的行为。个人对现行制度安排的法理性的认同和信赖，能淡化机会主义行为，减少搭便车行为。政府对现行制度的遵守，则无疑有助于规范、约束政府的行为，保障居民的合法权益。

正是基于制度安排在经济社会生活中的重要地位和作用，澳门特区政府 2013 年的施政报告在安排施政重点时开篇便提出要构建施政长效机制，以实现民生综合水平的持续提高。为此，特区政府将加强建设具规范性、稳定性、长期性相配套的制度体系，结合适时的补充措施，稳步推动施政长效机制的各项建设。应当说，施政报告提出这一目标和任务，对于推动澳门经济持续发展、社会全面进步是有深刻意义的。

二、制度建设滞后仍是制约特区发展的一大瓶颈

因应澳门的回归，《澳门基本法》为澳门特别行政区确立了以行政为主导的政治体制，它既保留了澳门原有政治体制中行之有效的部分，也适应了澳门回归祖国后的现实需要，是实现“澳人治澳”、高度自治的最好的政权组织形式。然而，上述制度体制的功效，需要有具体制度予以

落实和保障，澳门经济社会的发展变化，也迫切需要特区政府健全完善各项制度。因此，特区政府成立后，制度建设便成为政府工作的重中之重。对此，全国人大常委会委员长吴邦国在纪念《澳门基本法》实施十周年座谈会上的讲话中明确指出，澳门特别行政区要把制度建设摆在突出位置，当作一件大事来抓，尽快制定完善高度自治范围内事务的具体制度。澳门回归十年之际，有关国家领导人仍将制度建设列为特区政府施政的一件大事，这固然说明制度建设的重要性，但也同时说明特区的制度建设仍有滞后性的一面。

澳门回归以来，特区政府在制度建设方面做了努力，但与日益快速发展变化的社会需求及居民的诉求仍然有不相适应的方面。例如：法律改革的进展缓慢，不如人意。制度建设关键是法律制度的建设。目前特区法律制度建设的一个突出问题是采用为特别行政区法律的澳门原有法律的清理和适用化应尽早完成。众所周知，采用为特别行政区法律的澳门原有法律，其中文版本内容不仅难懂，而且还有一个与澳门社会的实际情况相适应的问题。澳门回归后，澳门居民要求切实加强法律改革的响声越来越强烈的道理就在于此。根据全国人大常委会关于处理澳门原有法律的决定，有关的法律适应化工作早已滞后，以致回归一多年了，采用为特别行政区法律中的澳门原有法律中，随处可见“总督”“政务司”等名称词句。另外，这些原有法律在内容上是否存在与澳门社会的实际情况不相适应的情形？对此应如何进行立法上的完善修订等？这些都是澳门法律制度建设中亟待解决的问题。国家主席胡锦涛在庆祝澳门回归祖国十周年大会上的讲话中，在肯定特区宣传推广并维护基本法的重要成就之余，指出要在这一基础上进一步健全澳门特别行政区各项法律法规，加强制度建设。这实际上就是要求特区政府加快法律改革工作，尤其是要加快对原有法律的法律适应化工作，当然也包括了新法律法规的及时制定。

又如：提交的法案质量不理想，影响立法进程。2012 年 10 月，立法会新的会期开始。此前，有八个政府提交的法案积压在立法会。这表明政府的立法计划未能如期完成，这其中虽然有行政与立法需进一步加强沟通和合作的问题，但多份计划法案积压在立法会的客观事实，还是容易让人感觉到要不就是政府的立法计划科学性仍不够，要不就是立法计划的执行力仍有待强化。从事后的反映来看，应该与政府提交法案的质量不理想有关。有的法案经立法会讨论后连法案的名称都改了。还有的法案在立法会讨论时，出席的政府法律顾问或官员不能很好地解答立法会议员提出的有关问题，导致有关的法案要延后讨论，这些都会影响立法会的立法进程。而澳门社会的发展变化，又要求有关领域急待立法加以调整，如立法会议员提出的《土地法》《城市规划法》《文化遗产保护法》等。因此，如何合理使用有限的人力资源，加强政府部门法律草拟人员的立法技术培训，切实提高法案的质量，是政府改进法律工作的一项急迫任务。

再如：行政规章制度有待完善。目前特区政府的不少行政规章制度都是澳葡政府时期制定并保留下来的。澳门回归后，尤其是博彩业开放后，急速发展的经济及由此所引致的社会关系的变化，都要求对保留下来的一些行政规章制度进行检讨和完善，因为这直接事关政府的管治水平。事实上，澳门的一些行政规章制度已明显表现出与澳门经济社会发展的要求不符合的状况。例如，欧文龙事件的发生，表明在重大工程审批方面的监督和预防制度还存在漏洞。近期，有工务局公务员涉嫌在工程事务中收受利益而遭廉政公署调查，说明有关的制度建设仍有检讨和完善空间。此外，随着澳门博彩业的开放，人们的利益诉求日益多元化，政府的施政应反映并衡平日益多元的利益诉求。这就要求政府注重行政规章的制度建设，已有的规章制度不完善的要尽快加以完善，需要新制定的要加紧制定，以促使政府部门及公务人员依法行政。当前特别要认真解决一些政府机构及其人员不依法办事尤其是行政不作为又不勇于承担责任的不良状况，健全并完善官员问责等责任追究机制。只有真正从制度层面完善行政规章并严格执行，才能实现依法行政，才能从源头上预防和减少因行政行为或行政不作为侵害居民权益事件的发生，才能为社会创造公开、透明、可预期的发展环境。对此，国家主席胡锦涛在庆祝澳门回归祖国十周年大会上讲到加强制度建设时，强调特别是要按照以人为本、勤政、廉洁、高效的要求，完善政府行政规章制度，促进澳门特别行政区政府管治水平不断提高。为此，特区政府必须要有以时俱进的创新观念，大力健全完善行政规章制度，以提高效率并快速响应社会诉求，积极消除和减少澳门居民出现的某些不满情绪，把澳门建设成为一个真正和谐有序的社会。

三、政府施政重在构建长效机制

第三届澳门特区政府上任伊始，在秉承前届政府一些好的施政理念的同时，提出了致力打造“阳光政府”，加强科学决策的施政理念。2011年，行政长官催世安以“落实科学施政，规划发展蓝图”作为施政报告的题目。2013 年，则以“增进民生福祉，立足长远发展”作为施政报告的题目。其中，“规划发展蓝图”与“立足长远发展”都体现出政府施政注重科学决策，重在构建长效机制的施政理念。

2013 年财政年度施政报告花了较大篇幅，首先就施政长效机制的构建多方位做出相应安排，尤其是事关居民民生的社会保障、医疗、教育、房屋等领域的施政长效机制提出了具体意见。这实际上不只是管 2013 年的施政，而是涉及澳门的长远发展。其中，政府在加大涉及社会保障体系和住屋保障领域长远规划的力度时，有关“社会保障长效机制”以及“住屋保障长效机制”的部分，分别就加强或强化制度建设的内容专门集中一段文字加以说明，足见政府构建施政长效机制的信心和决心。

公共行政改革方面，施政报告提出了建立政府绩效治理制度，首先开始实行领导官员的绩效评审制度，以强化政府部门对政策的执行力和执行效果。这实际上也是一项旨在建立施政长效机制的制度建设，其核心在于增强公务人员尤其是领导官员的责任意识、服务意识和效率意识。有了绩效评审制度，领导官员就必须注重自身职业伦理修养的提高，必须注重工作质量和效率的提高，必须注重政策的执行力和执行效果。这对于解决长期以来存在的行政不作为或行政效能低下的问题有着积极的意义。

法律适应化和清理工作将如期推进和完成，这是 2013 年施政报告传递出的一个好消息，对政府加大制度建设意义重大。澳门回归后，要求法律改革的呼声始终没停过，政府为此也做了努力。但受制于法律专业人才缺乏及法律本身所固有的复杂性等因素，这项工作的进展初期不太理想。这次施政报告表明，为期三年的法律适应化和清理工作进展顺利，家底已基本摸清，有关工作可望明年年初完成并适时公布。正如施政报告所说，这对完善澳门特别行政区的法制建设具有历史性意义。长期以来制约澳门法律领域工作向前推进的家底不明情况将得以有效解决。当然，后续的有关原有法律的评估、修订等工作仍有待特区政府和立法会通力合作并妥善处理。

在推动经济适度多元发展方面，施政报告同样注重构建长效机制。如，为促进文化创意产业的发展，有关文化创意产业的基金将于明年投入运作；为帮助本地青年创业，政府将在“工商业发展基金内”创设专门帮助青年人创业的免息贷款计划，以提供财务上的支持；为保障居民就业权益，政府将检讨《劳动关系法》和工作意外保险的问题，推动《非全职工作制度》的立法工作；为储备特区持续发展所需专才，政府将继续推动社会工作、建筑、卫生等行业专业人员的认证制度等。政府的这些施政安排无疑都是意在长远，而不只是仅仅关注眼前。

当然，施政报告提出的一些意见也有值得再进一步完善的地方，例如，有关绩效治理制度的构建，首先可否考虑从领导及主管管员开始实行，而不是仅仅从领导官员开始实行。实际上，在政策的执行方面，主管官员也发挥着重要的作用。以往政府政策执行效果不尽人意，除领导层面的官员的工作存在检讨和完善的必要外，主管层面的官员同样也有一个绩效问责的必要。此外，绩效治理制度将来是否可考虑扩大适用至公务员层面。当然，不同层面的公务员权力和责任不同，具体的绩效要求也会不同。至于绩效评审的主体、标准、程序以及问责措施和程序等，则有待政府及时出台相关配套的具体制度，否则，施政报告提出的绩效治理制度将不能很好地发挥作用。另外，施政报告涉及政府架构重叠和职能交叉问题的处理，除了民政总署与其他部门存在之外，是否还存在其他政府部门的职能也有重叠和交叉的情形。对此，政府可能要从整体上通盘加以检讨和考虑，通过认真调研，广泛听取意见，包括听取公务员、社会团体和公众的意见，拿出一个总体方案。

最后，需要注意的是，政府施政报告虽然提出了构建施政长效机制的目标，但要让施政长效机制有效发挥作用，特区政府在日后制定政策或提交法案时，必须要坚持从澳门的实际情况出发，做好相关咨询工作，充分发扬民主，理性务实探讨，广泛凝聚共识，使制定的制度或有关法律法规等符合澳门实际、切实可行。同时，政府要有长远打算，不能指望通过一二年的施政就达至构建长效机制的目标。因此，不论是明年的施政，还是后年包括以后的每年施政，特区政府都应不懈地坚持加强制度建设，并把它作为施政的一件大事抓紧、抓实、抓好。

（本文原载于《澳门月刊》2012年12月号）

也谈影响澳门经济社会发展的深层次问题和矛盾

澳门回归13年多来，实现了经济繁荣、民生改善、民主发展和社会全面进步。2012年，澳门全年本地生产总值3482亿澳门元，比2011年增长19.2%。人均本地生产总值61.19万澳门元，比2011年增长15.1%。澳门能取得上述成就，一方面是特区政府和社会各界共同努力的结果，另一方面也得益于中央政府和祖国内地的全力关心和支持。不过，在看到令人欣喜的成就同时，也要清醒地认识到，要实现澳门社会全面进步和长治久安，需要我们做的事情仍然很多。从澳门的实际出发，尤其要有居安思危的忧患意识。当前，准确把握影响澳门经济社会发展的深层次问题和矛盾，便是一项非常急迫的任务。唯有如此，才能对症下药，谋划长远。

博彩业一业独大与经济适度多元之间的矛盾需有效破解最为突出

什么是澳门经济社会发展中的深层次问题和矛盾呢？早在澳门回归五周年庆祝大会之时，时任国家主席胡锦涛在讲话中便指出："近几年，澳门经济发展迅速，但长期以来形成的一些深层次问题和矛盾仍然存在。要谋划长远，在巩固现有优势的同时，努力培育新的经济增长点，增强发展后劲。要继续加强和完善对博彩业的管理，促进旅游等相关行业的发展。"胡锦涛在上述讲话中是在谈及经济发展时提到澳门存在深层次的问题和矛盾，而且认为深层次问题和矛盾是长期积累造成的，并不是突然形成的，他要求特区政府继续加强和完善对博彩业的管理，促进旅游等相关行业的发展。结合后来中央及澳门特区所提出的澳门经济适度多元发展的情况来看，澳门经济社会发展中的深层次问题和矛盾首先表现为博彩业一业独大和经济适度多元发展之间的矛盾。因为这一矛盾和问题在澳门回归前实际上就已存在，在澳门回归和“赌权”开放后，至今仍然存在，甚至有之过而无不及，这从博彩业规模之大和占特区政府税收比例之高可见一斑。2012 年，政府收入为 1294. 98 亿澳门元，其中最大部分收入来自博彩税，金额为 1133. 78 亿澳门元，比重达 87. 55% 。

由此看来，澳门回归后尤其是“赌权”开放后经济保持了快速增长，主要是依赖博彩业的发展。博彩业在助推澳门经济快速增长的同时，其实也隐藏着巨大的风险。首先，这增加了澳门经济发展的不确定性，减低了澳门经济抗风险能力。一旦外围经济形势有变，澳门的博彩业最容易直接受到影响。其次，博彩业的一业独大甚至过度发展，会产生其他的社会问题和矛盾。例如：博彩业对土地的大量需求与土地资源的缺乏之间的问题和矛盾；博彩业吸引大批人力与中小企业严重缺乏人力资源之间的问题和矛盾；博彩业的发展需输入外劳与本地劳工权益保障之间的问题和矛盾；博彩业的发展引发土地紧缺导致楼价急升与居民置业之间的问题和矛盾；博彩业急剧扩张与青少年人生观形成之间的问题和矛盾；博彩业大规模扩张与内地“禁赌”日趋严峻之间的问题和矛盾等。再次，博彩业的快速发展虽带动了澳门经济整体快速发展，但相当部分居民仍不能充分分享经济发展的成果，这集中体现在居民置业的困难和物价上涨的生活压力上。最后，美资企业在博彩业中所占的比重关系到澳门乃至国家安全。由于中资企业不允许参与博彩业，若现有的澳港华资赌商得不到扶植，而美资赌商的规模得不到控制的话，美资企业对澳门博彩业的影响程度会加剧。这对澳门乃至国家的安全会产生重大影响，对此我们不能不认真加以对待和考虑。

鉴此，博彩业一业独大且发展过快与经济适度多元不足之间的问题和矛盾，是澳门当前经济社会发展中最主要的问题和矛盾。只有妥善解决好这一问题和矛盾，由此衍生的其他问题和矛盾方能迎刃而解。这也就是中央多次强调澳门经济适度多元发展困难再多再大也要坚决去做的要义所在。因此，特区政府当前需集中精力做好的重要工作之一，就是如何继续加强和完善对博彩业的管理，科学规划并采取切实有效措施，促进旅游、会展、文化创意、中医药等相关行业的发展，努力推进澳门经济适度多元化。这其中，澳门特区政府要特别注意抓住与内地尤其是广东省的合作，充分发挥葡语系国家经贸合作服务平台的作用，开辟澳门更大的发展空间。

制度建设与经济社会的发展仍有不相适应亟待加强最为关键

除博彩业一业独大且发展过快与经济适度多元不足的问题和矛盾外，澳门经济社会发展中的另一个深层次问题和矛盾是澳门社会的制度建设与澳门经济社会的发展变化仍有不相适应的地方。

制度安排在一个国家或地区的社会生活中具有非常重要的地位，它往往起根本性、全局性、稳定性和长期性的作用。因应澳门的回归，《澳门基本法》为澳门特别行政区确立了以行政为导的政治体制，行政与立法既互相制衡，又互相配合，司法独立。这套政治体制既保留了澳门原有政治体制中行之有效的部分，也适应了澳门回归祖国后的现实需要，是实现"澳人治澳"、高度自治的最好的政权组织形式。上述制度体制的功效，需要有具体制度予以落实和保障，澳门经济社会的发展变化，也迫切需要特区政府健全完善各项制度。因此，特区政府成立后，制度建设便成为政府工作的重中之重。对此，时任全国人大常委会委员长吴邦国在纪念《澳门基本法》实施十周年座谈会上的讲话中明确指出，澳门特别行政区要把制度建设摆在突出位置，当作一件大事来抓，尽快制定完善高度自治范围内事务的具体制度。他并要求特区政府坚持从澳门实际出发，充分发扬民主，理性务实探讨，广泛凝聚共识，使制定的制度符合澳门实际、切实可行。

然而，澳门回归以来，特区政府虽然在制度建设方面也做了努力，但与社会的发展及居民的诉求仍然有不相适应的地方。对此，澳门回归十周年时，时任国家主席胡锦涛曾在特别行政区第三届政府就职典礼上的讲话中，在提到加强制度建设时，认为特别是要按照以人为本、勤政、廉洁、高效的要求，完善行政规章制度，促进澳门特别行政区政府管治水平不断提高。因此，澳门特别行政区的制度建设应主要集中体现在以下两个方面：

一是完善行政规章制度以提升行政效率。澳门居民对政府有些部门的办事效率一直抱有批评的声音，特别是与民生密切相关的一些政府部门的工作效率低下，更是容易引发居民的不满。例如，澳门廉政公署2010年工作报告也严厉批评澳门特区的公共行政效率低，未能配合澳门社会发展的进度，其中居民的行政申诉个案有约一成涉及土地工务运输局。2012年廉政公署工作报告更是直指，治安执法、卫生医疗、交通事务、经屋与社屋及市政等是引起投诉最多的领域，引起投诉的原因包括精简行政流程依然未见起色、该作为而不作为、该决定而拖延决定等。

随着澳门社会和经济的发展，利益多元化是一个客观的现实。如何平衡多元的利益，对特区政府始终是一大考验，特别是如何保障处于社会底层的居民的根本利益，并及时响应来自社会底层的要求，关系到社会的稳定。政府的施政在寻求各方利益最大公约数同时，要兼顾效率。否则，一个拖延的政策即使最终落实，也会影响其作用的发挥。最为典型的是旧区重整和集体运输系统建设这两项重大的民生工程，其进展缓慢已严重影响到了澳门的进一步发展。此外，轻轨工程的建设也已经是严重滞后，不能满足居民及游客出行的需求。早在2014年第四任行政长官选举期间，对于行政效率低下较为突出的问题，不少选举委员会成员发炮批评。候选人崔世安也表示，已听到不少意见，认为政府公共行政的效率与要求有落差，承诺若当选，会加大力度解决行政效率低问题，落实一个政府的概念，更好地服务市民。而要解决行政效率低下的的问题，就必须完善澳门现有的行政规章，简化政府部门的内部运作程序，以便为澳门居民提供优质高效便利的公共服务。

二是公共行政改革有待深化，政府依法管治水平有待提高。澳门特区政府很早就提出了公共行政改革，但成效并不明显。首先是公务员队伍过度膨胀。回归初期，澳门公务员约1.8万名。12年后，公务员人数增至2.5万余人，增幅达38%。现在本澳平均每22人左右便有一人是公务员，比邻近地区要高得多。社会诟病部门臃肿、人员过度膨胀。虽然近期政府从中央招聘、统一职称等方面解决问题，但公务员人数仍有增无减，这与政府库房“水浸”没有财政压力以及政府部门招聘的法律监管不足不能说没有关系。其次是公务员素质参差不齐，办事效率不能令人满意。不仅普通公务人员存在这种问题，领导及主管级管员也部分地存在这种问题。特别是在以人为本、提高决策水平和政策执行水平方面，与澳门经济社会的发展不相适应，离居民的诉求也有一定的距离。这与官员产生及问责制度息息相关。由于官员全是委任，其优点是上、下级容易有一致的理念，有利于团队发挥。但其缺点也是明显的，即易衍生依附、裙带关系。至于问责制，执行情况并不理想。制度只针对官员有否犯错，没有处理“不作为”官员的机制，形成少做少错、不做不错的不良风气，社会对此意见甚大，必须完善。最后是部门职责有待进一步理顺。政府不同部门的职能是否存在重叠？有否优化的空间等，都是值得认真思考的。时任国家主席胡锦涛在庆祝澳门回归五周年大会上的讲话中，曾明确提出要稳步推进行政和法务等领域的改革，推进施政的法制化、规范化，不断提高施政能力，实际上这就是要求加快行政改革，以切实提高政府的依法管治水平，以便为民众提供优质的服务。

法律改革工作仍显滞后需要加快推进最为迫切

建立并健全法律体系，是任何一个国家或地区实现法治的前提和基础，澳门特别行政区亦不例外。1999 年 12 月 20 日，澳门特别行政区成立，《澳门基本法》正式生效实施，这标志着有自身特色的澳门特别行政区法律体系正式形成，亦标志着贯彻“一国两制”方针和依法治澳进入一个崭新的阶段。由于《澳门基本法》第八条规定的澳门原有法律在内容上有一个与澳门本地实际情况相适应的问题，加之因应特别行政区成立后社会经济发展的需要，澳门特别行政区的法律体系仍有一个不断完善的过程，因此，法律改革的重任显而易见。如同回归前的法律本地化一样，回归后的澳门，法律改革工作同样受到了社会公众的极大关注，特区政府也始终将法律改革作为需要着力推进的一项重要工作。然而，回归十多年来，澳门的法律改革工作虽然取得了一定的进展和成绩，但与社会各界的愿望和广大市民的呼声仍有差距，仍然存在着滞后的薄弱环节，尤其是有关经济发展和民生改善方面的法律修订及制定工作，仍有完善的空间，这也是影响澳门经济社会发展的又一个深层次问题和矛盾。当前，澳门法律改革工作特别突出并需加快解决的问题主要体现在以下两个方面：

一是法律改革的效果仍不尽理想。如同回归前的法律本地化受到广泛关注一样，回归后的澳门，法律改革同样受到了社会公众的极大关注，特区政府也一直将法律改革作为需要着力推进的一项重要工作。然而，回归十多年来，澳门的法律改革工作虽取得了一定的进展和成绩，但与社会各界的愿望和广大市民的呼声仍有相当的距离。特区政府为推进法律改革，还曾专门成立了法律改革与国际法事务办公室，但后来又将其并入法务局并进行重组。由于澳门特别行政区本地法律体系有其特殊历史性和复杂性，它既保留了大量的原有法律，又有回归后大量新制定的法律。原有法律沿袭葡国法制，一些具体规定已经有几十年甚至上百年的历史，确实难以适应澳门当前快速发展的经济社会环境。此外，经济、行政、社会等一些领域的法律制度还存在空白或不足，需要澳门特区通过立法予以补充完善。因此，加快法律改革，推进法制建设，始终是澳门回归以来面临的一大课题。特区政府需要高度重视，既要加强政策研究，抓好立法计划和统筹工作，又要做好与立法会审议工作的沟通配合，同时还要调动居民依法参与立法工作，广泛收集居民就完善法律所提出的意见和建议。只要这几方面的工作做好了，相信可以有效推动澳门的法律改革工作，并不断完善澳门的法律制度。

二是提交的法案质量还有待提高。特区政府每年的施政报告都会就这一年的法律提案工作做出安排，然而有些计划提交的法律提案不能如期提交，即使如期提交的法律提案，有的也会积压在立法会而未能在当年通过成为生效的法律。这其中的因素是多方面的，但有的法律提案未能及时在立法会通过，法案的质量不高是一个重要原因，以致法案要在立法会与政府部门之间来回不停地交换意见，自然会影响法案的审议及通过进程。如果法案的质量比较高，那就会缩短立法会审议的进程，提升立法效率。由于法案的起草是一项专业性很强的工作，特区政府需要从整体上做出科学安排，加大法律草拟工作的培训力度，以切实提升法案的质量。

除上述提及的深层次问题和矛盾外，澳门经济社会发展中还存在着其他的新情况和新问题需要认真加以解决，例如人口政策的制定与人才发展的规划培养之间的协调、保护历史城区与城市建设发展之间的矛盾、吸引游客与居民宁静生活方式之间的冲突等。总之，澳门经过这些年的快速发展，既有老的矛盾，也会有新的问题，有时还会新老矛盾和问题交织在一起，加剧问题的复杂性。这就更加需要澳门社会各界以全局和长远的眼光，从澳门的整体利益和长远利益出发，认真分析并妥善解决影响澳门经济社会发展的深层次问题和矛盾，进而保持澳门的长期繁荣稳定和发展。

（本文原载于《澳门月刊》2013 年 7 月号）

提高行政效率重在强化政府行政执行力

行政长官崔世安正式宣布参选第四任行政长官时表示，早前有意表态参选后，收到很多信息，认为澳门特区走过了十五个年头，应大刀阔斧推行行政改革，旨在提升行政效率，响应居民诉求和期盼。的确，在澳门，特区政府虽然也一直在进行行政改革的工作，并取得了一些成效，如身份证明局、法务局、治安警察局、财政局、教育暨青年局等部门推出的一些便利化措施或服务承诺等，受到市民称赞。然而，现行不少规章制度很多仍是澳葡政府时期制定并沿用至今，政府部门的行政效率与社会经济的快速发展的要求还是存有不少不相适应的地方，市民对此也多有微词。可以预见，着力推行公共行政改革，以提高行政效率，将是新一届特区政府的施政重点之一。要解决行政效率的问题，新一届特区政府必须在强化政府行政执行力方面下足功夫。

行政执行力的状况直接事关行政效率的高低

政府施政主要通过行政管理活动来进行，尤其是政府制定政策后，离不开行政管理活动来加以执行。“政策若无行政管理的帮助将一事无成”，说的就是这个道理。因此，行政管理工作是政府工作中极为重要的部分。而行政执行在整个行政管理活动中又占有十分重要的地位。行政执行是决策的实现过程，是行政管理的重要环节。行政执行活动构成了一个国家或地区行政机关行政管理活动的基本内容。甚至可以说，行政机关的绝大部分工作都是行政执行。

要做好行政执行工作，自然就会涉及到行政执行力的问题。所谓行政执行力，主要是指政府组织内所存在的通过准确理解政府施政的目标及方向，精心设计方案并通过对政府的各种组织资源包括人财物、信息、法律、制度等进行集中有效使用、调度和控制，从而有效地执行实施公共政策、法律、计划以及完成政府既定目标的能力和力量。通俗地讲，行政执行力就是常说的“抓落实”。正确、科学的公共决策固然重要，但必须要有强有力的行政执行力来做保障。因为政策所要实现的诸如公共利益和服务性等目标都最终要通过行政执行力来实现。如果行政机关的执行力软弱涣散，再好的政策都将会是一纸空文。清代的唐甄在其政论文章《权实》中便写道：“为政贵在能行，夫国有善政，而德泽不加于民，政虽善，未尝入民也。”意思是说，任何良法美意构成的方针、政策，如果不能贯彻下去，落实到位，是谈不上治道的。

由此看来，行政执行力是政府工作的生命力。行政执行力较强的政府，能有效地贯彻落实所制定的公共政策，满足公众利益需求。反之，缺乏行政执行力的政府，执行政策时要不采取不执行的态度，要不就是不完全、不适当执行，政府的行政管理工作便难以甚至无法实现既定公共政策设置的目标。对此，美国政治学家艾利森便很形象地认为，在政府工作中，政府目标的实现，方案确定只占10%，而剩余90%则取决于有效的执行。

正是基于行政执行力在政府行政管理工作中的重要地位，提高行政执行力便一直是当代公共行政改革的重要内容，也是当今各国或各地区政府竭力追求的目标。因为在国际竞争日趋激烈的环境下，一个国家或地区的行政执行力水平将会直接影响其国际竞争力，决定其兴衰存亡。20世纪的后20年，西方各国相继掀起了轰轰烈烈的政府再造运动，归根结底就是为了提升政府的行政执行力，塑造高效、灵活、廉洁的政府形象。在全球化背景下，一个国家或地区的政府要想有效引导该国或该地区社会经济沿着健康的方向发展，必须大力提升政府的行政执行力。澳门特别行政区作为中华人民共和国的一个享有包括行政管理权在内的高度自治权的地方行政区域，其政府同样面临行政执行力提升的问题。总之，一个高效的政府必须是具有强有力的行政执行力的政府。这样的政府会在最短的时间内，以最优的质量将法律、方针政策付之行动，贯彻落实，进而发挥法律、方针政策应有的效用，真正惠及社会大众。反之，如果是一个执行力软弱、组织涣散的行政机关，则不仅难以发挥法律、政策应有的作用，还会招致民众对政府的不满，严重损害政府的形象和公信力。

特区政府行政执行力存在的主要问题

澳门特区成立以来，公共行政改革工作一直就是历届政府施政的重要内容，其中也包括了加强行政执行力的建设。近年来，特区政府的施政报告中在谈到提升行政公共效能时更是直指执行力的相关制度建设。例如，特区政府 2013 年财政年度的施政报告中便指出："将建立政府绩效治理制度，把部门的执行力和执行效果、对既定政策是否有具体且有效的行动响应、政策是否达到目标，作为评估绩效的重要指标……目的在于从制度上提升政府的施政效能。" 2014 年财政年度施政报告继续提出："政府高度重视'官员问责'，并将其与公共行政绩效管理，特别是已经实施的领导官员绩效评审制度结合起来……实现政府接受监督、自我监督和自我完善"，目的在于努力提高公共行政绩效。

特区政府的公共行政改革工作也取得了一些成效，特别是与回归前相比，很多与居民工作或生活密切相关的政府部门在便民化、简化手续等方面推出了一些有力措施，响应了社会和市民的诉求。然而，特区政府在行政执行力的建设方面，存在的问题也是不容忽视的。特别是近年来，随着澳门博彩业经营权的开放，经济快速发展，一些深层次问题和矛盾开始逐步呈现出来，其中，行政规章制度的建设滞后便是其中之一。事实上，澳门仍适用的不少规章制度是澳葡政府时期制定的，已明显表现出与澳门社会经济发展的要求不符合的状况。例如，对于数十年前订定的采购相关法律制度，政府官员和立法会议员都认为不合时宜，难保证公帑用得其所，有加速完善必要。此外，对于缺位的规章制度，需要新制定的要加紧制定，特别是涉及行政执行力方面的规章制度建设更要抓紧推进。当前，特区政府的行政执行力存在的主要问题有：

一是政策执行主体素质参差不齐，缺乏责任意识。政策执行主体是政策执行活动能否取得成效的关键所在，其中，执行主体的素质更成为影响执行力的重要因素。政策执行主体的价值观、利益倾向、认知水平及能力等，往往是决定执行力其他重要因素如执行资源、执行机制能否高效运转的主导因素，直接影响执行效果。政策执行者缺乏必要的知识和能力，对某项政策理解不透，对政策的精神实质把握不到位，会导致政策在执行中的失真、失误。因此，政策执行主体的素质与政策执行质量密切相关。特区政府目前的公务员队伍从整体上来说虽可保障政策的执行，但公务员个体的素质仍参差不齐。就是政府领导及主管级官员中，有些人的知识水平和政策水平及执行能力仍有待加强。有的政府官员抱有"多做多错、少做少错、不做不错"的心态，缺乏担当精神和责任意识。表现在实际工作中，就是对政策执行事务不积极主动，而是采取犹豫观望、拖泥带水、久拖不执的态度和方式。有的见困难就绕，见责任就推。政府官员中的这些消极现象，无疑会对行政执行力造成负面影响。

二是政策执行方式简单机械。有些政府部门及其公务人员在执行政策时，习惯于把政策执行理解为照搬、照抄、照转，很少去抓落实、抓检查、抓监督，这是典型的应付型执行，最终使得政策难以落实，或落实起来走样，致使政策执行缺乏实效。此外，涉及多部门的政策执行时，一些政府部门及其公务人员之间缺乏必要的协调、沟通，导致政策执行的整体效果不尽如人意，这同样会影响政策的实施效果。

三是政策执行缺乏评估、反馈与修正机制。政府行政执行力是政府绩效管理宏观体系中的一个核心环节，是政府绩效管理取得成功的关键。建立一套关于行政执行力的评估、反馈与修正机制，对于提升行政执行力便显得特别重要。目前，特区政府的绩效管理制度建设中，系统的有关政策执行的评估、反馈、修正机制仍然缺乏。政策执行的过程，就是检验政策正确与否的过程，就是不断发现新情况、新问题，进而不断地修正和完善政策的过程。如果政府在执行政策过程中缺乏政策执行评估、反馈、修正机制，就极易出现政策执行偏差等消极现象。此外，政府执行政策工作透明度不够，政策执行中公众参与监督的不足等，都会影响政策实施的效果。

着力提升政府行政执行力

政府行政执行力的提升是一项复杂的系统工程，必须着眼于一个国家或地区的政府存在的执行力问题和实际情况，依照行政执行力建设自身的规律，在提高政府政策执行人员素质、优化和重塑政府的组织架构、创设良好的执行文化环境等方面下大功夫。澳门特区政府要提升政府行政执行力，同样要着眼于本身在政策执行方面存在的问题，对症下药，从制度建设上全力推进。

一是继续加强公务员培训工作，不断提高公务员综合素质。行政机关的所有职责最终要依靠公务员来履行完成，公务员素质的高低对于行政执行力的强弱具有很大的影响。因此，培训与提高公务员的素质就成为提高政府行政执行力的一个重要途径。澳门特区政府成立以来，虽然也持续在进行公务员的培训工作，但为行政执行力的提升计，公务员的培训工作仍要常抓不懈，并加大力度，以不断提高公务员的综合素质。一方面，应加强有关法律知识的培训，尤其是基本法知识的培训。公务员执法，首要的是依法行政。公务员掌握、了解相关法律知识，依照法律的要求执法，是提高公务员素质的第一步。法律知识的培训中，基本法知识的培训又居于重中之重。因为在澳门，基本法具有宪制性法律地位，依法行政首先必须要依照基本法的规定来进行。要通过基本法知识的培训，使公务员尤其是领导及主管级公务员熟悉基本法，忠于基本法，遵守基本法，自觉维护基本法，全心全意为澳门贡献自己的聪明才智。另一方面，应加强职责意识教育。特别是要让公务员正确认识并处理权力与责任的关系，树立责任本位意识。政府首先是一个责任主体，是为了履行公共责任而设置的公共管理组织，政府所拥有的权力是政府履行责任需要而配置的一种必要工具。政府及其公务员拥有一份权力，同时就有一份责任在身。政府及公务员既不能不行使权力，否则就是行政不作为；也不能行使权力时不依法，否则就是行政乱作为。责任本位意识要求政府及公务员警醒地履行自己的职责，并通过及时高效依法行使自己的职权，更好地服务社会大众，最大限度地谋求公众的利益。此外，还要注重开展对公务员相关专业知识的培训，以及激发公务员在政策执行活动中的积极性、创造性方面的训练。

二是重视对行政机关行政执行力文化的建设。要提高行政执行力，除要有一套科学合理的行政规章制度外，还离不开一个良好的文化环境。一个讲究工作效率和强调一丝不苟的执行精神的社会更有利于提升政府的行政执行力。相对而言，一个组织内的文化环境可能会比组织外部的社会文化环境更能直接地影响组织的执行氛围，在一个拥有好的组织文化的政府组织内，其“执行”的氛围浓厚，执行者会全力以赴执行各种任务，讲究执行的速度、质量和纪律，注重执行的效益。在这样的执行环境中，政策决策会较容易得到彻底的贯彻执行，执行力也比较高。澳门特区政府要提升行政执行力，除在社会上营造良好的行政执行力文化氛围外，更要注重政府内部行政执行力文化的建设。“执行力文化”是企业界较为流行的一种企业文化，其主要内容为：培养员工的积极性、主动性和创造性；强调严格执行各项规章制度，对于已经确定的发展战略、发展目标狠抓落实；倡导有令则行、有禁则止和真抓实干、求实务效的工作作风，以实实在在的效益和工作成绩考核和奖励员工。简言之，所谓“执行力文化”就是把执行力作为所有行为的最高准则和终极目标的文化。构建政府行政执行力文化就是要运用企业管理的思维方式和理念来营造政府有利于行政执行力的文化环境，包括公务员的执行原则、执行价值观、执行态度等方面的文化感染，以促进政府工作效率的提高。

三是强化政策执行监督机制建设。政策执行监督就是要通过对政府部门及公务员的政策执行过程进行监控，及时发现和纠正政策执行过程中的不良情况，保证政府执行任务的有效和顺利进行。特区政府强化政策执行监督机制建设时，一方面要注重强化监督机构的权威性，例如廉政公署对所有政府部门及公务员政策执行不力的监督，以及政府上级部门对下级部门政策执行不力的监督，其权威性要强化，以确保对政府政策执行活动的有效监；另一方面，也要强化社会公众和新闻媒体对政府政策执行活动的监督，将政府的政策执行活动置于公众和新闻媒体的关注和监督之下，充分发挥公众、社团组织、大众传媒等社会力量对政府政策执行活动的监督作用，及时纠正政府在执行政策过程中的偏差。此外，要建立和完善政策执行问责制，并作为特区政府正在构建的行政绩效治理制度的重要组成部分，以促进和增强政府部门及公务员在政策执行中的责任感、服务意识和职业伦理修养。

除上述三个主要方面外，澳门特区还可在加强立法对政府执行政策的监督工作、创新公务员激励机制等方面来提升政府行政执行力，以达至全面提高行政效率的目标。总之，强化行政执行力，将特区政府的有关政策落实到行动中去，使政策及时有效发挥其应有的作用，让社会大众因此而受益。这样，不仅会提高政府的工作效率，也会提高政府的公信力，而且有助于将特区政府打造成廉洁高效的政府。

（本文原载于《澳门月刊》2014 年 8 月号）

政府处理“闲置土地”引发社会关注的思考

2015年上半年，有关澳门“闲置土地”的处理问题引发了社会的持续广泛关注。人们不仅关注政府为何“放生”以前被社会上视为“闲置土地”范围内的16幅土地后不及时向社会公开？当时“放生”的标准是什么？更为关注的是，已被政府宣布批给失效的18幅“闲置土地”最终能否真的回收？能回收的话何时可回收？因为18幅土地原承批人如社会所料都已提出司法上诉。此外，政府2015年上半年称有5幅土地短期内会被宣布批给失效回收，另有9幅土地则正在分析中。唯时到今日，仍无下文，这同样引发了社会的关注。持续广泛的社会关注，确实值得人们深思。

政府“放生”所谓“闲置土地”后应适时向社会公开

目前媒体广为使用的“闲置土地”和“放生”的表述，并非澳门土地法律制度中的专业术语，其中“放生”连法律术语都谈不上，属典型的形象表述。所谓“闲置土地”在法律上是指承批人未依政府依法批出的批给合同的约定期限履行利用土地的义务，被政府依法宣告为批给失效而回收的土地。按照澳门新《土地法》的规定，除获批土地未完成利用开发而被宣告批给失效并回收外，承批人在合同或法定期间内不缴付溢价金、未经预先许可而修改批给合同用途或更改土地的利用、土地的使用偏离批给的目的等，也会导致被政府宣告解除批给而回收土地。至于“放生”，则是社会上的形象说法，在法律上指承批人未依政府依法批出的批给合同的约定期限履行利用土地的义务，但基于不可归责于承批人的理由，政府决定不宣告批给失效，并不回收土地。

为确保土地承批人严格按照批给合同的约定期限经营开发土地，澳门新《土地法》把“切实有效利用土地”作为一项原则加以规定。同时，新《土地法》还对承批人提交建筑计划、其他专业计划、申请工程准照、开始工程、完成工程的期间分别做了具体规定。为加强政府对土地承批人切实有效利用土地的监管责任，新《土地法》把监察原则作为土地使用及利用的一项原则，规定政府有责任跟进批给土地的状况，并按土地法或合同规定科以倘有的罚则，以确保达至有关批给的目的。为便于认定承批人是否履行利用土地义务，新《土地法》分别对“利用的完成”和“利用的证明”予以明确规定，具有较强的可操作性。如该法第106条第一款规定：“如属临时批给土地以兴建都市建筑物的情况，仅于全部完成获核准计划所载建筑物的内外工程，且已履行为有关批给而设定的特别负担时，方视作已完成利用。”

应该说，新《土地法》为督促承批人切实有效利用土地以及政府部门严格管理批出的土地提供了法律依据，实现了有法可依。因此，对于未依批给合同订定的期限履行利用土义务的承批人，不论政府决定宣告批给失效而回收土地，还是决定不宣告批给失效而不回收土地，都应有法律上的依据，这也是依法行政的基本要求和应有之义。问题是，政府决定宣告批给失效而回收18幅土地时，能够做到适时向社会公开，并表明都是因承批人无按合同所订定的期限履行利用土地的义务，但对社会早就广泛关注的疑似“闲置土地”范围内的16幅土地，政府认为不属批给失效范围的“闲置土地”而没有做出宣告批给失效的决定后，并没有像决定宣告批给失效后那样适时向社会公开。直至新一届政府运作一段时间后，才由运输工务司司长说出上述16幅土地在上一届政府时就已“放生”，由此引发社会对政府如此处理手法的质疑和不满。虽然政府随后做出响应，强调按程序、依法律、有听证才做“放生”决定，并表明会严格跟进获批土地能否得到有效运用，但这仍没有完全释除人们心中的疑虑。既然政府当时是依法律程序和法律规定去做的，适时向社会公开有关情况更为妥当，这既是打造阳光政府的要求，也是取得社会广泛理解与认同的适当方式。毕竟在澳门，土地资源的稀缺，使得"闲置土地"的处理问题异常敏感。其实，澳门新《土地法》把公众知情明确规定为土地管理应遵守的一项原则。该法规定政府应透过适当方式让公众了解土地批给及占用的程序，这其中应包括对那些承批人未依批给合同订定的期限履行利用义务但政府不决定回收土地的情况。因此，就是从严格执行新《土地法》的角度看，政府在对有关的"闲置土地"做出决定不宣告批给失效后，也要适时告知公众。希望政府能从这次"闲置土地"处理事件中查找不足，不断提高依法施政水平。

政府要高度重视并认真应对诉讼

政府决定宣告批给失效而回收的 18 幅土地的承批人都已依法向法院提起了诉讼。不仅作为当事方的政府与承批人非常关注法院的判决结果，社会各界也同样关注。毕竟澳门人多地稀，公屋、私楼供应不足，土地是关键。法院在审理承批人不服政府决定回收土地而起诉的相关案件中，会严格依照法律的规定审查政府回收土地的决定是否符合法律的规定、承批人起诉的理由是否成立。根据新《土地法》的规定，承批人未在批给合同订定期限内履行利用义务，政府可依法决定宣告批给失效而回收土地。由于新《土地法》对土地的利用期间及利用的证明做了规定，相信法庭争辩的焦点在于：如何认定承批人是否依批给合同履行了利用土地义务？在认定承批人未依约履行利用土地义务时应归责于政府的行政失当还是承批人的过错？争辩焦点中，后一个焦点尤为关键，它直接决定了承批人还是政府会赢得有关的诉讼。如属归责于承批人的原因导致其未依约履行利用土地义务，则政府可能成功回收土地，如属不可归责于承批人的原因，相反是归责于政府的行政失当的话，那政府就面临不能回收土地的风险。

政府决定宣告批给失效而回收 18 幅土地的行为已经完成，由此而引发的争议亦已进入司法程序，法庭只会根据双方当事人提供的相关证据来分析判断各自的主张。因此，对于承批人有否依批给合同约定期限履行利用土地义务、政府在管理有关土地利用过程中有否行政失当等事实，最终都要靠证据在法庭上来说话。所谓有理摆在庭上、证据摆在庭上，说的就是这个道理。鉴此，政府虽然在做出回收土地的决定时认为承批人未依约履行利用土地义务可归责于承批人，但对应诉仍切不可有半点疏心大意，而是要高度重视并认真应对相关的诉讼。如果因为是政府应诉时收集材料等准备工作不足，或准备工作出现瑕疵甚至失误而导致败诉的话，那极易引发公众对政府的信任危机。必要时，政府可整合其所属部门法律专家的力量做好相关的应诉工作。

政府既要严格执行新《土地法》，又要积极推动新《土地法》的完善

土地是澳门最稀缺也是最宝贵的资源，要切实有效利用好澳门的土地资源，特区政府负有依法监管的重大责任。对此，《澳门基本法》有规定，澳门新《土地法》更有要求。《澳门基本法》第七条明确规定，澳门特别行政区境内属于国家所有的土地，由澳门特别行政区政府负责管理、使用、开发出租或批给个人、法人使用或开发。2014 年 3 月 1 日起生效的澳门新《土地法》，则就土地使用及利用方面的权利的设定、行使、变更、移转及消灭等制度做了系统、具体规定，并强化了政府管理土地的监察责任。新《土地法》不仅对土地的批给从程序、实体上做了较为详尽的规定，而且还明确规定政府有责任跟进批给或占用土地的状况。这些规定内容，既涉及土地使用人的权利和义务，也涉及政府的权力和责任。政府自身首先要严格遵守法律规定，正当行使权力，尤其对一些程序性事项的处理必须严守法定要求，切不可因自身违法或出现瑕疵导致土地监管不力而使土地不能切实有效利用。此外，政府批出土地后，不能一批了事，不问不管后续的事务，还要负起责任，监管承批人使用或利用土地要遵守法律和合同规定。如果承批人有违反新《土地法》或合同约定的情形，则必须严格按照新《土地法》或合同的规定科处倘有的罚则，以确保新《土地法》及合同能得到切实有效的执行，进而确保达至有关批给或占用的目的。当然，政府无论是批出土地、续期还是收回

土地，都是具体的行政行为，因而也要严格遵守澳门《行政程序法典》等的要求。

政府在严格执行新《土地法》时，还要注意结合执法的实际情况评估法律适用的效果。如果发现新《土地法》的相关规定不利于土地的切实有效利用或土地的监管，或者相关规定还存在法律漏洞等，应适时推动相关规定的完善。切不可认为新《土地法》颁布实施不久，进行修订会有损法律的稳定性和严肃性。一切应从实际出发，确有修订必要的，应适时修订，这才是不唯书、只唯实的科学态度。如今年5月有多位法律专业背景的立法会议员在议程前发言中关注新《土地法》第四十四条和第四十八条的适用，指出本澳不少批租地的批给即将到期，不少个案因批给未转为确定而无法按新《土地法》规定自动续期，甚至已进行工程的土地有可能因未完成验楼及取得入伙纸，将面临批给续期届满又未能续期，可能导致土地被收回的情形。若承批人在其中并无过错，则对承批人可能不公平。不仅如此，它还可能影响到众多已购买楼花的小业主利益，冲击银行贷款。鉴此，建筑及地产业界人士认为有必要检讨新《土地法》的相关条文。对这些意见，以及其他执行新《土地法》中出现的问题，政府要结合新《土地法》的适用情况，广泛听取社会公众的意见，在认真调研分析的基础上，如认为有合理性，则可稳妥推动新《土地法》的完善。

（本文原载于《澳门月刊》2015年12月号）

- 政府官员应有责任本位意识 -

所谓责任本位意识是与权力本位意识相对应的，是指在处理政府的权力与责任这一对关系时强调责任是政府的基础，权力是政府履行责任的工具，是先有政府责任然后才有政府权力。而权力本位意识则刚好相反，认为是先有权力后有责任，权力是政府的基础，责任只不过是对权力的限制与指向。这两种不同的意识往往会产生不同的效果。在权力本位意识下，政府官员容易形成成对权力的追逐，政府也会处于不断扩张权力的冲动之中。而在责任本位意识下，政府首先是一个责任主体，是为了履行公共责任而设置的公共管理组织。政府权力则是政府履行责任需要配置的一种必要工具，而不是政府必然拥有的力量。责任本位意识能促使政府警醒地履行自己的职责，并通过依法行使自己的职权，更好地服务社会大众，最大限度地谋求公众的利益。澳门特区政府工作人员的日常工作都与政府权力——行政管理权的行使密切相关，尤其是领导及主管官职据位人的政府官员更是依法享有或多或少、或大或小的职权。如何确保政府官员正确行使这些职权，既事关政府的执行力和形象，更与澳门居民的福祉攸关。这其中，政府官员应树立责任本位意识是不可或缺的一个重要因素。之所以如此，是因为：

法治政府的必然要求

建立法治政府是现代社会民主政治发展的重要标志，澳门特区政府要推动澳门社会民主政治的发展，同样要以建立法治政府作为完善自身、争取民意、提高社会福利的重要导航。所谓法治政府实际上就是指政府时时刻刻受到法律约束和支配的恒稳状态，即政府的一切权力来源、政府的运行和政府行为都要受到法律的约束，法治下的政府必须对法律负责，受法律监督，行政权不得滥用，必须接受法律的制约，滥用行政权力造成的损害必须能够经过法定程序予以救济，并对违法责任人追究责任。可见，法治政府就是要求将政府的一切行为，包括政府官员行使职权的行为都要纳入法律的框架之内，其运行逻辑表现为权源于法，法高于权，运行结果则体现为政府必须为其行为承担应有的责任。法治政府不仅首先意味着政府自身要守法，同时还意味着政府必须承担法律预先设定的一切责任。从这种意义上说，责任是法律的生命。因此，在现代法治社会，强调法治政府就必须强化政府的责任，这是推进依法行政的关键，因为没有政府的责任，行政权力的运行就没有制约，公民权利的实现就无法保障，违法行政就不可能受到追究，依法行政就不可能真正得以推进，法治政府也就最终无法实现。而要强化政府的责任，政府的工作人员尤其是握有行政管理权的政府官员实现从权力本位意识向责任本位意识的转变又是关键中的关键。这是因为，在一般人的眼里，人们想到政府官员时，首先会与相应的职权相联系，就是政府官员本身也会自觉不自觉地过多考虑自身的职权，进而较少考虑自身的责任。这种状况与强化政府责任并打造法治政府是不相适宜的，并极易造成政府官员滥用职权的现象。如果政府官员树立了责任本位意识，在工作中将责任置于前面，那么他在行使职权时就会小心谨慎、如履薄冰，不会逾越权限，更不会滥用权限，否则，他便要面对法律所预先设定的责任的追究。相反，如果政府官员没有将责任放在第一位，或者光有权力意识，而没有责任意识，那权力的滥用就是大概率事件了。因此，政府官员的责任本位意识是法治政府的必然要求，我们讲法治政府就意味着政府及其政府官员应有责任本位意识。

责任政府的应有之义

法治政府的建设与责任政府又是密不可分的，可以说，责任政府的建构是实现法治政府的重要保障和前提。当然，责任政府的建构也需要法治为之提供基础与保障。法治政府与责任政府之间所具有的这种内在关联性与一致性，彰显出两者相互依存、相互促进的和谐关系。法治政府与责任政府间的这种关系，要求我们在讲法治政府的时候，同时也要讲责任政府。在责任政府的理念下，为了防止政府权力的滥用和腐败，法律在对政府赋予权力的同时，必然伴随着相关责任的规定。不仅如此，责任行政更多的应作为现代政府所必备的一种本质特征，即在责任政府理念下的权力与责任的逻辑关系应当体现为从“以权力为本位”到“以责任为本位”的回归：责任才是政府的基础，权力是政府履行责任的工具，首先应当设置政府的责任，然后再按照政府履行责任的实际需要配置相应与必要的政府权力，责任政府不仅意味着责任对权力行使目的的限制，还包含着责任要对权力的边界进行勘定。只有在责任明确且有法律的强制力保障的基础上，政府权力的行使才不会偏离它应有的轨道。否则的话，政府没有责任的承担，行政权力的运行就会没有制约，就会必然变得肆无忌惮，甚至可能会异化为政府谋取一己私利的工具。因此，为了保证政府权力的合法乃至正当行使，必须通过建立责任追究机制以实现对政府权力的严格监督和制约，建构责任政府。这其中，政府官员的责任本位意识又是题中应有之义。因为政府作为一个组织，政府责任不仅应当表现为组织的整体性责任，同时也必须将责任落实到个人身上，尤其是要强化政府官员的责任，因为只有对政府官员责任的问责才能够从根本上推动政府官员加强对政府的组织领导，从而使政府成为一个能承担组织责任的有机整体。正如国外有学者认为的那样，“欲使责任有效，责任必须是个人的责任”。而要将责任真正落实到政府官员个人身上，政府官员树立责任本位意识便是至关重要的。只有这样，才能使政府及官员的责任不再流于形式，建构责任政府也便才具有现实的意义。否则，政府官员没有责任本位的意识，建构责任政府就极易成为一句口号，而难以落到实处。

行政问责的客观需要

所谓行政问责，又称为行政官员问责，是指行政官员因其职责和义务的履行情况而受到追究进而承担否定性后果（谴责和制裁）的制度。通常而言，问责语境中，行政官员的责任主要分为以下四种既相互区别又相互影响和渗透的责任体系：一是政治责任，即政府官员制定符合民意的公共政策并推动其实施的职责，以及没有履行好职责时应承担的谴责和制裁；二是行政责任，即行政官员职位份内应做之事以及未做好份内之事在行政组织内部所受到的谴责和制裁；三是法律责任，即行政官员依法行使职权以及出现违法失职行为而受到的法律制裁，一般包括行政法律责任、刑事法律责任，有时也包括民事法律责任；四是道德责任，即行政官员在履行职责时必须承担的道德义务以及违反道德要求所应承受的责任。

澳门特区第15/2009号法律《领导及主管人员通则的基本规定》在其第四章设计领导及主管人员的责任时，分别规定了民事责任、刑事责任、纪律责任、财政责任和只适用于领导人员的特定责任。其中，民事责任和刑事责任可以归结为上述四种责任中的法律责任，纪律责任和财政责任则可以归结为行政责任，领导人员的特定责任应是在行政责任和法律责任之外所建立的一种新的责任追究制度，是为了弥补行政责任和法律责任的不足而另行开辟的，目的在于使政府领导人员行使权力的全过程都能受到强有力的监督和约束，并通过这种责任的追究，使政府领导人员负有政治使命感和责任感。因此，澳门特区第15/2009号法律《领导及主管人员通则的基本规定》所设定的领导人员的特定责任，其突出强调的是政府领导人员责任的政治维度和道德维度，它应当是政治责任和道德责任的有机结合，这也是澳门特区在追究政府领导人员责任时最为欠缺的责任追究类型。

要确保法律规定的上述责任得到有效落实，除了对政府领导及主管人员严格进行管理和监督外，还必须要靠这些政府官员自律，并在内心里真正树立责任本位意识。尤其是领导人员特定责任的落实，更要求政府官员将政府及其自身的责任放在第一位，而将政府的权力与自身的职权放在第二位。因为领导人员的特定责任中含有道德责任的内容，与政治责任、行政责任和法律责任这些客观责任相比，道德责任属于典型的主观责任范畴，是行政官员对自身忠诚、良知和认同的信仰，它要通过具体的人的信念才能发挥作用，才能得到切实履行。这其中，当然就包括了责任本位的意识。只要政府官员真正树立了责任本位意识，他们在行使权力履行职责时，就会容易做到法律所要求的“忠诚有礼”和“无私正直”，有效处理与上下级以及市民的关系，形成相互协作的关系网络，最终谋求社会的公共利益。

（本文原载于《澳门月刊》2012 年 8 月号）

- 正确看待质询权 -

近期，有议员在立法会召开的全体会议上向政府提出口头质询，批评行政当局未能在法定期间内回复议员的书面质询，能遵守法定 30 天内回复议员质询的仅三成，使立法会无法监督行政当局并及时响应居民诉求。议员的这一口头质询，触及了行政与立法之间存在多年的一个老问题，那就是如何正确看待立法会议员的质询权。

质询权具法定性

澳门特别行政区立法会议员对政府的工作提出质询，并不是毫无根据的，更不是随随便便的，它是《澳门基本法》赋予立法会议员的一项法定权限，也是立法会履行监督政府职能的法定方式之一。《澳门基本法》第 76 条明确规定："澳门特别行政区立法会议员有权依照法定程序对政府的工作提出质询。"此外，根据《澳门基本法》第 65 条的规定，澳门特别行政区政府要对立法会负责，其中的一项重要内容就是政府负有答复立法会议员质询的责任。因此，答复立法会议员提出的质询并不是政府可有可无的工作，而是政府履行向立法会负责的一项主要职责；答复质询也不仅只是政府范畴内的工作事务，它直接关系到立法会监督政府工作职能的履行，关系到行政与立法之间关系的协调，关系到立法会议员履行处理居民诉求的职责。对于《澳门基本法》赋予立法会议员的质询权，特区政府部门及其工作人员当然不能等闲视之。特别行政区政府要依法施政，首先要依的法就是《澳门基本法》。我们说要依法治澳，首先就是要按《澳门基本法》办事，坚决维护《澳门基本法》的权威。

为了落实《澳门基本法》第76条的规定，澳门特别行政区立法会制定了《对政府工作的质询程序》的决议，就立法会议员行使质询权进行了规范，并就政府答复质询的事项和程序等也作了规定。《对政府工作的质询程序》第13条明确规定，政府部门应在行政长官收到书面质询之日起30日内做出书面答复。对于立法会的上述决议，特别行政区政府同样要严格遵守。有人认为，《对政府工作的质询程序》只是立法会的一个决议，它主要用来调整和约束立法会议员如何行使质询权，与政府部门没有直接关系，而且，澳门特区是实行行政主导的政治体制，对立法会议员就政府工作提出的质询，政府及政府官员可根据工作情况来决定是否答复和如何答复。这种观点并不正确，《对政府工作的质询程序》在内容上并不只是对立法会议员行使质询权进行规范，同时对政府如何响应立法会议员提出的质询也做了规制。而且立法会议员提出的质询正是针对政府工作的，怎么能说《对政府工作的质询程序》与政府部门没有直接关系呢？其实，《对政府工作的质询程序》这一规范性文件的标题，就足以表明其内容不仅事关政府工作，而且就是专门直接针对政府工作的，只不过它是通过立法会议员提出质询的形式来体现，它要达到的目的也正是监察政府的工作。至于以澳门特区实行行政主导为由而否认《对政府工作的质询程序》对政府的约束力更是站不住脚。澳门特区所实行的行政主导制的政治体制，其中的一项重要内容就是行政与立法既相互制衡又相互配合，立法会议员依法对政府的工作提出质询，政府部门依法进行答复，这正是行政机关与立法机关之间相互制衡、相互配合的具体体现。对于立法会议员行使的质询权，政府既要正确对待，更要从制度上积极采取有效措施及时答复和解释。

由此看来，从原则性层面讲，认真对待立法会议员提出的质询，并做好答复工作，首先是落实和执行《澳门基本法》、维护《澳门基本法》的权威；从具体层面讲，正视立法会议员提出的质询，并按时答复，还是落实和执行立法会通过的规范性文件，配合立法会监察政府工作的需要。因此，正确对待立法会议员的质询，依法做好质询答复工作，是澳门特别行政区政府依法施政的题中应有之义。

质询权具强制性

根据《澳门基本法》第76条以及《对政府工作的质询程序》第4条的规定，质询权是立法会议员依法拥有的一项权力。是权力就具有强制性，即权力主体可将自己的意志强加于另一方，而不管其是否愿意。因此，强制性是权力的本质属性，没有强制也就没有权力，权力正是以强制力为后盾，我们一说到权力，就同时意味着强制。质询权作为澳门特区立法会议员依法享有的一项权力，同样具有强制性。

质询权的强制性通常是指质询权具有直接支配被质询人的强制力量，它意味着质询是一种刚性监督形式，可以产生一定的法律后果。在澳门，质询权的强制性主要体现为：立法会议员提出口头质询的书面申请依法导致立法会专为质询召开会议时，就质询所涉及的政府工作，负责有关工作范围的政府官员应参与质询会议并发言；立法会议员提出书面质询的，有关的书面质询经立法会主席送交行政长官后，政府应在行政长官收到书面质询之日起30日内做出书面答复。质询权的强制性，决定了政府要建立一套关于处理质询事项的常态工作程序和制度，以及时响应立法会议员的质询，这是质询权强制性属性的客观要求。尤其是议员向政府提出的质询总是接连不断时，政府要及时更好地做出回应的话，就必须要建立一套相适应的处理质询事项的常态工作程序和制度，否则，面对连续不断且日益增加的质询事项，政府根本不可能应对得过来。既有的质询如果不能及时答复、解释，新的质询又不断地被提出，这势必会进一步影响政府的质询答复工作，久而久之，不仅政府及其有关政府官员的管治威信将受到严重削弱，行政与立法之间的关系也将遭受严重考验。为了避免这种现象的出现，政府除了理性对待立法会议员提出的质询外，还必须努力从制度建构上想办法，形成自己一整套的处理质询事项的有效快速反应机制，使政府答复质询的工作规范化、常态化。对此，特区政府有关官员在立法会全体会议上曾表示，特区政府已在各司长办公室和局级部门间设立了质询回复机制，虽获一定成效，但政府仍将继续改进，尽量争取短时间内回复。

有人认为，澳门特别行政区立法会通过的《对政府工作的质询程序》是以立法会“决议”的形式颁布的，并不是以“法律”的形式公布的，因此，对政府并没有法律约束力。对此，参加讨论并表决《对政府工作的质询程序（议案）》的立法会议员在讨论到是否要求政府官员出席质询会议，以及是否要求政府限期书面回复时，确实曾有议员认为立法会好似没有权力要求某一政府官员必须出席质询会议，也没有权力要求政府必须限期答复。这种理解应该说是不正确的。《对政府工作的质询程序》虽不是立法会以“法律”的形式颁布，而只是以立法会“决议”的形式颁布，但这并不能否认《对政府工作的质询程序》不属澳门特别行政区法律体系范畴内的规范性文件。根据《澳门基本法》第11条第2款的规定，澳门特别行政区的法律体系中，除法律、法令、行政法规外，还包括了“其他规范性文件”。《对政府工作的质询程序》显然属于《澳门基本法》第11条第2款中的“其他规范性文件”。“其他规范性文件”在位阶和法律效力上虽不如“法律”，但它作为规范性文件，同样是具有法律效力的，只是其法律效力不得与位阶高的规范性文件相抵触。因此，我们不能因为《对政府工作的质询程序》不是以“法律”的形式公布而否认其应有的法律效力。澳门特别行政区政府要依法施政的话，便要遵守特别行政区所有的法律、法令、行政法规和其他规范性文件，只有这样，才能真正打造法治政府。

质询权具监察性

质询是立法会议员对政府的工作进行监察的一种方式，在一定程度上，质询其实就是对被质询单位的工作不满意的方面提出质问，要求被质询单位做出澄清、解释的一种活动，它能督促并警示政府依法施政。尤其在口头质询过程中，议员和政府官员面对面地一问一答，政府官员没有借口推诿议员的问题。一般来说，议员都是直接了当地质询政府官员对某一问题的态度和意见，政府官员的答复和承诺既是对议员的交待，又可能是下次议员质询的起因。议员可以针对政府官员的承诺步步紧逼，了解事情进展情况，以监督和警醒政府的各种不当或违法行为，促使政府自行纠正。此外，口头质询还最能真实地体现政府官员对所负责的工作熟悉了解的情况以及他本人的应变能力等。正是这样，政府官员面对议员的质询，还是会有一些紧张感，甚至有人有恐惧感。

质询所具有的监察职能，要求负有答复职责的政府官员认真对待质询及其答复工作，并切实履行好自己的职责。对于那些不将质询放在心上，对质询及质询所涉及的问题置若罔闻，对质询案采取不负责的态度，久拖不办或办理不力的，应该建立责任追究制度，追究有关政府官员的行政责任，促使其履行好答复质询的职责。此外，还可考虑将质询答复工作的表现作为政府官员业绩考核的内容之一。

澳门目前的法律等规定中，有关质询的后果及责任机制基本上空缺。对口头质询，被质询的政府部门所做答复，议员们不满意时，如何采取进一步行动和怎样追究被质询人员相应的责任，在法律等规定中找不到有关的依据。对于书面质询，被质询的政府部门不予及时答复甚至不答复，或议员对答复不满意时如何处理，法律上同样没有做出规定。维护公平正义是法律的基本价值，在法律上评判某一行为正义与否，是以其对应的法律后果为区分的。肯定性的法律后果，是法律对该行为正义性的弘扬。相反地，法律对于某一行为的否定，是通过规定该行为具有的否定性法律后果，追究行为人法律责任的形式来实现的。从一定意义上讲，没有相应的制裁，法律的权威、社会的正义便无从树立。澳门在质询制度上法律后果及责任追究的缺失，对于立法会议员依法行使质询权的行为无疑会产生影响，对于受质询者不认真履行答复职责的行为亦会产生放纵效应。无论如何，这都会影响质询的监察效能，在实践中更容易造成你提你的质询，我做我的答复，或做不做答复无所谓的不良局面，质询也可能会在悄然无息中转变成了单纯的询问，实际收效会大受影响。

为了充分发挥质询的监察功能，澳门的质询制度中，实有必要规定质询的后果及其责任。质询应引起相应的法律后果，这样才能增强质询案的效力，激发立法会议员行使质询权的积极性和主动性，同时也能强化政府部门及有关官员的责任意识，这无论是对满足议员及民众对政府施政情况的知情权还是监督权，都有积极的现实意义。至于质询的后果及其责任如何具体化，可结合澳门公职人员、领导和主管人员的考核等规定，在经广泛咨询后做出适当安排。

行政长官在《二〇一三年财政年度施政报告》中提出了将建立政府绩效治理制度，并首先开始实行领导官员的绩效评审制度，以从制度上提升政府的施政效能。能否将质询答复工作的成效作为领导官员的绩效评审内容之一，值得特区政府在施政中认真考虑。

（本文原载于《澳门月刊》2013 年 2 月号）

- 政府咨询工作旨在获取真实民意 -

政府开展咨询工作，主要是为其进行相关决策尤其是公共决策服务，以期所做出的相关决策有更广泛的民意基础，进而使得决策的执行能够获得更多民众的认可及配合。因此，政府咨询工作的目的最终在于获取真实的民意。检验咨询工作的成效及好坏也在于其结果是否真正反映了民意。为确保咨询工作取得成效，澳门特区政府制定了《公共政策咨询规范性指引》。然而，政府在开展相关的咨询工作中仍然不时出现问题。如有关西湾湖夜市的首轮咨询，政府自身承认有关部门未有完全依足咨询指引去开展工作，如居民是在没有环评资料、信息不足下提出意见，咨询过程也违反规定，没有在指定期间内公布咨询汇编等。更有不少市民都说不知道有关的咨询工作。对此，有立法会议员借此直指政府的多项咨询是“为咨询而咨询”，让社会有“走过场”之感，未有让咨询工作达到科学决策的依据及尊重民意的表现，甚至有议员更因此质疑政府掌握民意的力度。凡此种种，充分表明政府的咨询工作还有相当大的改善和提升空间。而要切实做好咨询工作，关键是要对咨询工作尤其是其目的有一个正确的认识，并在实际工作中建立并健全相关的咨询工作机制。

咨询工作是科学施政的客观需要

政府制定公共政策时先期开展相关的咨询工作，既是一个国家或地区民主政治建设的基本要求，也是政府科学决策、民主决策的客观需要，它对于防止公共权力滥用，提高公共决策的科学性，优化公共政策体系，建立公民与政府间相互信任与合作的良好关系等都具有十分重要的作用。

之所以如此，是由公共政策决策中公众参与的必要性所决定了的。众所周知，在现代民主社会，任何一个国家或地区的政府在进行公共政策的规划及决策时都必须重视社会公众的意见，而且必须要将社会公众的意见融入到政策的制定及执行过程之中，以确保公共政策的质量，提高政府施政的认受性、合理性。而要将社会公众意见完整地加以收集并合理地融入到公共决策中，建立并实施一套行之有效的咨询工作机制便是不二的选择。这是因为，有效的咨询工作机制有利于实现公共决策的公共利益价值取向，进而促进政府公共决策的科学性。

政府公共决策，在本质上就是公共利益和价值的权威性分配，因而公共利益是政府公共决策的本质所在和制定依据。政府公共决策是否能够获得社会公众的认同，关键也就在于制定时的公共利益价值取向，即政策的制定要最大限度地体现公共利益。所谓公共利益，是指具有社会分享性的、为人们生存、享受和发展所需的资源和条件。现实生活中，政策制定人员并非个个都是道德高尚、一心为公的，政府部门在制定公共政策时，不能排除其利用便利条件来谋取部门利益最大化，或者服从于某些个体和利益集团的寻租活动，从而导致公共政策的目标取向背离公共利益。要避免这种情形的发生，最好的办法莫过于在政策制定过程中引入公众参与，展开相关的咨询工作。因为公众参与咨询活动时，其基本的动机大都是为了维护和扩大自身的利益。在咨询中，公众必然会要求政府的公共政策是为了解决社会公共问题、实现公共利益，并通过“权利分享、权力监督和博弈制衡”等市场机制来实现和保证公共决策的公共利益取向。具体来讲，公众参与咨询使公共政策的制定过程透明化，公众获得了更多的知情权，对政府公共政策制定权力的运行监督更加有效，各种权钱交易和寻租行为就会减少。不仅如此，公众参与咨询，有益于形成各种利益力量和利益集团之间博弈制衡局面，促使政府在决策过程中不得不考虑多方面的利益诉求，形成代表公共利益的公共政策，避免个别利益集团用非法形式对政策制定施加单方面影响从而扭曲公共政策的公共利益价值取向。

由此看来，政府在进行公共决策前的咨询工作并不是可有可无的，而是一定要有。如果缺乏了对公众的咨询，政府的公共决策必然是不透明的，不透明的决策又必然会增大决策失误的机率。因此，凡是涉及社会公共利益的重大公共决策，更加需要展开咨询工作，充分听取公众的意见，要让社会各种利益诉求顺畅表达。可以说，咨询工作做得越到位，公众参与越充分，就越有助于减少决策过程中的政策信息失真和扭曲，越能帮助政府快速、理性地做出决策，从而尽可能地保证决策的科学性。

咨询工作应力求获取真实民意

澳门特区政府在施政中对民意的听取还是比较重视的。历年的施政报告中，几乎每年都会提及完善政府咨询机制，推动公众对公共事务的民主参与，目的就在于在将公众的意见纳入公共政策的制定过程。2010年，第三任行政长官崔世安于施政报告中更是明确指出，要"推进公众咨询的制度化，提升公众咨询的成效，在政府与公众的双向沟通中真正能够吸纳民意"。为此，特区政府在2011年8月颁布了《公共政策咨询规范性指引》，目的也就在于营造一个良好的咨询环境，促进公众参与，充分听取公众意见，有利于政府的施政。

为了充分发挥咨询对公共决策的积极作用，政府在进行相关咨询工作时，除要将咨询工作放在民主政治建设的基本要求和政府科学决策的客观需要这样的高度外，务必以获取真实民意为终极目标。为此，政府的相关部门在展开咨询时，首先目的要明确，不能只是为了披上"已做过咨询工作"这一程序外衣而展开咨询，否则的话，咨询就会容易走过场，流于形式，这不仅不利于科学决策，甚至会对政府的施政造成重大损害。因为建基于没有获取真实民意基础上的公共决策，不可能实现公共利益的价值取向，也不可能获得公众的广泛认可及支持。鉴此，政府在进行咨询工作时，不能把它仅仅看作是一个简单的程序，而要从民主政治建设以及政府科学施政的角度认真对等咨询工作，并以获取真实民意为咨询工作的终极目标。

明确了咨询的终极目标在于获取真实民意，相关的工作安排便应围绕这一目标来进行。为此，负责咨询工作的政府主管部门及其工作人员在咨询前，应事先制订咨询工作计划，明确咨询何事、为何咨询、向谁咨询、如何咨询、如何处理咨询结果等问题。在确定咨询对象，要按咨询事项所影响的人员范围来合理界定，尽可能让与咨询事项有关的人员有机会参与咨询，表达意见，不能不顾及咨询对象与咨询事项有无利害关系这一重要因素。因为对咨询事项有利害关系的人，会更加关注政府的决策，也更想表达自己的诉求。尽管这些人的诉求多元化，甚至可能会相互形成冲突，但政府在决策前应最大限度地听到这些受影响人员的意见。唯有如此，政府的决策才能平衡各种利益，进而最大限度地实现公共利益的价值取向。同时，咨询工作计划书应明确相关工作的具体负责部门及其人员。计划书宜细不宜粗，做得越详细、越具体，咨询工作的开展就会越顺利。有时为了确保咨询工作能够真正反映民意，连咨询工作计划也可考虑一并作咨询。也就是说，政府的咨询工作可以不预先设定既定程序，而是充分讨教于公众。实践中有些咨询工作成效不明显，往往与有关部门事先设定的咨询计划不科学直接相关。

为了确保咨询能够获得真实民意，政府在开展咨询工作时，对涉及咨询事项的相关知识有时可作必要的介绍。毕竟公众的文化知识水平参差不一，对咨询事项所涉的知识缺乏必要的了解，有时会影响公众参与咨询的意愿和质量。如果政府部门在做咨询时对相关的知识尤其是专业性较强的知识能做一个通俗易懂的介绍和说明，相信会激发人们参与的兴趣，也有助于提高咨询工作的质量和成效。

咨询工作重在完善意见的表达、整理、响应及问责和评估等工作机制

澳门特区政府自成立以来，进行过不少公共政策的咨询活动，取得了一些成效，也积累了一些经验。当然，也有一些问题存在，主要体现在公众参与的积极性、广泛性以及咨询活动的成效上有时还不能令人满意。从公众参与视角加紧完善公共政策咨询工作机制，以便全面、准确了解社会问题及诉求，把握社情民意，促进政府与社会公众进行良性互动与沟通，籍此制定切实可行的政策并贯彻执行，是澳门目前一项紧迫而艰巨的任务。

一是完善公众的意见表达机制。一方面，政府部门要适时提供与咨询相关的政策信息给社会公众，以便公众有准备地参与咨询。另一方面，政府部门要不断拓宽公众参与的渠道，增加参与的有效形式，并充分利用新科技，不断创新参与形式，提高公众参与的兴趣和能力，保证公众参与的数量和质量。要综合应用多元方式，包括讲解会、座谈会、研讨会、小册子、互联网、多媒体及其他有助社会公众参与的方式。同时，还可因应环境及资源条件的许可，可采用其他互动形式，如游戏活动、落区探访、民意调查、电台与电视台节目、市民论坛等。有时候甚至可以考虑让不同意见的公众分成正反两方进行辩论与台下公众问答相结合的形式来展开政策咨询活动。总之，只要有需要和必要，都可因时因地制宜地开展形式多样的咨询活动，以便最广泛和深入地收集民意。

二是要制订意见收集整理及公开的规则，保证咨询结果尽量贴近民意。公共政策咨询结果要准确、全面地反映公众的意见，首先就必须做到参与咨询的公众有代表性和广泛性。为此，政府部门在进行政策咨询时必须确保与所要制定的政策相关的社会公众，尤其是相关利害关系人，或将受影响的群体参与到咨询活动中来。在这一基础上，还要广泛征求其他公众或社团组织特别是专业性的社团组织等单位的意见。此外，对收集来的意见，要有一套规则去加以分类和整理、归纳，以方便决策者清楚了解社会公众关注的焦点是什么？公众意见中的多数或主流意见是什么？这些意见与政府的咨询文本差距在哪里等。不仅如此，对整理后的综合材料，还要通过适当的方式向社会公众公开，确保公众在咨询活动中反映出的意见能够在综合材料中体现出来。

三是要建立咨询结果处理响应机制，增加政府公共决策的透明度。政府对咨询所获取的结果是否真正重视？决策时是否充分予以考虑？相信这是每一个参与咨询的公众非常关心的问题。要使参与的公众认为政府是真咨询，而不是走走形式而已的假咨询，建立咨询结果处理的响应机制就显得十分重要和必要。澳门特区政府成立以来，虽进行了不少公共政策咨询，但却没有建立起咨询结果处理的响应机制，以致在有关的政策制定并公布后，有市民甚至立法议员都怀疑政府是"假咨询"，还是咨询的调查研究质量出现问题。出现这种状况，缺乏咨询结果处理的响应机制是重要因素之一。假如将咨询结果及其处理情况予以公开，是咨询工作不到位以致未能反映民意还是咨询的调查研究报告出了偏差？人们通过公开的材料就一目了然。此外，由于缺乏咨询结果处理响应机制，弱化了人们对公共政策咨询的态度，尤其是那些意见未能得到采纳的市民，可能会失去对公共政策咨询的信心，因为他觉得说了也白说，政府还是你说你的，我定我的政策。长此以往的话，政策咨询也就徒具形式了。如果政府对此进行了响应，说明决策时为什么没有采纳咨询中提出的有关意见，有关的人员在获悉政府的响应后，起码他会觉得政府是真正重视他所提的意见，并在决策时注意到了有关意见。此时，意见的采纳与否实际上已变得并不是十分重要的了，重要的是公众参与的价值已体现出来了，意见未被采纳的公众往后还会继续积极参与其他的政策咨询活动。因此，建立咨询结果处理的响应机制，不仅是一个增加政府决策透明度的问题，还事关市民对政策咨询的认识和取舍问题，事关一个国家或地区的民主政治建设和发展的问题。

四是要建立政府公共决策问责机制，促进公众积极参与公共政策咨询。政府公共决策问责机制是指在政府公共决策过程中，要求决策部门和决策者权责一致，对于因决策失误造成对公共利益和市民合法权益的损害，应依法追究责任的制度。建立政府公共决策问责机制是责任政府建设的核心和保障，它对于促进公众参与政府公共政策咨询同样具有重要的意义。一方面，由于要对决策失误承担相应的责任，这无疑会激励和督促决策部门和决策者重视政策制定前的咨询工作，积极主动地推进决策民主化进程。另一方面，在政府公共决策责任的认定、评判及追究责任过程中，公众也同样可以参与，通过多种途径和形式发表意见，就如参与政策制订的咨询工作中参与一样。实际上，由公众对政府公共决策的效果做出评判是最有价值的，也是最重要的衡量标准。此外，政府公共决策问责机制当然也包括了对政府部门或其工作人员在政策咨询工作中的失误追究责任。因此，建立政府公共决策问责机制，对政府决策权力进行一定的监督和制约，既是保证决策公正性和科学性的前提，也是保障和推进公众参与的重要手段。

五是建立公共政策咨询评估机制，不断提升公共政策咨询工作水平。

政府进行公共政策咨询活动的成效如何？咨询活动所获得的结果是否真正反映了民意？对这些问题，不仅参与的公众会关心，进行决策的政府部门或工作人员同样应该重视。而要获得对这些问题的答案，政府事后对公共政策咨询活动进行总结评估便必不可少，而且这种评估工作要形成制度化，要对政府部门及其工作人员提出评估方面的具体要求。这既是检验咨询活动成效的一种重要形式，也是政府不断提高政策咨询工作水平的一种重要途径。政府通过对公共政策咨询工作进行评估，总结其中好的经验，检讨当中做得不够完善的地方，可作为下一次政策咨询活动的参考。

（本文原载于《澳门月刊》2013 年 1 月号）

- 政府咨询工作亟待检讨与完善 -

特区政府近年制定公共政策时，做了不少咨询工作，但成效未如理想，有时更影响立法。第四任行政长官选举期间，候选人崔世安也承认现时咨询有不足，并直指听到很多意见批评立法咨询未到位、未达标，表示这些意见值得政府检讨及反思。新一届特区政府要有效吸纳民意，科学施政，必须尽快检讨与完善咨询制度。

咨询不足客观存在

为推进公众咨询的制度化，提升公众咨询的成效，特区政府在2011年便以行政长官批示的形式推出了《公共政策咨询指引规范》，以促进公众的参与，并充分听取公众的意见。

然而，咨询工作的实际成效如何呢？市民又是如何看待政府的相关咨询工作呢？不容否认，政府在做出一些重大决策时，咨询工作不到位的情形时有发生，具体表现为只注重咨询的形式，认为只要做了咨询就算完成任务，没有真正理解咨询的目的在于获取真实民意，以帮助政府科学决策。不少公务人员甚至居于领导职位的公务人员，确实存有为咨询而咨询的认识，因而开展起咨询工作时处于被动状态，甚至只把咨询作为一个简单要求来对待，以致有市民认为是"假咨询"。例如，有关西湾湖夜市的首轮咨询，政府后来自身承认有关部门未有完全依足咨询指引去开展工作，如居民是在没有环评资料、信息不足下提出意见，咨询过程也违反规定，没有在指定期间内公布咨询汇编等。更有不少市民表示不知道有关的咨询工作。还有，关于兴建轻轨及路线选定的咨询工作，也被廉政公署相关的调查报告认为不足及不全：一方面，在咨询阶段采用难以令人信服的规则及程序，所委托的机构，或被访对象欠缺代表性，又无一个具说服力的准则进行咨询，结果只会强差人意；另一方面，关于轻轨本身的构造及所经路段的咨询，程序及方式亦不合现代公共行政管理的要求，从无技术数量及安全质量全面向公众解释，这难免引起质疑。最后，轻轨原先计划走伦敦街及波尔图街的路线要更改，轻轨的建设期限自然要往后延。对此，有立法会议员借此直指政府的多项咨询是“为咨询而咨询”，让社会有“走过场”之感，未有让咨询工作成为科学决策的依据及尊重民意的表现，甚至有议员更因此质疑政府掌握民意的力度。

此外，政府在向立法会提交法案时，咨询工作不到位的情形也并非个别现象。影响最大的就是政府向立法会提交的《候任、现任及离任行政长官及主要官员的保障制度》法案，在获立法会一般性通过后，因相关条款的修订根本就未做咨询工作，还谈不上咨询工作做得不理想，结果导致澳门回归以来最大规模的游行，要求撤回法案。后来不得不由行政长官出面宣布撤回法案，而且承认政府做得不足，未来需多听意见和进行咨询，以凝聚社会更大共识，收窄分歧。

对于咨询不足，就是在第四任行政长官选举期间，仍有行政长官选举委员会委员不断提起。崔世安高票当选第四任行政长官候任人后，仍有学者认为政府未来五年管治上的最大挑战是如何克服现行咨询制度的缺陷，真正有效获取并吸纳真实民意，做到官民沟通。对此，新一届的特区政府以至往后的特区政府都要引起高度重视，并采取有效措施妥善解决好。

另外需要注意的问题是，咨询不能无期限，当断不断，没完没了，政府该做决断的时候还是要适时做出决策。以轻轨路线咨询为例，一遇沿线居民反对，咨询便推倒重来，结果又引发新的问题和争拗。如何平衡沿线居民利益与全体居民的利益，确实考验政府决策者的智慧。

认识误区不容忽视

咨询工作能不能取得成效，首先取决于能否真正重视咨询工作。如果对咨询工作的重要性认识不足，就不可能做好咨询工作，在具体从事咨询实际工作时，就会只注重形式，且流于形式，容易走过场，而对于咨询的目的和意义何在、如何做好咨询等，则往往关注不够，甚至全然不顾。

澳门特区政府目前进行咨询工作时所暴露出来的问题，究其原因，除了咨询制度建设方面，例如，在意见的收集、整理分析以及事后回馈、评估等方面，可进一步完善外，一些政府的公务人员尤其是负责、从事政策制定的公务人员，对咨询工作重要性的认识不足是一个不可忽视的重要因素。政府政策咨询是公众参与的一种重要形式，正是利用政策咨询这个平台，公众参与到公共政策的制定过程，这既是民主政治建设的基本要求，也是政府科学决策、民主决策的客观需要。政策咨询既有利于实现政府公共政策的公共利益价值取向，又有助于推动政府决策的顺利实施。因此，政策咨询尤其是涉及民生的重大决策咨询，决不是可有可无的，而是一定要有的。不仅如此，咨询工作必须注重实效，要将咨询工作作为获取真实民意的重要途径。唯有如此，才能在政府与公众的双向沟通中有效吸纳民意，并将公众的意见纳入政策的制定过程。

然而，不可否认的是，政府部门中的不少公务人员，包括负责、从事政策制定的领导及主管级公务人员，对咨询工作存在不少认识上的误区。例如，认为制定政策是政府的事情，咨询会弱化政府的决策职能；公共决策专业性强，专家学者的意见才重要，普通公众的意见发挥不了什么作用；咨询会增加决策成本，影响决策效率；咨询容易导致并加剧利益冲突，不利社会稳定；在澳门，政府向社团咨询即可，不必发动公众来表达意见，等等。这些对于咨询工作的不当认识，当然会影响咨询工作的开展与成效，不少本身从事政策咨询工作的公务人员自身都认为做咨询只是做个样子，走走过场。结果只能是你说你的，我做我的，政府部门仍然按照自己的意愿进行决策，政府所推行的咨询，只是做个样子，完成“交功课”，在形式上的意义大于其实质内容。至于咨询中收集的意见是什么、如何处理等，全无下文。这不仅使咨询工作的功能没有发挥出来，而且也会使公众对咨询失去信心，并且对咨询采取漠不关心的态度。政府日后就是真有心要进行咨询，公众的配合和参与又成为一个新的问题。

为此，政府要做好咨询工作，对上述种种有关咨询的不当认识不能掉以轻心，要下决心并采取措施纠正部分公务人员中关于咨询工作的不当认识，将公众参与咨询放在发展民主政治建设、促进科学施政的高度来认识。任何政府在推进本国或本地区的民主政治进程时，只有通过广泛的公众参与，公众才能切实体会到甚至是民主，谁是社会的主人，并在心理上认同和建立民主的作风，在行为上获取民主办事的方法。离开了公众的参与去谈民主政治建设，便失去了基础。同时，政府要科学施政，就必须建基于充分的民意之上，而咨询工作正是获取民意的有效途径。无论是政府政策的制定，还是立法机关的立法活动，都离不开公众的参与，咨询工作不是可有可无的。只有充分认识到公众参与在民主政治建设中的真正价值，才有可能在行动上尤其是政策制定过程中对公众参与咨询予以应有的重视并加以落实。特区政府要利用公务员培训学习、政府网站、工作考核等方式，加强和提高公务人员尤其是领导、主管级公务人员对咨询工作重要性和作用的认识水平。

完善制度刻不容缓

要有效发挥咨询吸纳民意的作用，关键还是要构建一套完善的开展咨询工作的制度，并严格遵守制度规定。针对澳门目前咨询工作中存在的问题，尤其要在以下方面抓紧制度的建设：

一是做好咨询前的准备工作。从咨询工作开展的实际情况来看，大多是政府先拿出一个方案供大家发表意见。咨询工作能否取得成效，事先拿出的方案是否妥当就很关键，事先方案的提出其实就是咨询前的准备工作了。政府部门开展咨询前一定要做好相关的准备工作，特别要将需咨询的问题找准、找全，并设计好，尤其是那些对利害关系人有实质影响的问题，要采取不回避的态度，如实说明情况，由公众去权衡利弊。

特区政府的一些部门及其工作人员对事先提出方案的准备工作不太重视，甚至有些马虎，这自然会影响咨询的成效。例如，最近议论较多的轻轨澳门北段的三条走线，劳动节高架方案本是政府推介的最佳方案，走线覆盖也理想，却无法打动区内居民勇跃支持。对此，东北区坊众联谊会理事长何仲传便认为系政府咨询前准备不足，起初只有简单的文宣信息，待到社会意见纷陈，反对声音初现时，政府才动手制作三走线三维效果图试图释疑，但却始终难以改变居民的想法。如果政府咨询前做足相关准备工作，甚至设身处地替沿线居民的利益考虑，对相关的影响直面说明，并从相关的补偿上提出建议，相信效果会不一样。毕竟轻轨的建设涉及全体澳门居民的交通出行，也事关澳门的整体利益，只要处理好沿线地区居民利益与公众利益，最终是能找到一个合理的解决方案的。

将来特区政府完善咨询制度时，要就咨询前的相关准备工作明确提出要求和规范。为了做好咨询前准备工作，在正式开展咨询前，有时就要预先进行咨询性质的活动，做一些必要的调查，尤其对需要咨询的事项所涉及的利与弊采取透明的做法，在咨询中予以公开。此外，政府对政策咨询活动也要有一个统筹规划，哪些需要咨询，哪些不需要咨询，咨询的方式和范围如何等，总体上要有一个安排。因为不可能任何的政策都要咨询，例如，为了给炽热的楼市降温而推出的相关措施便不可能咨询，否则就收不到给楼市降温的效果。

二是继续推进公共政策咨询工作的规范化。澳门回归后，制度建设任务繁重。特区政府在推行公共政策咨询工作时，负责咨询工作的政府部门虽对咨询工作有自身的规则要求，但因整体上缺乏一套规范咨询工作的制度安排，使得有的咨询工作效果并不理想，在一定程度上影响了政府的施政工作。例如，2005 年，随着澳门街道的不断改变，特区政府认为 1993 年开始实施的《道路法典》有修改的需要。为此，法律改革咨询委员会进行了多场咨询，收到了 179 份意见书，但在整个咨询过程中，从对意见的听取到收集整理以至讨论，因缺乏从整体上规范咨询工作的制度安排，主要采取内部倾向主义方式来制定政策，结果，政府的咨询结论偏向理论性，忽略社会实用性，最后没有达到咨询预期的目的。

针对政策咨询工作中缺乏整体性制度安排的实际状况，在经过广泛咨询社会公众的意见后，2011 年 8 月 5 日，行政长官以批示的形式，制定了《公共政策咨询规范性指引》（以下简称《指引》），就澳门特别行政区的公共政策，包括政策行为、措施及法律，于推行咨询工作时所应遵守的一般性原则及指导性内容做出规定，目的在于建立公共政策咨询的规章制度，营造良好的咨询环境，促进公众的参与，充分听取公众的意见，有利政府的施政。根据《指引》的规定，特区政府的公共政策按层次分为"重大政策"和"政策项目及措施"两类。其中，"重大政策"是指与澳门社会发展方向及规划、全体或大部分公众相关，以及列入澳门特区政府施政方针中的重点政策；"政策项目及措施"是指为配合重大政策的实施而推出的各项具体项目及措施。"重大政策"的推出须按《指引》的规定进行咨询工作，"政策项目及措施"若被列入施政报告，也须按《指引》的规定进行咨询工作，但基于特殊情况的需要，尤其涉及紧急或重要情况，在向公众做出说明后，则不在此限。例如，2016 年，澳门特区政府拟制定历史上首个五年发展规划，因涉及澳门的整体利益和长远发展，事关澳门居民的切身利益，特区政府在做了必要的前期调研和论证的基础上，于该年 4 月公布了五年发展规划的草案文本，面向社会进行多形式的广泛咨询，在收集咨询意见后，经修订并完善文本草案，于 2016 年 9 月公布了五年发展规划的正式文本，为澳门社会未来五年的发展描绘了蓝图。

政策咨询通常都要遵循一定的原则，例如，"清楚和简洁""有目的或用途""应该延续适当的时间""有针对性""应该考虑被咨询的团体""政府对咨询的响应须及时公布"，等等。对于政策咨询工作的推进，《指引》既从应遵从的原则方面做出规范，又对政策咨询的过程提出具体要求。根据《指引》的规定，政策咨询应遵从以下七项原则：有效安排与协调公共政策咨询项目，促进公众的平等参与，适时及充分提供政策信息，便利取得咨询信息及提供意见，加强与咨询组织、社会团体及部门间的交流与合作，提高咨询的透明度与回应，检讨评估及持续改善。至于具体的咨询工作，《指引》从前期准备、咨询推行及总结评估三个阶段所需完成的各项工作做出规范指引。根据《指引》的规定：前期准备主要涉及议题、咨询目标、政策关系人等的界定，以及与政策相关的研究、调查、信息推行等基本数据的搜集、研究及制作；咨询推行主要涉及咨询方式、政府部门的配合、所需的资源及技术、信息提供与意见收集方式、咨询文本设计、适时跟进与评估等的选择及安排；总结评估主要涉及对所收集意见的分析与总结、有的政策或法规的修改、后续咨询活动安排、咨询结果及政策决策的公布说明等。对于每个阶段的咨询工作，《指引》进一步做了细化的规定，例如，规定公开咨询时间不应少于 30 天；咨询形式应综合多元方式的运用，包括讲解会、座谈会、研讨会、小册子、互联网、多媒体及其他有助公众参与的方式等；咨询文本的行文须简洁易明，如有需要可对相关专业用词、概念等以注释做出说明，并提供相关资料数据、图表作辅助说明等。

《指引》的推出，对于特区政府以及政府职能部门做好政策咨询工作，提出了规范上的要求，在客观上有利于政策咨询工作的顺利推进，为政府了解真实民意并制定相关政策或者法案创造了条件。这在 2012 年澳门特区政府开展的有关澳门政制发展咨询活动中得到了有效验证。首先，按《指引》要求，做好前期准备工作，找准需咨询的问题。2011 年 12 月 31 日，全国人大常委会就《澳门基本法》附件一第七条有关行政长官产生办法的修改程序和附件二第三条有关立法会产生办法的修改程序做出解释后，特区政府立即行动起来，根据实际情况，决定首先就应否修改行政长官产生办法和立法会产生办法，以及修改的大原则作为主要问题，面向澳门全社会公开咨询，展开为期一个月的首阶段听取意见活动。其次，严格遵循《指引》对咨询方式的规定要求，采取座谈会与设立网站收集意见等其他咨询方式相结合的办法来推行咨询。咨询期间，共举行了八场各界别代表人士及市民座谈会。其他社会组织、学术团体及传媒机构也举办多场座谈会、研讨会、公众论坛等，为政制发展建言献策。政府则通过会议纪录、网站、邮寄、传真、亲身递交、电话等方式收集 2692 份意见和建议。对这些收集到的意见，特区政府通过专门的网页，都会原文发布。最后，严守《指引》的规定，对收集到的意见做好分析总结。在力求客观全面的基础上，同时反映社会主流意见和非主流意见。首阶段咨询结束后，行政长官根据咨询获得的意见，充分参考社会各界和广大市民的主流意见后，向全国人大常委会提交了报告，认为有必要在基本法的框架内，依照澳门的实际情况，对澳门 2013 年立法会产生办法和 2014 年行政长官产生办法做出适当修改。2012 年 2 月 29 日全国人大常委会通过《关于澳门特别行政区 2013 年立法会产生办法和 2014 年行政长官产生办法有关问题的决定》后，特区政府为进一步凝聚共识，在吸收首阶段听取意见活动中所收集的主流意见后，精心准备《政制发展咨询文件》，并向全体澳门居民公布，列举修改行政长官和立法会产生办法以及相关的澳门特别行政区选举法内容可考虑的方向，供社会各界和广大市民讨论。由于需要咨询的问题集中，加上特区政府严格按照《指引》的要求推行咨询活动，透过后续的公开咨询，特区政府进一步听取了社会各界和广大市民的意见，并将收集到的意见向社会公开，之后正式向立法会提出修改行政长官和立法会产生办法的法案。由于咨询工作做得规范，也很充分，最终澳门特别行政区 2013 立法会产生办法和 2014 年行政长官产生办法，以有与此相关的澳门特别行政区选举法的内容，都依法定程序进行了修改，有序扩大了民主选举的成份，推动了澳门政制向前发展，为澳门社会的繁荣稳定奠定了基础。

将来，特区政府应认真总结咨询工作执行《指引》比较好的成功经验，再结合咨询工作的实际情况适时考虑对《指引》进行检讨，特别是在意见的收集整理及公开机制、咨询结果处理的响应机制、公共政策咨询评估机制等方面进行完善。甚至可以考虑由行政长官以行政法规的形式来颁布《指引》，因为行政法规在法律效力上要高于批示，这样的话，有利于提升《指引》的适用效果。

（本文原载于《九鼎》2014 年第 11 期，收入本书时部分内容有修改）

-提升竞争力需培养和开发人才-

人才是一个国家或地区经济社会发展的第一资源。加快人才发展是在激烈的国际竞争中赢得主动的重大战略选择。澳门目前正处于促进经济适度多元发展的关键阶段，着力培养和开发人才，是澳门当前及今后一项极其急迫的任务。

突出培养　造就治澳人才

“澳人治澳”是“一国两制”方针的其中一项重要内容。为了保障“澳人治澳”落到实处，《澳门基本法》做了比较具体的规定。这些规定内容，既是“一国两制”方针的内在逻辑要求和自然发展，也是充分发挥澳门同胞当家作主的主人翁地位和聪明才智的客观需要，有利于澳门的进一步繁荣和稳定。

然而，要真正实现“澳人治澳”，除了《澳门基本法》的具体规定外，还有待于澳门特别行政区切实注意“爱国爱澳”力量的培养，并确保“爱国爱澳”力量在社会力量对比中的主体地位。具体来说，就是要确保澳门特别行政区的行政机关、立法机关和司法机关以爱国者为主体。为此，澳门特别行政区要着眼于长远，有计划地培养造就澳门社会需要的政治人才，即治澳人才。

“一国两制”的事业既是一项伟大的事业，也是一项长期的事业。随着澳门经济社会的发展，人们对特区政府的要求越来越高。更随着澳门“一国两制”实践的不断推进，考验治澳人员政治智慧的情况也会越来越多。对此，我们要认真对待未来治澳人才的培养，未雨绸缪。正如胡锦涛主席在庆祝澳门回归祖国十周年大会上所讲的那样，"要高度重视和加强爱国爱澳优秀年轻人才培养，使澳门同胞素有的爱国爱澳传统薪火相传、发扬光大，使'一国两制'事业后继有人。"

澳门特别行政区成立十一多年来，政府的管治能力得到了锻炼，也得到了提高。这是客观事实，要不然，澳门回归后也不会取得这么大的发展和进步。虽然澳门社会上不乏有人对特区政府及其官员的管治水平提出质疑甚至批评，但我们也要实事求是地看待问题。诚然，在廉洁守律方面，特区政府管治班子中的个别官员违法犯罪，对特区政府的形象造成了损害；特区政府的一些政策决策水平与民意的要求可能还不太相符，甚至可能相去甚远等，但特区政府成立后的管治班子毕竟是在公务员本地化刚完成不久的基础上建立起来的，他们又基本上都是在一个新的起点上开始新的管治工作的，其间的困难和复杂是可想而知的。对此，前行政长官何厚铧在几年前的立法会大会上曾用"细路仔做大人事"来生动地形容特区政府的管治班子。实践证明，澳门人是完全有智慧、有能力、有办法管理好、建设好、发展好澳门的。如今，"细路仔"也慢慢长大了，这其中便不乏优秀人才。此外，澳门社团众多，社会活动也很丰富，这其中也涌现出不少有真才实学的优秀人才。对于这些优秀人才，我们要从培养未来治澳人才、不断壮大爱国爱澳力量的高度，既要严格要求，又要悉心栽培，给他们干事的平台，给他们锻炼的机会。干事的过程中出了错，不要紧，关键是要能悉心听取他人意见，并知错能改。人无完人，焉能无过。只要他们廉洁自律，心中时时刻刻想着特区的居民百姓，心怀"爱国爱澳"情结，胸怀"一国两制"意识，处处以澳门的整体利益为重，严格依照《澳门基本法》办事，相信一定能成为未来很好的治澳人才。

统筹推进　开发专业人才

我们在壮大"爱国爱澳"力量，培养澳门社会发展需要的治澳人才，即政治人才的同时，也要着力培养其他各类人才，尤其是澳门在推进经济适度多元发展过程中急需的各类专业人才。对此，胡锦涛主席在庆祝澳门回归祖国十周年大会上曾指出："人才是各项事业发展之本。不断提升澳门竞争力，最关键的支撑因素是人才。要着眼长远，增强紧迫感，大力发展教育、科技、文化事业，培养造就一大批澳门社会需要的政治人才、经济人才、专业技术人才以及其他各方面人才。"

随着国家"十二五"规划将澳门定位于"世界旅游休闲中心"，并表明支持澳门促进经济适度多元发展，更随着《粤澳合作框架协议》的签订及推进，澳门急需的各类人才将会越来越多。从以上国家以及区域发展规划来看，澳门要建成世界旅游休闲中心，并实现经济适度多元发展，是需要大量的相关专业人才的。无论是中医药产业、文化创意产业、旅游业还是会展业等，要得到比较好的发展，一刻也离不开相关专业人才的支撑。如果没有足够的人才，澳门要在与广东省的合作中以及国家的规划发展中取得成就，那是比较困难的，甚至是不可能的。温家宝总理去年底视察澳门期间，就非常明确地指出：澳门要建设成为世界旅游休闲中心，需要有强而有力的管理人才。为此，他要求特区政府要注重人才培养。经过多年努力，澳门要成为有高度文化素养及人才的地方。鉴此，澳门应长远规划，脚踏实地开展人才培养工作。要把培养、发掘人才作为特区政府今后工作的重点。既要充分利用特区拥有的高等教育资源来培养澳门急需的人才，又要打破常规，采取"走出去"等方式，将人员送往内地或其他地方进行培训，或者与其他高等教育机构或培训机构联合培养自己所需的人才。

为了做好人才培养、发掘工作，一方面，特区政府应科学制定长远的教育政策，不断加大对教育的投入，全面提高澳门的教育水平。胡锦涛主席在澳门回归十周年时便提出了将澳门大学建成世界一流大学的殷切希望。温家宝总理去年底视察澳门时更是强调，澳门要强大，必先强教育。他希望澳门要办世界一流的大学、一流的中学、一流的小学、一流的学前教育，并认为这是澳门的未来和澳门的力量。对国家领导人提出的上述要求和希望，特区政府和全社会都有责任从战略的高度认真对待并加以落实。另一方面，政府要营造尊重人才的社会环境、平等公开和竞争择优的制度环境，坚持以用为本，促进优秀人才的脱颖而出，使澳门社会始终保持朝气和活力。对此，特区前立法会主席曹其真在其关于"竞争"的新浪博客文章中曾讲到:"澳门特别行政区政府应积极主动地在澳门社会营造健康的竞争机制,杜绝任人唯亲、论资排辈的陋习,让每个澳门人都能有公平的机会参与选择人才的竞争。让真正高素质的各种人才在人尽其才的原则下,在竞争中涌现并胜出。也让真正有高度社会责任感、有无私奉献精神的、有勇于承担并有创新思维、兼有高尚道德品格的未来社会领袖经受竞争的考验,并在竞争中脱颖而出。"

健全人才　发展规划体系

历史和现实表明,人才是社会文明进步、一个国家或地区繁荣昌盛的重要推动力量。随着经济全球化的深入发展和科学技术的日新月异,知识经济方兴未艾,人才已成为一个国家或地区的核心竞争力。澳门要建成世界旅游休闲中心,并实现经济的适度多元发展,必须要做好人才发展的全面、整体规划工作,建立并健全人才发展规划体系。具体来说,就是澳门特区政府要根据本地区的实际情况,广开言路,充分听取民意,科学编制有关产业及重点领域的中长期人才发展规划,形成一个完整的适合澳门情况的人才发展规划体系。

特区政府在编制人才发展规划时,要把服务科学发展作为人才工作的根本出发点和落脚点,围绕科学发展目标确定人才队伍建设的任务,根据科学发展的需要制定人才政策,用科学发展成果检验人才工作的成效。为此,在经济社会发展中,特区政府要确立人才优先发展的战略布局,做到人才资源优先开发、人才结构优先调整、人才投资优先保证、人才制度优先创新。要把发挥人才的作用作为人才工作的根本任务,既要坚决破除束缚人才发展的思想观念和制度障碍,创新人才工作机制体制,努力营造充满活力、富有效率、更加开放的人才制度环境,又要大力开发澳门经济社会发展重点领域急需的紧缺专门人才,尤其是对推进澳门经济适度多元发展有利的专业人才。

特区政府在编制人才发展规划时,还要紧紧围绕澳门经济适度多元发展的目标,加强产业、行业人才发展统筹规划和分类指导,针对重点发展领域,开展人才需求预测,定期发布急需人才目录。此外,在尊重高等教育机构教学和学术研究自由的基础上，通过调整优化高等学校学科专业设置，加大急需研发人才和紧缺技术、管理人才的培养力度。

时代呼唤人才，人才造就伟业。随着国家“十二五”规划的逐步落实和《粤澳合作框架协议》的全面推进，澳门特区政府应抓住这一千载难逢的有利时机，从产业结构升级和多元化的角度进一步审视澳门的人才发展政策，加大专业人才的培养、引进和开发力度，使澳门产业结构多元化切实可行，为澳门的长期繁荣稳定奠定坚实牢固的基础。

（本文原载于《九鼎》2011 年第 5 期）

构建人才培养长效机制首先应完善人才评价机制

澳门要不断提升竞争力，最关键的支撑因素是人才。特区政府在2014年施政报告中明确提出，要构建本地人才培养的长效机制，以配合经济适度多元发展的迫切需求，适应特区可持续发展的客观需要。为此，特区政府于2014年1月设立了直属行政长官的人才发展委员会，主要负责制定、规划及协调澳门特区总体的人才培养长远发展策略，构思并落实人才培养的短、中、长期措施和政策。2014年4月22日下午的立法会答问大会上，行政长官崔世安重申人才长效机制是施政重点，并表明当局已设立系列工作计划和预算，相信年内会陆续推出相关政策，配合人才培训。澳门本地人才培养长效机制的科学构建，是一个复杂的系统工程，涉及众多具体的制度建设，其中，人才评价发现机制便首当其冲。

人才评价标准要量体裁衣

什么样的人属于人才？这是构建人才评价发现机制时首先必须要解决的问题。

客观来说，人才评价应该有标准。没有一个客观标准，众说纷纭。有了标准，才可去界定哪些人是人才，哪些人还不是人才。标准就如同“标尺”，定得好，有利于对人才进行客观评估，定得不规范或有偏差，则可能导致评价有失公允，因此，标准定得如何，至关重要。

人才评价标准的界定，关键是要注意量体裁衣。不同的行业、不同的学科，人才的评价标准自然要有所区别，千万不能用一个标准去统一所有行业、所有学科，也不能用一个标准去统一众多行业、众多学科。实际上，世界上从来也不存在一个唯一标准适用于所有行业或众多行业、所有学科或众多学科。俗话说，三百六十行，行行出状元，说的其实也是这个道理。不同的行业、不同的学科，其工作的内容和要求不同，成才的标准是有区别的。我们在订立人才的评价标准时，一定要针对不同的行业、不同的学科来进行，真正做到量体裁衣。例如，从事教学研究与从事实务工作的职业，人才的评价标准就有差别；同是从事教学研究工作，文科和理科的人才评价标准也不一样。同属文科或理科，还可细分为不同的学科。即使同一学科，仍可再分为基础学科和应用学科等。至于从事实务工作的，其行业的区分更加繁杂。对于行业或学科的这种区别，人才评价的标准界定要充分体现出来。

要实现人才评价标准的量体裁衣，必须健全科学的职业分类体系，唯有如此，才能建立各类人才能力素质标准。所谓职业分类，是指按一定的规则和标准把一般特征和本质特征相同或相似的社会职业，分成并归纳到一定类别系统中去的过程。世界上经济比较发达的国家或地区都比较重视职业分类问题的研究，它有助于一个国家或地区根据不同的职业特点和工作要求进行人力资源的分类管理，包括采取相应的录用、调配、考核、培训、奖惩等管理方法，从而使管理更具针对性。由于职业分类给各个职业分别确定了工作责任以及履行职责及完成工作所需要的职业素质，这既为职业的培训提供了重要依据，也为各个职业岗位的考核提供了客观标准，当然也就为人才评价标准提供了参考。

澳门早在回归前通过第 45/97/M 号法令就澳门的职业分类进行了规制。根据上述法令的规定，“澳门职业分类”的目的之一在于从本地区的角度，使有关职业方面的数据的展示及比较的方式，能有利于研究、决策及采取具体行动。上述法令同时指出，“澳门职业分类”的应用并不局限于统计活动范围，其重要性及用途亦显示在劳工、职业培训、职业资料、就业安排及人力资源管理等政策的计划及执行。由此看来，上述法令关于澳门职业分类的规定，是形成本地人才评价发现机制的重要参考。具体来说，就是要根据上述法令所确定的职业分类来界定不同职业的人才评价标准。唯有如此，人才评价发现机制才能以岗位职责要求为基础来建立。事实上，澳门第45/97/M号法令所规范的澳门职业分类完全可以作为不同行业人才评价标准的参考依据，因为该法令对澳门职业所做的分类，既以有关的国际分类的结构为基础，同时亦查阅了中国内地及香港的同类规定，而且使用了"技能"的概念，即执行一职业固有的职务所需的能力。当然，随着经济社会的发展，澳门第45/97/M号法令所规范的职业分类是否存在修订的需要，完全可以根据澳门的实际情况来检讨。不过，这一法令仍是我们制订人才评价发现机制时不可或缺的参考依据，应当根据它所做的职业分类，制订不同行业的人才评价标准。

人才评价主体要淡化行政色彩

评价人才，标准确定了，接下来面临的问题就是"由谁来评"。由于人才有不同的层次和类型，涉及不同的专业领域，评价主体的选择就至关重要。评价主体选对了，就能慧眼识才，如果评价主体选的不恰当，就可能导致评价结果出现偏差甚至扭曲。

对于谁来评价人才这一问题，《国家中长期人才发展规划纲要(2010—2020)》的相关内容值得参考：党政人才的评价重在群众认可，专业人才的评价重在社会和业内认可，企业经营管理人才的评价重在市场和出资人认可等等。具体到澳门，就是从事行政事务的公务人员，人才的评价重在市民的认可，专业人才的评价重在社会和业内的认可，企业经营管理人才的评价重在市场和出资人认可等。鉴此，在确定人才评价主体时，如果涉及从事行政事务的公务人员，市民的代表应该是主体；涉及专业人才的评价时，相关专业领域的专家应该是主体；涉及企业经营管理人才的评价时，相关的市场参与者及出资人应该是主体。总之，无论何种人才的评价，有一个共同的特点，那就是人才评价主体的构成上要淡化行政色彩。特别是专业人才的评价，一定要获得同行和业内的认可，因为同行判断相对比较客观和权威，也比较公正公平。如果参与人才评价的人员行政色彩较为浓厚，例如单位的行政领导参与人才评价，其意见容易影响评价的结果，难以确保评价的公平公正。虽然不排除行政领导本身可能也是某个领域的专家，但其担任的行政职务对评价结果的影响仍是不可忽视的。况且，行政领导一身两任，可能也会分散其精力，影响其专业水平。

实践中，一些专业性较强的领域，人才评价仍然存在着较为深厚的行政色彩，这集中体现为人才评价往往由部门或单位自行组织实施、自行邀请专家，虽然专家、专业机构和社会中介机构有一定的参与，但领导意志、部门观点等仍占据着比较重要的地位。由于相关部门或单位对专业领域知识了解不够，评价人才往往采用标签式、可量化的指标，比如学位、论文、头衔等，这也容易误导人才精力的投放，从而造成考博热、发表论文热、学术造假等一系列问题。鉴此，有人建议，应当发展专业化人才评价机构。为保证人才评价时有充分的专家资源，评价机构可建立高层次的人才评价专家库，专家库应当坚持专业性和动态化。专业性是指评审专家应当包含不同领域，同时具有突出的专业能力和行业知名度、影响力；动态性则是指根据人才评价实施的需要，及时增减专家数量、优化专家结构、完善专家信息等。此外，保证评价机构的独立性也非常重要，这也是人才评价公平公正的必然要求。参与人才评价的人，不仅要在专业知识方面突出，在品行操守方面也是要非常过得硬的。为确保评价机构的独立性，被评价的人所在单位的人员，尤其是行政色彩浓厚的人员最好不参加评价。

人才评价方式要综合考虑

对人才进行评价，有时难免会设置一些量化性指标，例如学历、论文数、获奖数等。要使人才评价更加科学化、合理化，就不能仅限于量化性指标的设置及考察上，而是应当综合考虑。

首先，要注重靠实践和贡献来评价人才，克服唯学历、唯论文的倾向。目前，人才的评价中唯学历、唯论文的现象并不少见，在不少领域，尤其在高等院校中，人才评价仍存在着“六重六轻”的问题，即重学历轻能力、重资历轻业绩、重论文轻贡献、重近期轻长远、重显能轻潜能、重数量轻质量。例如，在内地的一些高校，对人才的评价较为注重定量化、头衔化，比如发表了多少论文、申请了多少专利等。除论文指标外，在哲学社会科学领域，还有一种现象，人才的评价还必须满足一定数量的国家级或省部级项目、论文、专著等。这样的评价，分散了一线教师的时间和精力，使得一线教师既不能专心于教学，也不能提供好的科研成果，同时还助长了浮夸学风，剽窃、造假行为往往由此而起。对此，内地有关高校进行了人才评价的探索，有些做法值得澳门参考。例如，浙江大学在人才评价上，突出教学与科研并重。一方面，学校引导高层次人才走上教学第一线，让最优秀的教授站在教学第一线，以本科教学为主，并将教授对教学的投入列为必须完成的工作量；另一方面，对甘于坐冷板凳、潜心从事基础研究的教师，给予特殊待遇，让其无后顾之忧地在前沿领域自由探索，在6年的支持周期内，无须参加年度考核，期满后由学术专家进行“同行评估”。

其次，对人才不要求全责备，要宽容有价值的失败。识别人才，最重要的是要全面考察和看待人才的过去和现在、优势与不足、缺点和特长，从各个侧面辩证地观其才识，而不应以一时一事、某个侧面或某个局部做定论。在识别人才时，要从大处着眼，不能“忌人才之细短，忘人才之所长”。同时，又要着眼长远，不以人才的昨天来否定其今天或明天。俗话所说的“人无完人”，当然也包括了人才在内。对人才的评价中，特别要注意克服唯结果论的倾向，即只对成功者予以肯定。科学探索很多时候是难以很快就取得成功的，应该允许有价值的失败，这对科学探索来说是非常宝贵的经验。如果唯结果论盛行，就可能导致一些科研工作者片面追求成功率，不愿做原始创新，从而导致真正有价值的创新被扼杀，这实际上并不利于人才的培养和造就。

最后，对人才的评价应当鼓励合作和共赢，摒弃唯个人论的倾向。当前的人才评价中，确实不同程度地存在着唯个人论的倾向，特别是一些专业领域的研究中较为突出。比较典型的是对于合作完成的研究成果，一般都是重视第一作者或是牵头人、主持人，而那些做了大量工作的参与者却享受不了同样的评价。对此，有人建议，在人才评价方式上，应当鼓励合作和共赢，给参与者一定的评价指标。其实，在很多领域的研究或实务工作中，是离不开团队的合作，光靠一个人甚至一个领域的专业人才很难做出创新成果。例如，在生物医学领域，越来越多高水平有影响力的研究，都来自不同领域的交叉合作甚至国内外的合作，如果人才的评价唯个人论，则高水平的研究肯定会受到掣肘。

（本文原载于《澳门月刊》2014 年 5 月号）

构建人才培养长效机制——健全人才选拔任用机制

建立并完善人才评价发现机制，只是为有效选拔人才和最佳使用人才提供了依据。人才能否脱颖而出，还得有科学合理的选拔任用机制，否则，人才也会被埋没。因此，建立一套科学合理的人才选拔任用机制，促进人岗相适、用当其时、人尽其才就成为人才培养长效机制构建的核心所在。澳门特区政府在2014年财政年度的施政报告中明确提出，要努力建立公平、公正、公开的人才选拔制度，让人才可透过相关的制度和途径获得为社会贡献才智的机会。鉴此，健全人才选拔任用机制是特区政府今后施政的一个重点方向和目标。如何才能达至这一目标呢?

选拔任用渠道宜拓宽

要形成广纳群贤、能上能下、公平公正、充满活力的选人用人机制，就必须要拓宽人才选拔任用的渠道。道理很简单，人才选拔任用的渠道如果单一化，就会形成千军万马过独木桥的情形，部分人才会因选拔任用渠道的过于狭窄而失去机会，进而造成人才浪费的现象。要造就“群贤毕至、人才辈出”的氛围，就必须要建立多种人才选拔任用方式。以公务人员的选拔任用为例，有任命权的机关或机关据位人在选拔任用人员时，较为常见的方式是“伯乐相马”，即自行选定特定的人员选拔任用。除此之外，也可通过引入竞争性选拔任用方式，不断拓宽人才选拔任用的渠道。所谓竞争性选拔任用方式，就是通过公开、公平、竞争、择优的方式，在好中选优、优中选强，让人才脱颖而出。人们将其通俗地称之为“赛场选马”。其实，即使是传统的“伯乐相马”仍可通过加入竞争元素，形成“赛场选马”。例如，有任命权的机关或机关据位人自行选定特定的人员考核选拔时，可适当扩大范围，实行差额选拔，形成竞争性。此外，有任命权的机关或机关据位人选定人员进入自己的考核范围时，仍可采取多种形式。例如，专家学者举荐的人或社会上涌现出的人，甚至毛遂自荐的人等，都可纳入考核范围。

在澳门，公务人员的选拔任用一向是人们的关注焦点。尤其在回归后，因政权的交接，很多公共机关的职位都虚位以待。对于公务人员的入职、公共行政职程的晋升或晋阶等，澳门都有相关的规范性文件予以规定。其中，关于领导及主管人员的委任，第15/2009号法律《领导及主管人员通则的基本规定》、第26/2009号行政法规《领导及主管人员通则的补充规定》都有较为详细的规定。虽然第15/2009号法律《领导及主管人员通则的基本规定》第4条明确规定了领导及主管人员的聘任，除另有明确规定者外，通过选拔为之；第26/2009号行政法规《领导及主管人员通则的补充规定》第2条也明确规定，领导及主管官职透过履历审查，从被认定具公民品德及与应聘官职相符的学历，以及适合担任相关职务的专业能力和工作经验，且符合进入公共行政的一般及特别要件的人士中选拔聘任，然而，在实际操作中，领导及主管人员的委任基本上没有采用过竞争性的选拔任用方式。虽然不排除被考核的选拔任用对象不止一人的情形，但并没有进行过竞争上岗这种搭建竞争平台的选拔任用的尝试。就选拔任用领导及主管官职的程序而言，虽然正常选拔不一定要通过竞争性选拔，但完全排除竞争性选拔，无疑少了一条人才选拔任用的途径。尽管竞争性选拔任用的方式在实践中仍有不足，按照竞争规则确实存在“唯票取人”“唯分取人”等倾向，以致出现“高分低能”“选上的用不上”等情况，但这只是竞争性选拔制度设计上应加以完善的问题，竞争性选拔任用的方式有利于更大范围发现人才方面的作用仍是不容否定的，而且由于竞争因素的加入，通过比较能选拔任用更加优秀的人才。因此，澳门今后的公共行政改革，可以在推进官员问责和绩效评审制度的同时，尝试先将部分主管官职的职位拿出来进行竞争性选拔。

待经过一段时间的实践，在总结经验的基础上不断加以完善，并适当扩大竞争性选拔任用的适用范围，且制度化。这不仅有利优秀人才的涌现，也有利于政府施政能力和效率的提高。

为拓宽人才选拔任用渠道，有必要正确看待人才的发现与培养的关系。有人形象地将这种关系称之为"相马"与"驯马"的关系。"相马"通常是指先有千里马的客观存在，然后才由伯乐去发现识别，选来使用。"驯马"则是靠一个人或几个人主观上要对某匹马或某几匹马进行驯养，想要它成为千里马，然后拿来使用。在处理"相马"和"驯马"的关系上，新加坡在领导人才的选拔上近似"伯乐相马"的做法值得借鉴。新加坡对领导人才不搞主观上的培养，而是在广泛的社会实践中去识别和发现人才。政府甚至经常到企业去发现招揽人才，然后以高薪政策将他们吸引到政府部门工作，这样的人才靠个人努力自然成长，具有真才实学，没有优越感，没有关系羁绊，珍惜成长机会，如同自然环境下成长的千里马，素质与众不同，是可以倚重的人才。不可否认，领导人才的成长，既要发现，也要培养，两者都不可少，但首先应是"相马"，"驯马"应在其后。只有先在广泛的社会实践中发现具有高素质的"千里马"，然后把他们放在一定的"战场"和"舞台"上去培养提高，这样才更有利于其驰骋疆场。否则，只重"驯马"，主观圈定某些培养对象，然后有目的地搭台阶，这样是难以培养出真正的"千里马"的。因此，既要重视人才的培养，更要重视"相马"工作，拓宽人才选拔任用渠道，发现人才，并把他们放在适当的位置上，通过工作的历练，逐步提高他们的综合素质。

选拔任用标准需公正

无论是竞争性还是其他方式的人才选拔任用，都要有一个评判的标准。俗话所说的"不拘一格降人才"中的"格"，指的就是用人的标准。虽说人才选拔任用中可以"不拘一格降人才"，但并不意味着放弃所有的"格"。如果完全"不拘一格"，放弃必要的标准、规范、要求等，那只会造成人事混乱，失去起码的社会公平。因此，人才选拔任用要有评判上的标准。

人才选拔任用的标准还必须要体现出公正性。虽然不同职位的人才选拔任用标准会有差异性，但公正性是共同的特征。在设计人才选拔任用的具体制度时，必须体现公平原则。一方面，有关的评判标准，既要注重人的操守和品行，又要妥善运用现代人才评价发现机制，建立能力素质评估体系，构建由工作实绩、适岗评价等指标在内的量化指标，合理明确学历、年龄、经历、资历、能力、实绩等基本要求，搭建起公平、公正的选拔任用平台；另一方面，选拔任用的标准要体现机会均等的理念，真正做到不唯学历、不唯资历，不拘一格地选拔任用人才，为人才展才提供良好的环境，将"唯才是举"真正落实到具体行动中去。

在人才的选拔任用中，特别是领导职位人员的选拔任用上，要妥善处理好"阶梯晋升"和"破格提拔"的关系。"阶梯晋升"是针对单位大多数成员而言，这种方法可避免盲目性，准确度比较高，也便于激发多数员工。但单位管理者不能对所有成员都仅仅拘泥于"阶梯晋升"，要善于观察和发现杰出人才，一旦发现，则应该破格提拔，使杰出人才不致流失或埋没。实践中，破格提拔容易引来质疑，大多是因为被破格提拔者年轻，或者任职经历短等，但只要有被业界、社会认可的实绩表现，就要突破传统束缚，大胆任用。要树立"选人用人失误是过错，埋没耽误人才同样是过错"的观念，不拘一格选拔优秀人才。人才选拔任用中应遵循的"格"，主要就是一个人的潜在能力、突出的业绩和优秀的品行，除此，其他所谓的"格"，如资历、经历、年龄等都是可以打破的。当然，从事不同工作的人才，其"格"是有差别的。例如，从事科学研究者，出成果、发文章等，根据规范客观的标准，易被业界认可和接受；从事行政管理者，展风格、出业绩，更多地取决于领导能力、团队协作等。

对于公务人员中领导及主管职位人员的选拔任用，澳门特区第15/2009号法律《关于领导及主管人员通则的基本规定》做了明确的规定，应从被认定具公民品德、适当的工作经验和专业能力担任有关职务中选任。特区政府在适用这一规定选拔任用领导及主管职位的人员时，除适当拓宽选拔任用渠道外，关键是要搭建一个公平竞争平台。澳门社会长期以来有人埋怨没有或不够人才，这种说法不全面也不正确。澳门人完全有智慧、有能力、有办法把澳门特区管理好、建设好、发展好，就说明澳门不缺乏人才。对此，澳门特区前立法会主席曹其真有过精辟的分析。她认为澳门人的能力或才智并不比在其他地方的人差，其关键在于人才是否被善用、他们的潜在能力是否被发掘、他们的积极性是否被调动起来、他们在竞争中是否得到公平合理的待遇。她呼吁要把澳门建设好，必须在本地发掘高质素人才，设立人才公平竞争的制度。因为历史的事实告诉我们，中外古今的任何社会都是能者居之、优胜劣汰。在合理公平的竞争制度下，优良的人才才能脱颖而出。鉴此，澳门特区政府要构建长效人才培养长效机制，就必须着力推进有利人才脱颖而出的公平、公正的人才选拔任用机制，在实践中发现和使用人才，尤其是发现和使用青年人才。

选拔任用程序要透明

要确保人才的选拔任用公平、公正，必须要有相应的程序做保障，有关人才选拔任用的过程必须公开透明，避免因暗箱操作而损害人才选拔任用的公正性。如果人才选拔任用的程序不公开、不透明，极易发生任人唯亲的现象，不但选拔不到真正的人才，而且会把不合格的人提上来，这不仅会埋没了人才，而且会对相关工作的开展带来甚至无法预料的祸害。因此，人才选拔任用程序的公开透明不是可有可无的，而是必须要有的。必须要通过看得见的方式，把人才选拔任用工作摆到桌面上，让选拔任用工作在阳光下运行。人才选拔任用程序公开透明了，真正的人才就会脱颖而出，不合格的人就难以蒙混过关，公平竞争的环境就会自然形成。

相比较传统的诸如“阶梯晋升”等传统的人才选拔任用方式，竞争性选拔方式的流程更为公开、透明和规范些，因而更能最大限度地发现和使用优秀人才。不少国家或地区都比较推行竞争性选拔任用方式，有的还加入了公众参与评判的元素，设置了民意考评的环节。当然，竞争性选拔方式和传统选拔任用方式各有优势和不足，例如，竞争性选拔方式有程序相对繁琐、实施时间相对较长等不足，传统选拔任用方式则在竞争性方面不够等。因此，在构建人才选拔任用机制时，必须将传统选拔任用方式和竞争选拔方式有机结合起来，确保既能选出优秀人才，又便于实际操作，提高选拔效率，进而营造人才脱颖而出的良好环境。

澳门要构建人才培养长效机制，有关人才选拔任用制度的建设同样要体现出程序的公开透明。除可尝试引入竞争性选拔方式外，使用其他方式选拔任用人才时同样要遵守公开透明的原则。例如，关于公务人员领导及主管职位的选拔任用中，澳门第 15/2009 号法律《领导及主管人员通则的基本规定》第 4 条第 2 款明确规定聘任除应以合法性、客观性为准则外，还必须以透明性为准则，其中的透明性准则指的就是选拔任用的程序要公开透明。特区政府在委任有关的领导及主管官职的人员时，虽在《特区政府公报》中刊登相关批示，说明获委任人员的相关情况及委任的理由，但在此之前的相关过程仍缺乏必要的透明度，例如，何时启动考核人选的程序？考核人选如何产生？是等额考核还是差额考核？有无具体细化的考核标准等，对这些问题，并没有以适当的方式予以公开。人才选拔任用的程序缺乏透明度的话，必然会影响到人才选拔任用的公正性。要让各种人才舒展潜能，发挥所长，就必须注重人才选拔任用程序的公开透明性，为广大的人才提供施展才华的机会，让具备真才实学的人在合适的岗位上展现他们的才干。

人才培养长效机制的构建是一项具长期性和复杂性的系统工程，除人才发现评价机制、人才选拔任用机制的健全外，还包括了人才发展规划机制、人才流动配置机制、人才激励保障机制等的完善。它要求澳门特区政府按现实需要和长远目标，健全制度安排，重视资源投入，更需要整个社会的参与。这其中的关键是要通过强化竞争的元素和奖励的元素，在全社会形成一种尊重知识、尊重人才，识别人才、欣赏人才、推荐人才、使用人才的社会风气，以不拘一格、选贤兴能的气魄，打造让人发挥所长的环境和机会，使每项事业、每个工作岗位都能人尽其才，使专才和通才都能挥洒自如，各自精彩。

（本文原载于《澳门月刊》2014 年 6 月号）

人才培养的关键是建立人才激励保障机制

发现并选拔任用人才后，还必须建立并健全与工作业绩紧密联系、充分体现人才价值、有利于激发人才活力和维护人才合法权益的激励保障机制。这也是构建人才培养长效机制以及做好人才工作的关键环节，其目的在于激发各类人才的创造活力和创新热情，充分发挥人才的有效作用，做到人尽其才，才尽其用。否则的话，没有一个好的激励保障机制，人才即使被发现并任用，其作用的发挥必然会受到影响，严重的话还会造成人才的流失甚至浪费。因此，要从构建人才培养长效机制的战略高度来看待建立人才激励保障机制的重要性和迫切性。

营造尊重知识和人才的良好社会风尚

要有效建立人才激励保障机制，必须在认识上破除轻视知识忽视人才的不正确观念，在全社会积极倡导并努力营造尊重知识尊重人才的良好社会氛围，并使之成为一种风尚。唯有如此，人才激励保障机制才能真正得以建立起来并发挥作用。试设想，一个人不重视知识不重视人才，便不可能去想办法激励并保障人才，因为在他眼里人才与一般人一样没有什么特殊之处，不值得去想办法激励和保障，以期稳定人才并发挥人才作用。殊不知，这样做的后果只会挫伤人才干事创业的积极性。到头来，极易造成人才的流失或者浪费。

要尊重知识，尊重人才，就要对知识和人才有一个正确的看法，端正观念。观念是客观现实在人们意识上的反映，它反过来又影响和支配人们的行动。不正确的观念不摒弃，正确的观念就不会树立，知识就很难得到尊重，人才就很难得到重用。对此，内地是有经验教训的。长期以来，内地由于种种社会历史原因，人们在对待知识和人才问题上，特别是在对待知识分子的问题上形成了若干固有观念和偏见，其中有的完全不适合客观实际情况。例如，一讲到知识，往往认为这是空对空的东西，甚至认为没有知识同样可以搞建设；或者认为知识不是现实的生产力，因而贬低知识的价值，轻视知识的作用。这种旧的观念不破除，轻视知识和人才的状况就很难得到扭转。历史经验表明，知识发展水平是衡量一个国家或地区甚至民族兴旺发达的标志，而不尊重知识，轻视知识的作用，则是一种愚昧落后的表现。任何一个国家或地区要发展，总是同这个国家或地区的科学文化的发展相联系的，澳门也不例外。澳门要保持长期繁荣稳定和发展，就必须要把科学文化水平提高到一个新的水平。为此，澳门要在全社会克服那种轻视知识的不正确观念，使尊重知识和尊重人才成为全社会的一种光荣，使大家真正懂得知识和人才的价值，懂得尊重知识、掌握知识、起用人才的重要性和紧迫性，使一切有才能的人都有为社会贡献自己力量的机会和条件。

一个国家或地区做到了尊重知识和尊重人才，就容易形成这种的一种良性局面：工作上信任人才，生活上体贴爱惜人才，物质和精神上激励并保障人才。许多时候，人才出不来、上不去、用不了，其中的一个重要原因就是没有为人才涌现并发挥作用创造一个好的环境，特别是缺乏激励和保障的环境。人才工作的实践历程表明，激励是管理过程中的一个非常重要的手段，每个人都需要激励，人才也不例，有效激励远比硬性规定更重要。因为通过激励手段，不仅可以把优秀人才或所需要的人才吸引过来，而且还能加速人才资源的转化，充分开发人才的内在潜能，进而有效调动人才的工作积极性，充分发挥人才资源的最大效益。为此，管理学中就有这么一条基本原理：人的工作绩效是他的能力和激励水平的乘积。所以，通过激励可以使人能最充分发挥其才能，变消极为积极、变被动为主动，从而产生高效率和高效益。上述原理同样适用于人才及其使用上。

由此看来，在澳门，人才激励保障机制不是可有可无，它是人才培养长效机制构建的关键环节所在。特区政府在2014年财政年度施政报告中专门把“进一步优化激励和奖励制度”作为人才培养长效机制建设的重要一环，意在表明人才激励保障机制在特区人才发展工作中有着不可或缺的地位和作用。澳门要真正建立人才激励保障机制，同样离不开在全社会形成尊重知识尊重人才的社会氛围。特区政府和社会各界人士为此仍需不懈努力，以期确立崇尚知识、尊重人才、激励人才的战略理念。

强化以能力和业绩为导向的评价体系

人才激励保障机制要有效发挥激发人才的内在潜能，并鼓励人尽其能、才尽其用的效果，还得有一个科学合理的评价体系。人才被选拔任用后，在什么情况下可以奖励，对人才的工作情况如何加以评价等，是人才激励保障机制要加以解决的问题。事实证明，只有建立合理的评价导向，才能保证激励的公正和有效性。否则，评价导向不合理，不仅起不到激励人才的作用，反而可能挫伤人才的工作积极性和创造性。

要合理构建人才激励保障机制中的评价体系，就必须坚持并强化以能力和业绩为导向。通常来讲，科学合理的绩效评价体系既要重视对组织成员实际工作业绩的考评，又要重视对组织成员工作态度和能力的考察。人才激励保障机制中的人才评价体系同样如此。一般情况下，人才都比较重视组织对自身工作业绩和努力程度的认可和肯定。因此，一个系统科学的绩效评价体系对其工作积极性的调动十分重要。首先，设置清晰明确的绩效考核标准，既要关注组织成员业绩上升的绝对额度，又要关注组织成员间业绩的横向比较；其次，选拔合格的考核主体并进行科学分工；再次，设计客观透明的考核程序并严格按章办事；最后，公开考核结果并切实将考核结果运用于对人才的激励保障之中。总之，评价体系必须制度化，并坚持公正、透明原则。其中，公正性是核心，否则评价标准不公正，该激励保障的没有激励保障，不该激励保障的反而给予激励保障的话，必然会产生不良后果。

要合理构建人才激励保障机制中的评价体系，还必须注意适当区别对待，因人因岗制宜。一方面，对“特殊”人才应“特殊”对待。尤其对急需的“特殊”人才，既可不惜重金从外面聘请，又可不拘一格地使用土生土长的杰出人才，并给他们提供相对“特殊”的待遇。另一方面，对于关键岗位的人才可以提供较高的待遇。当然，这种区别对待必须有必要，且要适度，否则会造成其他人员心理上的不平衡，进而影响一个单位整体的工作积极性。此外，对于不同类型人才的评价，也应当有所区别。例如，对于公务人员，人才激励保障机制中的考核体系和评价指标，应力求避免出现平均主义，对于干多干少、干好干坏、干与不干等行为要进行严格区分，消除那种干多错多、干少错少、不干不错的消极文化，形成鼓励人才积极干事的良好氛围；对于企业经营管理人员，人才激励保障机制的评价体系应着重经营业绩及综合能力的考察，对于贡献大小、工作质量好坏及其所创造效益的多少等进行量化考核；对于专业技术人员，人才激励保障机制的评价体系，应注重对工作业绩、职业道德、专业水平、应用与创新能力等进行科学评价，真正建立起体现业内和社会认可的专业技术人才评价机制。总之，人才激励保障机制中的评价体系，应突出以能力和业绩为主导，并体现公正性，有利于为各类人才的成长提供公平、合理的良好环境。这一点实际上与人才选拔任用中相关标准的公平性是一致的。

为充分发挥人才激励保障机制的作用，评价体系的构建中，除正向激励系统即奖励机制外，还可包括负向激励系统即惩罚机制。不过，需要注意的是，惩罚机制是奖励机制的补充，不能成为人才激励保障机制的主要内容。适当的惩罚意在更好地彰显奖励的作用，有助于体现激励系统的公平性。

贵在始终坚持加强激励保障制度建设

特区政府在2014年财政年度施政报告中明确提出将进一步优化人才的激励和奖励制度，对本地人才培养效益显着的机构和企业，尤其是中小企业，以及有贡献的各类专业或技能人才加大奖励力度，促进人才竞争发展。特区政府成立的人发展委员会也表明会先打好基础，构建好自身的机制，再深入研究现况和搜集相关数据数据，并以此为基础逐步进行工作规划，以保障本澳人才发展的各项工作能有计划、有系统地开展，这其中既包括了人才选拔原则及人才培养计划，也包括了人才激励保障机制等。应该说，上述关于人才发展工作的制度建设安排具有前瞻性，特区政府应始终坚持并不断推进。具体到人才激励保障的制度建设，特别要在以下二个方面予以加强：

一是物质激励与精神激励相结合。人才激励保障机制中的激励，主要有物质激励和精神激励。物质激励，就是尊重人对物质利益的追求，通过物质手段，满足人的经济需要，以激发人的积极性和创造性。物质利益不仅是个人维持生存的基本条件，也是个人在各方面进一步发展的前提。人才也是如此，人才激励保障机制中的激励，离不开物质激励。对人才的物质激励，就是通过给予贡献大的人以更多的物质利益，更进一步激发他们的工作热情，也有利于调动其他人的工作积极性。除物质激励外，激励措施中还应有精神激励。所谓精神激励，就是指通过诸如表彰、颁授荣誉等精神鼓励的方式来肯定人的工作、激发人的工作。人不仅有物质生活的需要，还有精神生活的需要。精神需要是人的高层次的需要，同样需要满足。进行精神激励，使人获得成就感、荣誉感。尊重人的尊严，促进人的全面发展，能极大地开发人的精神和心理资源，调动人的内在积极性。因此，在建立人才激励保障机制时，应注意将物质激励和精神激励有机结合起来。没有物质激励作为基础，精神激励也很难真正有效发挥作用。但是，只讲物质激励，虽然也可激发人的工作热情，但也容易使人产生唯利是图心理。比较妥当的做法，应该是将物质激励和精神激励有机结合起来。澳门特区政府将来在出台相关的人才激励或奖励办法时，应注重物质激励和精神激励相结合，营造平等竞争的工作环境，增强人才实现自身价值的自豪感、得到社会认可和尊重的成就感。此外，不论物质激励还是精神激励，都要注重长期性和短期性相结合。

二是保障服务体系要健全。要建立能够体现人才真正价值的激励保障机制，离不开为人才构建全方位、多层次的保障服务体系。除了物质和精神激励的结合使用外，还要为人才提供事业发展空间，创造适合他们施展才华的环境和机制，通过提供良好的工作条件，使得他们在培训、社会保障尤其是医疗、退休养老等方面获得合理的资源分配，以便充分发挥人才的作用。这其中，要发挥政府、社会和用人单位各自的优势，构建以政府奖励为导向、用人单位和社会力量奖励为主体的人才奖励体系，形成政府、社会和单位相结合的人才保障服务体系。此外，对于人才的合法权益要依法提供保障，对于侵犯人才合法权益的行为，依法给予法律制裁。

除上述两个主要方面外，充分相信人才，放胆使用人才，也是人才激励保障机制的应有之义。总之，要构建人才激励保障机制，就应本着公平、科学的态度承认人才的应有价值，确立人才激励保障的理念，以能力和业绩为导向，努力做到尊重人才、吸收人才、善待人才、留住人才，为特区的繁荣稳定和发展提供强有力的智力支持和人才保证。

（本文原载于《澳门月刊》2014 年 7 月号）